日本的悲剧

（下）

［日］**和辻哲郎** 著

郎洁 译

李若愚 审校

漓江出版社·桂林

目录

后篇 世界视野下近代初期的日本

第一章 /
十五、十六世纪的日本形势

一 倭寇

在航海家恩里克王子从欧洲西南端的萨格里什遥望大西洋并为非洲巡航坚持不懈努力奋斗的时代，以及由这一时代的传统所培育的航海家们前赴后继坚持航海探险，终于发现了前往印度的航路和美洲大陆，并在遥远的土地上开始建立殖民地的时代，也就是欧洲近代文明掀开了华丽篇章的时代，我们的国家处在怎样的状态下呢？

这一问题很难作出回答。因为这一时代，也就是我国的室町时代至战国时代，是我国历史上最难理解的时代。我们从小学到的是，这个时代是一个黑暗、无序的时代。这一观点是江户时代初为了维护新建立的封建制度而开始大力宣传的，之后反幕府思潮出现之后，这一观点不仅没有被推翻，反而更固化了。其原因是，反幕府的思想家无法直接表现其对江户幕府的反感，所以要借用攻击足利幕府这一形式。他们反过来利用了江户幕府极力贬低足利幕府的政策立场，通过进一步强调足利幕府的黑暗面来宣扬他们崇拜楠公[1]的思想。这样一来，就产生了推翻江户幕府的勤王运动的一个显著标志。其结果是，上文所述的对那个年代的看法在明治时代以后也延续了下来，并保持着其政治影响力。而反对这种看法的研究则受到政治上的压制，这是明治末期一个显著的现象。

室町时代至战国时代是国家失去统一、秩序混乱的时代，这是确实无误的事实。江户幕府在恢复统一与秩序之后，为了炫示自己的功绩，将它与前代的无序状态作对比进行宣传，这也不是虚假宣传。但是如果改变一下视角来看的话，需要指出的是，这一秩序混乱的状态背后，正如同十四十五世纪的意大利那样，出现了很多个性鲜明的强人。众多的专制君主、能率领佣兵随时响应战争需要的雇佣兵队长等，他们都是意大利文艺复兴时代的特征。而同样类型的人物创造了室町时代和战国时代。他们不是依靠传统的身份，而是依靠自己的实力。遇事不以主从之间的道德规范出发，而是从利害算计出发来做决定。坚守传统的人纷纷感慨世道的衰颓，但是破坏传统的现象也是当时人性解放的方法之一，这点必须承认。这一人性解放的结果是社会秩序的丧失和争

---

[1] 楠公指楠木正成（Kusunoki Masashige，1294年?—1336年7月4日），明治时期被尊称为大楠公。他是镰仓时代末期到南北朝时期的著名武将，在推翻镰仓幕府、中兴皇权中起了重要作用。他一生效忠后醍醐天皇，被后人视为忠臣与武将之典范。他的忠君思想对反幕府人士的影响很大，并作为典范而受到尊崇。——译者注

斗、残暴现象的横行。但是创造出意大利文艺复兴时期辉煌文化的，正是那些充满了争斗与残暴的生活。在积极的创造所产生的成就前，我们不得不忍受其另一面的社会分裂、不安定等缺点。我国十四、十五世纪也不乏这样的创造。像能乐、茶道、连歌这些显示了日本文化独特特征的艺术，都是这个时代的产物。而歌舞伎、净琉璃等下一个时代的创作基础也是在这个时代打下的。从这点来看，这个时代是创造的时代、积极的时代，而绝非暗黑的时代。

但是，反映这个时代特征的"倭寇"和"土一揆"现象与我们的问题有着更深层的关系。被称为倭寇的向海外发展的运动与海外贸易相结合，成为这个时代的重要契机。贸易给我国的经济状况带来了显著的变化，货币经济急剧发展，以利息为目标的资本积累的开始、城市的出现等都与此相关。就这样，武力已开始受资本的力量掣肘。"土一揆"主要是农民运动，与贸易虽为不同领域，但同样作为民众力量的解放而成为这个时代的一个重要契机。这一群众运动使日本社会曾经一度因此被改造。这些也是在欧洲的十四五世纪出现的显著现象，不是我国特有的。但是没有直接联系的欧洲和日本在差不多同一个时间出现了同样的现象，这不能不引起我们强烈的关注。

首先来看一下倭寇和海外贸易的现象。

据《高丽史》记载，倭寇，自一三五〇年庚寅年间开始急剧盛行。这是日本"蒙古袭来"这一历史事件约七十年后的事情。

看来蒙古人带来的刺激并不是造成这一现象的直接原因，但是两者之间还是有着间接的关联吧。对蒙古军的防卫战使武士阶层陷入极度贫困，半个世纪后镰仓幕府终于因此而崩溃。之后，传统武士阶层的秩序没得到恢复，各方势力之间的较量引起长期内乱，由此造成的产业破坏和生活困难将倭寇推上了这条路。特别是作为倭寇活动的都是北九州和濑户内海沿岸的游民，他们大多出自直面蒙古人来袭的地区，这可以说反映了倭寇与蒙古袭来之间的某种关联吧。但是为何从一三五〇年这一特定的年份起突然开始活动了呢，其原因目前还不得而知。这个时间早于蒙古人在中国的统治彻底瓦解的一三六八年，但是倭寇最初的主要目标是高丽朝末期的朝鲜，与当时已经濒临崩溃的元朝势力之间几乎没有接触，因此可以确定，倭寇们没有向蒙古人复仇之意。不仅如此，早期倭寇的主要目标是大米。他们以数十艘或数百艘船袭击南部朝鲜的沿岸，掳掠高丽政府运输地租粮的漕船，掠夺陆地上的地租粮仓库。此外，他们还劫掠沿岸的农民当俘虏带走，但除此之外，他们的目的只有一个：粮食。他们没有什么征服或获得殖民地的念头，由此看来，一三五〇年前后，可能是发生了粮食特别缺乏的情况，迫使他们加入了这一寻找粮食的运动。

这是倭寇形成的发端。一旦尝到了掠夺的甜头，找到了方法，此后就算没有特殊情况，他们还是会继续做倭寇。对于当时因长期内乱而粮食不足的日本来说，米无疑是珍贵之物。因此，在这之后，倭寇连年作乱，一年比一年猖獗，也不得不说是可想而知的了。据说，从一三七五至一三八八年这十四年中，南部朝鲜有近四百个地方被倭寇袭击，这对高丽王朝来说，是非常严重的外患。抗倭不力的高丽王朝不久后崩溃，而在抗倭战场立下战功的李成桂创建了李朝。

倭寇在元朝崩溃之前就已经出现在山东半岛，而开始频繁劫掠中国沿岸地区则是在明朝兴起之后，是从一三六九年开始的。此后他们年年劫掠从扬子江河口、杭州湾一带到中国南部沿岸的广大地区。"倭寇所到之处，人民一空"、"其来如奔狼，其去如惊鸟，来或莫知，去不易捕"等，所说的正是当时的情景。新兴的明王朝为了抗倭也是煞费苦心。而倭寇甚至连遥远的广东省一带都不放过，他们掠夺的，还是米与农民。他们的侵略行动如同台风过境，而不是像欧洲的诺曼人那样侵蚀土地，然后在那儿扎根。

倭寇的这一特征决定了倭寇的历史意义。他们的冒险精神和彪悍不亚于诺曼人，但是他们永远只是"游民"，不具有政治上的意义。而诺曼人与此相反，随着冒险活动的盛行，他们开始与本国的政治组织结合，将侵略活动当作是国家的行动来执行。这一趋势在十五世纪以后欧洲人的殖民地经营中也能见到。那些冒险的航海家们开始只是海盗，其事业在慢慢壮大的过程中具有了公共的意义，得到了国家的支持。与此相应，这些海盗们本人也没有失去作为一个探险航海家的觉悟。他们将自己的经历记录下来，或告诉别人，为他们身后国民视野的扩大做出了贡献。而这一特征在倭寇身上却是完全看不到的。倭寇，正如其名字所示，是通过被他们侵略的国家人民的记录才为人所知的。他们不是因为使冒险过程中获得的知识为自己祖国的国民铭记而留在人们记忆里的。他们冒险的艰苦经历并没有产生公共的意义，而只是从黑暗中来，往黑暗中去。也就是说没能获得历史的意义就是倭寇的历史意义。

对倭寇严加管制后，十五世纪海外贸易才得以发展壮大，这也鲜明地反映出倭寇的这一特质。这一管束是高丽和明朝通过数十年执着的外交交涉而逐渐实现的。最初高丽政府要求日本政府管束倭寇，当时的日本政府所采取的态度是：倭寇是九州乱臣所为，政府不该为此负责。这在承认倭寇非官方组织的同时，也公开承认了日本的国家统一并不充分这一事实。之后不久，明开国皇帝明太祖发来针对倭寇的威逼性抗议文书，当时接到这一文书的是在九州掌握着南朝势力的征西将军怀良亲王，而非日本的统一政府。明政府后来渐渐掌握了情况，在倭寇的屡屡侵扰下也没有与日本断绝贸易往来，而是一有机会就敦促日本管束倭寇并建立官方的贸易关系。

对明太祖来说，这一官方贸易关系的建立意味着日本奉明正朔，向明朝臣服朝贡。明朝的皇帝赏赐给朝贡者的物资是多于他们朝贡的物资的，因此这一贸易重视的不是实质内容，而是进贡这一名义。当然，这一官方的赠答过程中，商人也会乘船同行，用船上满载的货物进行贸易。另外，除了这样的使节船以外，还有官方承认的贸易船也能前往。对贸易来说，这部分是主要的，但是要使贸易成为官方正式的，上文提到的名目就是必须的，双方都清楚这一情况。一方面，与其让倭寇的掠夺行为带来极大的社会动荡，不如通过贸易使其得利，这样造成的损失会小得多，而另一方面，和平贸易最终带来的利益也远远超过掠夺行为，双方达到以上共识，也花费了近二三十年的时间。而这一共识得以形成，则是由明建文帝、永乐帝与足利义满促成的。

一四〇一年，足利义满派僧人祖阿与商人肥富为使者送信给明朝皇帝，信中足利义满特别提及了日本统一之事。对此，明朝第二位皇帝建文帝于次年派答礼的使者来日，足利义满在兵库迎接了使者后，在京都盛情款待了他。而正是在这一时期，他发布了明方热切期盼的海盗船管束令。当时是足利幕府的全盛期，因此这一禁令是有实际威力的。

一四〇三年，明进入永乐朝，这一年，明朝的使节持大量货币访问日本。而日方则派三百多人的使者团带着硫磺、玛瑙以及大量的武器和工艺品回访，明朝的皇帝除了赐予使者们纺织物和铜钱外，还赠足利义满以国王的冠服、金印以及织物。据说，当时签订了"永乐条约"，也就是勘合贸易的协定，明朝交付日方官方承认的贸易凭证——勘合一百道，也就是一百艘贸易船的凭证，规定十年派遣一次正式使节，每次船二艘，人数二百。这之后日方连年派遣贸易船前往大明，明朝也派遣使者前来感谢对倭寇的镇压。就这样，两国间的贸易急剧扩大。

当时的贸易商品正如明面上的赠答品一样，从日本出口的是硫磺等原材料和工艺品，而从中国过来的则主要是纺织物与铜钱。专家认为，铜钱的输入特别值得注意，因为当时日本的货币经济急速发展，对铜钱的需求极为旺盛，因此将武器等金属工艺品及其他工艺品在铜钱比较便宜的中国出售，再将铜钱运回日本就可以获得数倍的利润。所以日本从这一贸易中获利极大，也有观点称当时幕府的财政是靠这一贸易支撑下来的。因此，除了幕府，民间想与中国进行贸易的人也层出不穷。只要能得到勘合，从事官方公认的贸易，不用掠夺就能获取巨利，因此倭寇们摇身一变成为贸易商也是很自然的事情。拿不到勘合的人大概也都转向走私贸易了吧。由此看来，对倭寇的管束只是禁止了这些冒险者们去海外掠夺的行为，并没有禁止他们出航海外。随着两国之间贸易的盛行，对航海者的需求也日渐高涨，而他们几十年的航海经验也颇被看好。因此可以说，十四世纪的倭寇侵扰之乱象，至十五世纪已经变成了双方互通贸易的景象了。

当然这是总体的倾向，不是说海盗已经完全绝迹了。一四二〇年访日的朝鲜使节朴端生就朝鲜海峡与濑户内海的印象所写的报告中说，自赤间关往西的对马、壹岐、内外大岛、志贺、平户等地，往东四国北边诸岛以及灶户社岛等地皆为海盗的据点，其兵力为数万，船不下千艘，但是这些据点所在领国的领主宗氏、大内氏、宗像氏、大友氏、松浦党等对海盗们有着强大的支配权。由此可见，倭寇与诸大名之间可能有着某种联系。九州诸大名将倭寇绑架来的俘虏交还朝鲜和中国，接受米和布等礼物，或者以此为机进行贸易，送还俘虏看似与倭寇所为截然相反，它与勘合一样，意味着对和平的保障，但是背负着这样意义的俘虏如果是倭寇提供给他们的，那么可以认为，贸易和倭寇实为表里，是紧密联系在一起的。再往深里说，这表里两面的活动可能是同一伙人所为。这意味着，当时的贸易商是一些彪悍之徒，一旦受到大的刺激可能就会显露出他们的倭寇本性。

　　这一情况使得十五世纪初急剧发展的海外贸易在某个时期呈现出即将逆转之势。足利义满去世后，继位的将军足利义持停止了与明朝之间的官方贸易。拘泥于进贡这一形式必然会产生这样的结果。但是官方贸易的通道因此被堵塞后，倭寇又开始猖獗了。一四一八年倭寇七千余人坐船百艘劫掠杭州湾北岸就是一个很明显的例子。他们的活跃地区从山东直至广东。

　　但是此时，东亚的海上，广泛的贸易呈现蓬勃发展的趋势。琉球已开始与暹罗进行贸易，由此得到苏木、胡椒等南方的特产。而将这些特产大量输入朝鲜的却不是琉球人，而是九州诸大名。毫无疑问，琉球南洋贸易商与九州诸大名之间有着密切的联系。不久，一四三〇年琉球船也开始去往爪哇，到了十五世纪后期，马六甲对琉球的吸引力已经超过了暹罗，在这点上，琉球船成了九州贸易商的先驱者。

　　再次为倭寇所苦的明朝欲通过琉球与日本再开官方贸易。足利义持殁后第四年的一四三二年，明朝宣德帝通过琉球的中山王尚巴志向新将军足利义教传话。这也许是与日本有密切往来的琉球人的主意。效果立竿见影，同年日方立即派出五艘遣明船，第二年五月这二百二十人的使节团受到了明宣宗的隆重欢迎。一年之后他们归航之际，明朝的使者率五艘船，与他们同行来到日本。他们带来送给将军的礼物是很多奢华的织物以及工具等。交换使节时，宣德的勘合一百道也交付给了日方。据说协议的内容有所改变，规定正式的使节十年派一次，每次派三艘船，三百个乘员。刀具作为商品每次只能带三千把以下。这就是史称"宣德条约"的内容。

　　一四三六年，第一批共计六艘的宣德勘合贸易船被派往中国，之后大名的船、神社寺庙的船非常活跃，连一四六八年应仁之乱时，也有公方船、大内船、细川船这三艘船出航，当时正值航海家恩里克王子的活跃时期。之后非洲沿岸探险的进行、印度航线的发现、直到印度殖民地形成的这段时间，在日本则是掌控着博多贸易商的大内氏与掌控着堺市贸易商的细川氏为了争夺与中国贸易的权利而争斗不休的时期。前文提到的公方船、大内船、细川船出航时，细川船在归途中无法通过大内氏的势力范围濑户内海，只能与公方船一起绕道土佐冲回到堺市，正是此事拉开了围绕中国贸易权利斗争的战幕。自此，堺市抬头，与萨摩直至琉球建立了密切的联系。十五世纪后期贸易船队数次利用这一航路前往中国。对此，利用传统航路的大内氏与博多的商人当然不会认输。大内氏在争夺勘合的回合中占到了优势。

十五世纪后半期与中国的贸易是在日本人内部的激烈斗争中进行的，这一形势延续到了十六世纪。终于，阿尔梅达与阿尔布克尔克已在印度大展身手，而葡萄牙船已经出没于广东附近的一五二三年，大内船和细川船在宁波发生冲突，其结果是造成了大内方的掠夺行为与宁波港的封锁。当时细川的船上除了正使瑞佐外，还有一个明朝人宋素卿。宋素卿是十六世纪初由日本的使者汤四五郎带到日本的，据说在一五〇六年就曾作为细川船的纲司[1]非常活跃，并受到明朝方面的瞩目。宋素卿此时再次出山，使了些手段，比如他收买了市舶司的官吏，让细川船比先到的大内船先完成了卸货；又让持失效勘合的细川船的正使瑞佐坐在了持有效勘合的大内船的正使宗设的上座，优待前者。诸如此类的行为激怒了大内方人员，他们拿起了武器，烧了接待外来贸易相关人士的嘉宾堂，抢劫了商品仓库，攻击了细川方人员，接着又像以前的倭寇一样，在宁波附近一带烧杀抢劫，宁波的市舶司因此被关闭。

不过，后来明通过琉球提出了引渡大内船正使宗设的要求。据说日本也通过琉球承认了大内方的责任，并请求释放被扣押的宋素卿等人。但是，总而言之，当时日本正陷入分裂的危机，事情真相究竟如何已不得而知。大内氏在之后的一五三九年和一五四七年里还进行了勘合贸易，而勘合贸易的中止，是三四年

---

[1] 贸易船的总管。——译者注

后大内义隆被陶隆房所杀导致的。

从那个时候开始，倭寇再次猖獗。他们连年侵犯以扬子江下游为主的地区，采取与早期倭寇相同的台风过境式的袭击方式，不久其袭击范围扩大到了自直隶山东至福建广东的中国沿海所有地方。沙勿略来到日本正是在这个倭寇盛行的时代的初期。

这次倭寇的大爆发暴露了勘合贸易背后走私贸易的频繁。因货币经济的发展而急需硬币的日本人不可能放弃这一贸易。而与此相对，与日本人做交易的中方贸易商人也决不会少。中国船又开始出动了，琉球船的活动也很频繁。所以有人认为，走私贸易反而是当时贸易的主流。所以这些贸易商正如当时人们所认为的那样，允许他们通商的话，他们就成为商人；一旦禁止贸易，他们就变为倭寇。这些爱冒险的商人，将从日本到南洋收集的各地特产进行互换，双方都能得到数倍的利润。将日本的硫磺和铜，或者是为出口而制作的刀剑及其他工艺品带到中国的话，至少能以五六倍的价格出售，而购买这些商品所使用的中国铜钱，在当时已经被银子所取代而即将被废弃，所以中国商人的所得也绝不会少。还有琉球人带来的南洋苏木、胡椒之类，经日本的贸易商之手大量输入朝鲜，而中国精致的织物在日本则被当作至宝。因为有着共同的利益，所以，不难看清，东亚海上的贸易商们，就是一个紧密联系在一起的团伙。因此当贸易被禁止而倭寇爆发后，那些被称为倭寇的人中，夹杂着很多中国沿海各地的中国人。这在中国的历史记录中也得到了确认，并非只是臆测。据记载，现在劫掠沿海的海盗，主要是与外国人做生意的奸人，真正的倭夷不过十分之一。或有云，倭人十之三，而中国的叛民为十分之七。也有人说，现在的海盗动辄数以万计，其中日本人不过数千，其他皆为浙、闽等地之民。而且据说这些中国的海盗，束日式的发髻，以日本人为头领，追随其后。其中还有被称为獠的西南系异族加入。再考虑到琉球的贸易船上很早就出现了阿拉伯人的身影，那么我们不得不注意到，东亚海上这些爱冒险的贸易商人们的世界，带有很明显的国际色彩。比如中国史料中记载的王直，移居九州的五岛，从那儿出发从事走私贸易或当海盗。还有徐海等人则带着日本人在中国沿海到处烧杀抢劫。

后来葡萄牙人闯进了这个贸易商人的世界中。阿尔布克尔克最早开始接触马六甲是在一五〇九年，袭击并占领马六甲是在一五一一年。当时琉球每年都有去马六甲的船，马六甲被葡萄牙人占领后便只去暹罗和帕塔尼，不再去马六甲。但是葡萄牙人却立即开始对东亚海上贸易商们的世界进行探险。他们派船队去广东的沿岸是在一五一六年，其中的一艘前往琉球探险，没有成功。之后五六年间有三支船队来到广东附近，但没能与中国开始官方贸易。但是葡萄牙的贸易商乘坐中国船或日本船进入东亚海上贸易圈，却似乎不是什么难事。据称，一五四〇年，许一松、许二楠、许三栋、许四梓等日本人带着葡萄牙人到广东等地进行贸易，一五四二年葡萄牙人乘坐中国船漂流到了种子岛之事，在上文所述的形势下，也是很有可能发生的。据大友义镇称，一五四五年的时候，到达大分的中国船中乘坐了六七个葡萄牙商人。一五四八年沙勿略从印度寄往本国的书信中附有"一位长居日本的葡萄牙商人"阿尔瓦雷斯写的关于日本的记录。这些证据数量虽然不多，但它们显示的是其背后存在于东亚海上的一个国际化世界。

结合这样的形势来看，因归依沙勿略而成名的弥次郎（或曰安次郎）等人的出现就毫不奇怪了。他是与葡萄牙人贸易相关的富裕商人，因杀人而欲逃亡海外时，依托阿尔瓦雷斯去了马六甲。虽说当时情况特殊，但不管怎样，一个日本人能够在中国和马六甲之间流浪，能够产生去那儿流浪的想法，这都证明了当时九州人心中世界的范围已经扩大到了马六甲。这件事不是受到葡萄牙人的刺激才发生的，时间上它发生得更早，是自发地发生在日本人中的。据说，与弥次郎的相逢坚定了沙勿略去日本传教的决心。从这一点来说，是日本人刺激了沙勿略，将他从马六甲吸引到了日本。也就是说葡萄牙的东向扩张运动延伸到马六甲期间，日本的向外发展运动也延伸到了马六甲。

但是必须承认这两个运动的特征有着显著的差别。相同的是，二者都是由对贸易的强烈兴趣推动的，但是，葡萄牙人运动的精神支柱是航海家恩里克王子的精神，是无限探索的精神与公共事业精神的结合。然而日本人的运动贯穿始终的是一种游民精神，既没有无限探索的精神，也没有公共性。因此将沙勿略吸引过来的弥次郎，人如其名，就是一个游民，这不得不说很具有象征意义。从西方来到马六甲的势力具有其作为欧洲近代视野扩大运动的先驱者的性质，但是从东方来到马六甲的势力，在日本人的公众记忆里没有留下痕迹，而且对日本人探索精神的形成毫无助益，这一差异是很严重的。从弥次郎在印度果阿让教师托雷斯大吃一惊这件事可以知道，当时日本人的知识素养是很优秀的，但是它却并没有实现让人满意的发展，其原因不得不说在上文所述的两者的差别中已现端倪。

二 土一揆

正长永享年间，也就是一四二八年以后，一种被称为"土一揆"的民众运动成为一种大型社会现象。当时在欧洲，航海家恩里克王子正苦恼于怎么也无法突破非洲西海岸的博哈多尔角，而欧洲人的视野也还是停留在中世纪的范围内。然而欧洲也在同一时期同样出现了民众运动。德国出现农民暴动、农民战争是在约一个世纪后的十六世纪初，而法国爆发被称为"扎克雷起义"的农民起义、英国继威克里夫和其同伴发起的运动后瓦特·泰勒领导的农民起义占领伦敦，则是在半个世纪前的十四世纪末。一三五〇年鼠疫大流行，之后社会普遍出现动荡，再加上中世纪社会组织出现崩溃的趋势，导致这样的农民起义频繁爆发。而同样的现象，在与它们没有任何关联的日本也发生了。

但是这些农民起义并不是正长永享年间在民众中突然爆发的。据记载倭寇是一三五〇开始突然出现的，但是之前的十多年，是建武中兴[1]失败后的混乱时期，而混乱持续到了一三五〇年以后。在为了控制混乱局面所作的努力下，"一揆"现象渐渐地出现了。这儿说的"一揆"是指这个词本来的意思。后来因为土一揆的盛行，"一揆"成了专指民众起义的名词。它本来的意思就如其字面所示，是统一规范的意思，意即众人团结一心，这是互相争斗的武士集团之间对团结的必要性的逐渐觉悟，在某种意义上可以说显示了室町时代的国内统一原理。镰仓时代的国内统一，是将武士之间的主从关系扩大到全国，将众多的武士集团纳入将军与家臣这一主从关系的框架中才得以实现的，随着镰仓幕府的倒台，（主从关系）这一纽带不复成立，只剩下了各个武士集团，而暂时失去了能将这些集团统一起来的思想原理。建武中兴是想重现以前没有武士集团时候的国家统一，但是推翻镰仓幕府后，各个武士集团并没有消失，也不存在能瓦解它们的势力。这次短暂尝试以失败告终。因此只能通过武力统制这些武士集团，恢复国家统一。但是具有这么大实力的武士集团当时并不存在。现实中以主从关系紧密团结在一起的武士集团的规模通常大约为五百骑左右，因此上文中提到的那样的实力，只能通过联合团结多个武士集团才能实现。这是政治手腕的问题，而有这样手腕的人就成为

---

[1]　1333年，后醍醐天皇乘镰仓幕府势衰，联合一部分武士起兵讨伐幕府，镰仓幕府垮台后，天皇政权恢复，改年号为建武，随即开始一系列新政和改革，史称"建武中兴"。——译者注

将军，成为强大的大名。归根到底，室町幕府的统制力，还是建立在实力雄厚的大名们的联合团结之上，也就是大名们的"一揆"之上的。可以说时代的趋势已使人清醒地认识到"一揆"的必要性。但是这样的统一原理同时也能成为引起争斗的原理，故没能实现真正的统一。如果只靠"一揆"发挥强大实力的话，反对势力相互之间也会谋划"一揆"，故"一揆"也会推动分裂。应仁之乱就是因大名一揆之间的对立而引起的，结果出现了不可收拾的混乱局面。

但是，上文中提到的团结力量的觉醒，不单是在武士集团之间的关系上，在集团的内部也开始发挥作用。幕府时期，在大名的一揆面前，将军的权力也会变得软弱无力，即使是室町幕府最强盛的足利义满时代，足利义满也为诸大名的一揆而烦恼。到了足利义政时代，将军仍然软弱。而大名的权力在家臣一揆面前也不堪一击。足利义政时代，斯波、畠山、细川三管领[1]都被重臣们所压制，因此内讧不断。其他大名们的情况也都大同小异。但是这些家臣的权力在民众的一揆前也只能显得软弱无力。人数不多的武士们，不管他们武功多高，终究无法胜过人数众多的民众团结之力。

民众的觉醒有各种契机，而蒙古人来袭而引起的战术上的变化，则被认为是其中最有力的一个因素。形成镰仓时代权力基础

---

[1] 室町幕府在征夷大将军之下设管领一职，由斯波、畠山、细川三家轮流担任，故称"三管领"。——译者注

的武士集团的武力，是建立在来自关东平原的骑马战术上的，蒙古军在九州上陆后，巧妙地使用步兵的密集部队使日本人的骑马战术无法展开，所以之后日本也开始组织建立由足轻组成的密集部队。足轻，也就是轻装的步兵，不用熟悉马术与弓箭术，靠盾和枪以及密集队形就能作战。因此比较容易在农民中组织建立部队，这样，一支部队的主力就从专门的骑士变成了农民。民众只要团结起来，就无须惧怕武士。

这样的民众气势，终于发展成为正长永享年间爆发的土一揆事件。点燃导火线的，是一四二八年八月在近江发生的马借（运送行业的从业者）一揆。它迅速蔓延到山城、大和、河内等地，第二年又以播磨住民的起义为始，在丹波、摄津、伊势、伊贺等地也先后发生。甚至在一四三二年，萨、日、隅[1]三国发生了"土一揆的国一揆"，土一揆与岛津的军队打了一仗。在大和，土一揆闯入奈良，成功地获得了免交寺庙神社年贡的权利。翌年，近江的马借土一揆在上京途中与信浓的守军打了一仗，并把他们击退了。

这些土一揆，不一定都是要推翻统治阶级的运动。很多标榜德政，但行的却是袭击酒屋、土仓、寺庙等当时的金融业场所或赖账、取消买卖、掠夺典当物品之事。当时从中国输入的铜钱使货币经济得到发展，随之而来的是富豪的出现、高利贷的盛行，

---

[1] 萨、日、隅分别指萨摩、日向、大隅。——译者注

其结果是产生了对经济上不平等的反抗运动，但是武士们出来保护金融业者镇压民众的话，他们也自然就成为民众斗争的对象。这样，土一揆就会带上政治色彩，开始带有明显的反统治阶级的属性。例如，据说播磨的土一揆与守卫的赤松满祐的军队交战并获得胜利，并声称要将武士流放到国外。而伊势山田的土一揆则与神官交战，烧毁了几百户人家，并跟着逃进外宫的神官毫不忌惮地侵入了神宫境内。其他的土一揆跟武士斗争、决不屈服的例子绝对不少。民众已经认识到大家团结的力量是可以与统治阶级相对抗的。

当时的土一揆虽于数年之内蔓延到了各地，但是他们施行的还是"私德政[1]"，没有什么政治上的建树。但是一四四一年发生了嘉吉土一揆，民众占领了京都，迫使室町幕府发布了德政令。这次土一揆最初是爆发在近江，民众逼着那儿的半国守护[2]六角满纲在其领土内发布了德政令。但事态还是没有平息下来，（土一揆）迅速传播到了京都周边的各个地方。东部的坂本三井寺一带，南部的鸟羽、竹田、伏见，西部的嵯峨、御室，北部的贺茂等地民众一齐起义。每个地方都有千人或二三千人的集团攻入京都，占领了京都外郭宏伟的佛寺和神社。他们的阵营有十六处，东寺也是其中之一。土一揆的代表开始与幕府进行交涉。他们要

---

[1] 私德政是指土一揆不遵照朝廷或幕府颁布的"德政令"，自行以武力或谈判的方式解除债权债务关系，取回典当物品等。——译者注

[2] 室町幕府将驻守一国之守由原来的一人增至两人，故当时的守护被称为半国守护。——译者注

求幕府发布德政令，否则，他们将在寺庙放火。幕府侍所[1]的京极持清虽拥兵却无可奈何。管领畠山持之试图将京城郊外的土仓，也就是金融业的资产转移到京中，此举却反而激起了民愤，包围京都的一揆民众将京都的七个物资输送入口堵了起来，断绝了市民的粮食通道。幕府终于作出让步，宣布将发布土民[2]的德政令。一揆的群众却没有同意。现在为债务所苦的，公家[3]、武家[4]尤甚于土民。土民的德政令是无法除去这样的社会之恶的，他们希望能发布土民、公家、武家等一切人等都能适用的德政令。这是他们的要求，而幕府不得不接受。就这样，幕府在土民对京都发动攻击后的两个星期内发布了"一国平均的政令[5]"。

这一土民包围京都的事件很明显是统一组织起来的民众运动。民众的团结终于使幕府也不得不妥协，民众的意志得以通过法令的形式表现出来。当时的民众所追求的目标，在上文中提到的"平均"这个词中已经表达得很明确了，一个月后公布的德政条款的细目里，买卖、借贷、典当等契约在很大范围内被宣告无效。这对当时通过货币经济积累财富现象日益明显的经济界来说，是一件非同寻常的大事。这样一来，土一揆已不再是单纯的暴动，民众已开始通过集体的力量来发挥其强大的政治力量了。

[1] 侍所是镰仓幕府与室町幕府的中央政治机关之一。其主要任务为统领御家人，战时指挥维持治安，向守护及御家人传达命令。——译者注

[2] 土著居民，当地居民。——译者注

[3] 公家指服务于天皇与朝廷的高级贵族官僚。——译者注

[4] 武家指武士或武士门第。——译者注

[5] 指以一国（领国）为单位实行的政令。——译者注

自镰仓时代以来，德政的传统以债务取消为核心内容。因此土一揆运动在初期主要是以经营土仓、酒屋之类的"有钱人"为攻击的目标，未必是要推翻武士阶级的统治。但是一旦通过集体的力量开始发挥政治能力，那么民众对武士阶级统治的反抗也就无可避免。前文提到的初期的播磨土民一揆即已宣称要将武士放逐到国外，萨日隅的土一揆则是以国（人）一揆的形式，与岛津氏交战。之后，随着应仁之乱造成的武士阶级分裂形势渐趋明显，土一揆已经带上了明显的政治团体的性质，敢于在武士阶层面前提出自己的主张了。"国一揆"这个词语说明了其政治性质。代表性的例子是一四八五年末发生的山城国一揆。产生这一运动的直接原因是，被卷入畠山氏继嗣问题、不同领地的"被官人[1]"之间在山城爆发了战争，民众的生活因此被各种非法行为所扰。民众为武士私斗扰乱社会秩序之事义愤填膺，为了维持社会秩序挺身而出。于是，山城境内从十五六岁至六十岁的民众举行了一次会议，会上表决通过了三个要求：一、畠山氏两派交战势力撤退军队；二、退还寺社领地和本所领地[2]；三、撤销所有的新关卡。这些要求明显是对武士特权的限制，而非取消民众债务这样的对自身利益的要求。民众向武士提出这些要求，并宣称如果不接受的话，就会实施攻击。当时的记录将这些团结起来的民众称为"国

---

[1] 被官人指下级官吏或武家家臣、寺院奉行等人。"被官"有多种含义，此处指中世纪时隶属于上级武士、被家臣化的下级武士，或中世末期，作为在地领主或土豪的家臣，被分给一部分屋敷地和田地，一边种地一边在军事、家政、农耕等方面为主家服务的人。——译者注

[2] 指天皇家、摄关家等公家领。——译者注

众"或"国人"。"武家众"不敌国众的反抗，同意了他们的要求，从山城撤退了。于是民众组织民兵护卫领地，并掌握了所有的行政机关。两三个月后再次在宇治的平等院召开会议，议定领地内的法制（掟法）。其结果是，选出两名总国月行事[1]，以其名义对寺社领地和本所领地加以管理。这很明显是山城一国的民众自治。这使得室町幕府的管领畠山政长和幕府的侍所所司兼山城国守护[2]赤松政则颜面尽失，不得不离职。幕府到了一四八七年十一月总算任命政所执事[3]伊势贞宗为山城国守护，但是山城的国人承认其为守护则是在五六年之后。如果不是因为国人之间发生了分裂，自治政府将会一直存在下去。

其他被称为"守护不在，百姓治国[4]"的纪伊、河内、大和等地也有同样的现象。但是，与这些国一揆相比，宗教一揆才是更持久的。特别是加贺的一向宗一揆，他们推翻了守护，建立了加贺国自治后，延续了半个世纪，其间没有分裂。且在这之后成为本愿寺的领国，也没有被武士夺回。同样是民众的团结，宗教一揆更为坚固，而同时期的欧洲，与宗教改革有密切关系的民众运动有着极为强韧的力量。两相比较，颇有意思。特别是说到一向一揆，必须要与同一时期莲如上人云游四方，在地方上的信徒中建立"组织"之事结合起来考虑。莲如上人布教最显著的特征是，他鼓励设立通过谈话来坚定宗教信仰的名为"讲"的组织或集会，在农民中培养紧密团结的精神共同体。人们通过这样的组织学习如何积极对话并通过会议来形成全体意识。莲如上人在越前吉崎建立布教根据地是在应仁之乱中的一四七一年。教团在加贺地区急剧扩大，十几年后已经形成了足以发动上文提到的一揆那样的规模。一向一揆爆发在山城国一揆的三年后（一四八八年）。一揆的指挥者是民众中有威信的人物与一向宗的僧侣。民众的组织与教团的组织是平行建成的，郡与组、村各自有自己的集会，这一自治型统治机制运行良好，不久又合并了越中和能登，形成了一个强有力的自治集团。民兵的战斗力也足以对抗武士，他们屡屡打败越后的长尾军，对越前的朝仓也一直构成很大的压力。

以上是民众一揆的代表性例子，即使在没有取得如此巨大的成功的地方，一揆运动也为民众们带来了"组织"，当然这不仅仅是一揆运动带来的。战国时代的领主们会利用乡土团体来维护领地内的治安，但无疑主导的力量在于一揆的团结一致。这样看来，我国十五六世纪的一般民众中，已经有了相当坚固的自治组织。

让我们以中央的京都为例来看看这一组织。在那儿，"组町"组织很发达。当然每个町都是一个团体，相关的十几个町相互靠近形成一个"组"，组与组之间有亲町、枝町，形成了一个上下统制的关系。组下属的町各自选出町的代表——"年寄行事"，这样，这些町每个月轮流成为"行事町"，由行事町的年寄行事执行全组的行政工作。这位执政者被称为组町的"月行事"。但是决定大事时必须通过"寄合（集会）"决议。这被称为"评定""惣谈合"等。

这样的"组"的组织，也以"组乡""组村"这样的形式出现在地方上，当然形式上并不完全相同。这里所说的村作为一个单位，其本身就是一个团体。村里发生的事情通过集会商量，由"多分"来决定，也就是多数表决制。出席集会是村民的义务，有处罚条例称"如果两次不出席集会，可处以五十文罚金"。这样的几个村集结形成组，组和组之间建立亲村、枝村的关系，这与京都的组町是一样的。因此组乡、组村的势力，即使不如加贺国的那么大，也不像江户时代的村、町那么小。

十五十六世纪，在日本普遍形成了上文所述的组织。这些自治团体每个成员都负有连带责任，作为一个紧密结合的团体而行动。有时还要与其他团体战斗。其中堺市是相关组织中发展得最好的一个例子。这儿形成了与欧洲的自由市非常相似的自治独立城市，只是，欧洲的城市都有着古希腊城邦的传统与模板，这儿却不同，因为没有这样的历史背景，因此人们还没有充分认识到这一新事物的意义。

但是，这两者之间的区别对于近代的开始来说有着极为重要的意义。而随着时代的发展，两者之间的差异也变得越来越大。

土民的一揆，以及由此而产生的民众组织与民众力量的觉醒，使得镰仓幕府以来的封建遗制大致上得以清除。早在应仁之乱初期，大僧正寻尊曾对土民与武士之间阶级差别的消失发出感叹。而这一趋势不断加剧，在之后不到一个世纪的时间里，镰仓时代有名的武家几乎都没落了。单以源氏一脉的名门来看，足利氏及其一族的畠山、细川、斯波、吉良、仁木、今川、一色，涩川诸氏，新田氏一族的山名、里见两氏，佐佐木氏的后裔六角、京极、尼子诸氏，无一例外。靠名家传统与主君之家权威就能让人服从的时代，已经一去不返了。以武士主从关系为原理的组织崩溃后，民众的力量得到了解放，贫穷的农夫之子，只要有组织能力，有统率能力，就能成为最高统治者，实力决定一切。如果这儿有"民众支配"的传统或理想存在的话，那么手中握有这种实力的人，首先须是以民众之名来活动的，也就是说，他是作为农民领袖或者商人领袖活动的。但是这儿并没有这样的历史传统，因此在武力斗争中，从民众中涌现的力量或表现为土一揆或海外贸易集团，或表现为欲以武力压倒一切的新兴武士集团。所谓的战国时代群雄，以这样的新武士集团统领为多。可以说他们与意大利文艺复兴时期非常具有代表性的佣兵队长和暴君在性质上极为相似。

如上所述的实力竞争，其结果是新兴武士集团的胜利和新武士阶级的形成。但不可忽视的是，这一新的统治阶级来自下层，来自民众。这一时代被称为群雄割据的时代，虽然这一时期被描述为好似只有新兴武士集团之间战争不断的样子，但是武士集团与土一揆之间的抗争也为数不少。而土一揆也是产生下一个时代统治者的根基。我做个略为大胆的断言：使这一时代的群雄成为一个个英雄的，不是别的，正是土一揆。不管是以武力压倒民众的团结，还是以政治手腕来赢得民心，不管怎样，要成为"英雄"，他必须建立起能让民众由衷感叹的殊勋茂绩。这些英雄与历来的大名们不同，大名以其家门的权势来统率家臣，但并没有将其领国的民众掌握在手中。而如今，家族的权势已消逝，掌握了民众才有发言权的时代已经到来。

这一现象的典型代表是十六世纪中叶沙勿略来日前后最活跃的武田信玄和上杉谦信这两个人。他们的英雄事迹脍炙人口是以后的时代的事情，但是之所以会这样，那也是因为他们从一开始就人气颇高的缘故。武田信玄首先是一位卓越的政治家，他在他的领地内善得民心，且一直关注当时宗教一揆的动向，与之保持了外交上的联系。上杉谦信亦以其道德感很强的人格魅力而深得民心，他在与加贺国、越中国、能登国的一向一揆的角力中得到锻炼，他的父亲战死在与一揆军作战的沙场上，他本人也在开始的时候败北，但后来成功地击败了一揆军，阻止了他们的东进，其卓越的才能由此得到了认可。据《甲阳军鉴》所载，他开始的时候将一揆的军队视为传统军队来认真应对，但是一揆军队的行动却是异想天开防无可防的。发现了败因后，他在次年的大战中允许盟军各种随心所欲的行动。据说这一策略十分奏效，使得他在大战中获得大胜。这个说法是否是史实不得而知，但是他努力以研究的态度来审视一揆集团以夺取优势这一点是可以肯定的。

对终结了群雄割据时代的织田信长来说，他最强劲的敌人也是一向一揆。他最终也没有攻克的敌人只有摄津石山的本愿寺。他深知宗教一揆力量之可怕，故对此多方防范。他做了古来多少武将都不敢做之事——火烧比叡山，并杀光了全山的僧侣。在讨伐伊势长岛的一向一揆时，他将两万门徒斩尽杀绝。其过激的手段可能是为了杀一儆百，想使其他众多的一揆民众因害怕而放弃抵抗。但是使武士的态度变得这般前所未有地残暴，也足见一向一揆的势力之强大。对此深有体会的织田信长，从不轻视被释放出来的民众力量，一向一揆作为敌对势力是他一直要努力攻克的对象，但是在另一面，他也从不怠慢与民众的联系。像皇居的修缮、为伊势神宫提供外护[1]等都是为了对全国的民众动之以情，而他对安土城下町的治理中，这一态度更是表现得非常明显。他将这座城市从"座"，也就是行会的特权中解放出来，设立"乐市乐座[2]"，并保证废除德政。这是一个允许民众自由竞争，并保护由此获得的私有财产的宣言。释放的民众力量至此在制度上得到了体现。在此出现了与中世纪崩溃和近代开始极其相似的现象。

织田信长大业未成身先死，继他之后完成了这一使命的是丰臣秀吉。观察大城市大坂[3]的急剧繁华与桃山时代的繁荣文化，会有一种长久积压的民众力量一下子爆发了的印象。而且，创造

---

[1] 外护为佛教用语，指僧侣以外之在家人为佛教所从事之种种善行，也就是从外部以权力、财富、知识或劳力等护持佛教，并扫除种种障碍以利传道。——译者注

[2] 乐市乐座是战国后期织田信长等战国大名实行的经济政策。免除城下町的市场税和商业税，废除座商人特权，称为"乐市"；进一步废除座（行会）本身则称为"乐座"。——译者注

[3] 大坂，明治时期改称"大阪"。——译者注

这一繁荣文化的领军人秀吉，却是由一介农夫之子爬升到关白的人物，其身上就体现了民众力量的解放。从京阪地区根深蒂固的丰太阁崇拜就可以知道他的成功给了当时的民众以多大的喜悦。

但是，当这种民众力量的解放达到顶点的时候，解放运动突然被中断了。丰臣秀吉的确使新兴的武士集团获得了全面的胜利。不仅是他，还有很多来自农村的青年现在成了大名，成了国主。但是由这些武士们恢复的社会秩序如果要持续下去，就不能被由下层涌上来的力量所搅乱。至少在其政治影响力所及的范围内必须制止民众力量的解放。因此丰臣秀吉想到的是解除除武士以外的民众与宗教信徒们的武装。这一行动开始于一五八五年解除高野山武装之事，一五八八年，他终于发动了历史上有名的"刀狩"行动，收缴了农民和城市居民手中所有的武器。对被解除了武装的民众，则制订政策命令他们严守职业的本分，也禁止武士成为农民或城市工商业者，或者农民成为商人这样的事发生。这是封建身份制度的一个基础工程。

这种解除武装与严格限制身份等级的措施当然是在武力的胁迫下强制执行的。而其所采用的手段无他，正是民众的自治组织。长期以来，民众通过团结一致发挥其力量，但是现在团结开始被用作削弱民众力量的武器。为什么这么说呢？因为丰臣秀吉在推行刀狩、检地、禁止转业的同时，还对违反者施行连坐的刑罚，即，如果一个人犯了罪，"一个村子也好两个村子也好，全都斩尽杀绝"。团结的范围越广，遭到砍杀的危险就越大。因此人们尽量缩小团结的范围，并不得不通过相互之间的监视来规避危险。这样一来，民众的团结，以前是向武士阶级反抗的手段，现在却变成了隶属于武士阶级的手段与强化武士阶级统治的警力。不久，在一五九七年，单纯是为了查禁试刀杀人、偷窃、抢劫等治安管理的目的，就建立了武士五人一组、下人十人一组、组中的犯人由组内告发这样的制度。这是江户时代五人组制度的起源，土一揆以来的民众团结运动至此被压缩到最低限度的规模。农民的一揆、商人的海外贸易、新兴的武士集团这三大势力的竞争，以武士集团的全面胜利而告终。

德川家康继承了上文所述的秀吉的政策，建立了封建的身份制度。观其一生，普遍认为其命运最大的转折点在于一五六三年二十二岁时发生于三河的一向宗的土吕一揆[1]事件。当时他半数的家臣选择依附一揆方，这个代代在松平乡边种田边护卫着式微主君的小武士集团，其内部的团结即将在一揆的势力前分崩离析。后来在江户幕府初期非常活跃的有能政治家本多佐渡守也加入了一揆方。而年轻的德川家康则在很长时间内是今川家的质子，回到冈崎才不过几年，所以与家臣们之间的感情不深。家臣们选择势大的一揆方，半数成了敌人，这样一看，可

---

[1] 一向宗：一向宗（いっこうしゅう）是佛教的一个宗派，是净土宗的一个分支，别称净土真宗。一向宗宣扬不需要懂得佛法经文及参与复杂的寺庙仪式，只需加入一向宗并时时口念"阿弥陀佛"的口号，死后就可以上西方极乐世界。战国时期，一向宗积攒了各类资源后，开始以僧人身份介入世俗权限争端中。土吕一揆：永禄六年（1563年）松平元康（德川家康）在其三河国推行"领国一元化"政策，侵犯了一向宗的利益，九月，导致"三河一向一揆"爆发。这场起义持续了半年左右，翌年二月以德川家康的胜利而告终。——译者注

以说胜负已定。但是到了一决胜负之时，却出现了不可思议的现象。当年轻的主君家康从溃退的军队中奋不顾身冲杀而来时，一揆方的武士们，虽然已经背弃了主君，此时却畏缩不前，无法出手。虽然杀掉主君轻而易举，但是大家都退避一旁，谁都没有上前。结果当天的战役无法决出胜负。后面的几次会战，只要年轻主君的身影出现在战场上，结果都是一样，分不出胜负。这样的状况持续了近半年，一揆方面士气渐颓。看到这样的情况，有人就居中斡旋，结果，以不处罚责任人为条件，一揆方同意投降。当时，本多佐渡守等人迅速逃到了一向一揆的大本营 —— 加贺。他重回德川家康帐下是在十八年后明智光秀兵变之时。而土吕一揆时的考验已经证明，松平乡主从关系的传统比当时流行的一揆的力量更为强大。这是德川家康转运之始。当时的群雄中，能像德川家康一样将这种旧式的主从关系传统牢牢掌握在手中的别无他人。就这样，在实力竞争中武士集团获得了最后的胜利，那么在武士集团中，那些有牢固的主从关系为坚强支柱的武士则因其底力之深厚而超群出众。江户时代全国性的大名组织是以松平乡的主从关系为中心的，考虑到这前后的关联，我们就不难理解，为何德川家康的出现背负着给十四世纪以来延续了两个世纪的民众运动以致命一击的使命，以及他制定的江户幕府的政策为何在压制民众这一点上极为彻底。而土一揆在日本历史上一直被极尽蔑视，正是这一政策的反映。

第二章 /

沙勿略来日

一 与弥次郎的邂逅

　　沙勿略来到日本的一五四九年，三好长庆占领了京都并将各方政务全都委托给了家臣松永久秀。足利一门的将军与老管领的家族都已消失，与之相反，在东方，小田原的北条氏即将一统关东平原，与武田信玄、上杉谦信大致形成了三足鼎立之势。在西方，从小小的"地头"[1]之家起家的毛利元就已站在他人生经历的最后阶段——成为了中国地区的最大领主。当时织田信长十六岁，丰臣秀吉十四岁，德川家康八岁，都还没登上历史舞台，但是这些人在其人生中，都将踏过日本民族命运的分岔口。在鹿儿岛出现的沙勿略的身上已显现了这一重大历史命运的意义。这没有为当时的日本人所发现，即使是沙勿略自己也不知道。但是对

---

[1] 地头，镰仓幕府、室町幕府所设管理庄园、公领之职。——译者注

于现在的我们来说，这却是一个不容忽视的显著事实。

如果只看日本江户时代以来十六世纪的历史记载，就会以为天主教运动好像只是一时的，就如同一段插曲一般。这是因为对历史上天主教运动所扎根的土壤没有充分的理解。这一土壤主要指日本人参与的东亚海上交通和促使博多、山口、堺市、兵库等城镇繁荣发展的贸易商人活动，以及以土一揆或宗教一揆的形式出现的民众活动等。这些历史现象在江户幕府的政策之下被看作是没有历史意义，甚至是对历史有害的现象来对待，其结果是这段时间的历史故意忽视了这些现象。这些史料没有像天主教的史料一样被故意湮没，但是自然而然地遭受了上述对待，其效果与湮没相近，故现在，外国残留的日本天主教相关史料比国内民众运动的相关史料都要丰富。这也是后代的日本人对日本人自己的天主教运动却有着非常强烈的"异国"感的原因吧。

我们要关注这一土壤，并清楚地知道，十六世纪的日本天主教运动是属于日本人自己的历史。这样我们才能充分体会到禁教与锁国是如何干涉我们的命运的。

让沙勿略产生到日本布教想法的是鹿儿岛人弥次郎（或为安次郎）。他与沙勿略相逢于马六甲，双方勉强用葡萄牙语实现了交谈，他对沙勿略由衷钦佩，而沙勿略对他的印象也非常好。沙勿略通过这个日本人对日本民族产生了强烈的信任与期待，就这点而言，弥次郎是十六世纪日本人的代表，他担负着代表日本民族时代先锋的使命，但是在日本的历史上，对担负这样重要使命的弥次郎却没有任何记录。关于沙勿略与弥次郎这次意义深远的相遇，我们只能从沙勿略的书简（一五四八年一月二十日寄自科钦）或弥次郎的书简（一五四八年十一月二十九日寄往罗马耶稣会）中获知。但是这样的相遇之所以能实现，其背景必须提到当时东亚海上交通的发达与贸易商人的频繁往来。据上文中提到的弥次郎书简可知，他在日本因某个理由杀了人，遁入寺中。当时当地有葡萄牙人的船只前来贸易，船上有他的熟人阿尔巴罗·巴斯。巴斯听说了他的情况后，就问他想不想逃到国外去，他回答想去。巴斯就告诉他，自己还有贸易的工作要做，要留在这儿，但可以把他介绍给现在在同一个海岸另一个港口的一个叫堂·费尔南多的武士。弥次郎带了他的介绍信，乘夜出走前往港口。在那儿遇到了一个葡萄牙人，他以为是堂·费尔南多，递上了介绍信，结果是另一艘船的船长若热·阿尔瓦雷斯，他非常热情地招待了弥次郎，让他上了船。航海中船长把各种天主教的相关知识告诉了他，并跟他谈到了沙勿略的生活与品行，弥次郎因此想见他一面，并产生了想受洗的念头。但是到了马六甲以后发现，沙勿略并不在当地，而当地的牧师拒绝为他施洗礼，理由是他已经结婚了，且有不久就回到日本与妻子共同生活的打算。不久，到了风向适合向日本航行的季节，他决定乘坐去往中国的船，再从中国换乘其他的船回日本。但是，在中国换乘前往日本的航船来到距日本海岸线约二十里的地方时，他们遇上了逆向的暴风，不得不退回中国的港口。这样一来，他再度萌生想成为天主教徒获得信仰的愿望。回日本，还是再去马六甲？正当他犹豫不决之时，正好遇到了从日本回来的阿尔巴罗·巴斯。巴斯对这次偶遇非常惊讶。他与洛伦索·博特略一起劝说弥次郎坐船回到马六甲，称这次回去，沙勿略应该已经回到马六甲了，而且不久后会有一名神父与弥次郎一起前往日本。弥次郎听后，欣然回到了马六甲。他在马六甲再次遇到阿尔瓦雷斯，经由此人的引见终于见到了沙勿略，当时圣母教堂正好在举办婚礼。阿尔瓦雷斯向沙勿略详细地介绍了弥次郎，沙勿略非常高兴地拥抱了弥次郎，弥次郎也为能见到沙勿略而激动，决定终生追随他。弥次郎会说一点儿葡萄牙语，沙勿略就把他送到果阿去接受教育。他抵达果阿是在一五四八年三月初，在五月初接受了洗礼并得到了教名"圣菲的保罗"，十一月末他以葡萄牙语写了那封长信。短短六个月内他的葡萄牙语已达到能读能写的水平，他将《马太福音》完全背了下来，并将《马太福音》的要点用日语写了下来。弥次郎将这一切都视为神的恩赐，他在给洛约拉的耶稣会写信报告时，表达了对神的感谢之情。

　　根据弥次郎的这封报告可知，他在杀人后选择的逃亡之地不是日本国内而是东亚的海上，直至马六甲。这对当时九州沿海地区的人来说并不少见，这一点我们必须明白。葡萄牙商人乘船开始频繁来到九州沿岸应当是在一五四二年葡萄牙人漂流到种子岛以后，将弥次郎介绍给沙勿略的阿尔瓦雷斯写过一份关于日本的报告，其中提到，一五四六年葡萄牙船在鹿儿岛、山川、坊津等十五个港口出入，在这些港口中应该有与葡萄牙人做贸易的商人，而这些商人应该或多或少会说一点儿葡萄牙语。他们和堺市、博多一带有巨大社会影响力的贸易商虽同为贸易商，其性质却大不相同。这些商人也不会亲自坐船冒险去海外，他们更像是九州沿岸各港口寻常可见的富商。弥次郎可能也是鹿儿岛城市中这些富商中的一人吧。他与在鹿儿岛港停泊的阿尔巴罗·巴斯是旧交，懂一点儿葡萄牙语，逃亡的时候带了一个弟弟和一个仆人，等等，这些都是佐证。对这位弥次郎来说，与逃亡去京都大坂相比，去马六甲可能反而更让他安心。但是他是因为杀了人在鹿儿岛待不下去了才出外流浪的，并不是因为被探求心、想去外面世界的愿望所驱使而出去的，因此他到了马六甲马上就想回日本了。而使他走近沙勿略的完全是一次偶然，即日本近海那场刮了四天四夜的暴风。但是，在探求心和想去外面世界的愿望驱使下行动的葡萄牙人却让这偶然变成不只是个偶然。他们在鹿儿岛上捉到了一个富商，马上对这个日本人进行了全面的研究，欲从中了解日本民族、日本文化。在沙勿略决定来日之前，他们已经以这样的方式了解到了有关日本的预备知识和接近日本人的方法。

　　沙勿略通过弥次郎发现日本人是一个遵循道理、对宗教和学问有着强烈兴趣的民族。这不是弥次郎的空口之谈，弥次郎和他的弟弟，以及仆人等就是实证。特别是弥次郎的智力让沙勿略等人惊叹不已。直接指导弥次郎的托雷斯则证实，弥次郎能在短时间内记住《马太福音》。由此，沙勿略对日本人的评价非常高，他深信，日本才是应该传播基督教的地方，故决定不顾任何险阻前往日本。沙勿略日本之行的最大困难在于，首先是中国诸港对葡萄牙人的反抗；其次，中国海和日本海是世界上最为风高浪急的地方；最后，这一带海盗众多。但是，死亡这一危险对这位耶稣会的斗士来说，却正是最长的休息。风浪、海盗等等，在神的力量前微不足道。对于有信仰的人来说，这样的危险不足为惧。因此，他自与弥次郎见面后便开始认真为日本之行做准备。他特别想知道的是日本宗教方面的情况。弥次郎坦称，他只知道佛教教义在中国和日本流布甚广，但是自己读不懂佛教经典的文字，故于佛教教义并不精通。因此，沙勿略早就打算到了日本以后的第一要务是了解在日本普遍流传的宗教。沙勿略所做的另一个努力是用日语来撰写基督教的纲要。可以确定的是，沙勿略来日前，弥次郎用日文撰写了沙勿略指定的教理问答节选、简单的教义纲要、《马太福音》的纲要等内容，所以沙勿略初登鹿儿岛即可传经布道。正是这种热心研究的态度与绵密周到的准备，使得从西方逼近的欧洲先进力量远比远赴马六甲迎接的日本民族的先进力量更有优势。

沙勿略来日时的情况在他于鹿儿岛写的那封有名的书信中有详细的描述，他在鹿儿岛逗留近一年，主要是为了完成上文所说的第一要务，并进一步完善为传道所做的准备。了解到这一点，再来看他在鹿儿岛写的信，就能清清楚楚地感受到他的布教热情背后有着怎样踏实的研究精神。

二 鹿儿岛上的沙勿略

沙勿略来日一行共八人，有耶稣会会士科斯莫·德·托雷斯和若昂·费尔南德斯，两人都是西班牙人，还有弥次郎、弥次郎的弟弟与仆人，以及印度和中国仆从。当时马六甲的长官是瓦斯科·达·伽马之子佩德罗·达·席尔瓦，他为沙勿略提供了各种方便，并为他找到了即将直航日本的中国船。他们于一五四九年六月二十四日登船，出发后天气很好，风平浪静，但是船长是以占卜的方式来决定航海方式的，他途中改变了主意，打算去中国的港口越冬。他们抵达广东，欲在那个港口停留，但在沙勿略一行的反对与威吓下不得不放弃了这个念头，接下来几天他们顺风而行，到了漳州的港口，想在那儿越冬，却正好遇上出港的船只，听到船上的人说港内有海盗后，他们匆匆忙忙逃到了外洋。当时的风向朝向日本，因此船长等人也无可奈何，只得前往日本。八月十五日，他们安全抵达了鹿儿岛。

沙勿略一行受到了弥次郎亲属们的盛情欢迎。不久后其他人也开始表示对他们的欢迎，鹿儿岛的町长官、地方上的领主、一般民众等都对他们非常亲切。葡萄牙神父对当地人来说是非常稀奇的，但是他们对弥次郎成为天主教徒一事却并没有大惊小怪，而是对之充满敬意。亲戚们对弥次郎去游览印度这样稀奇的地方感到欣喜。不久，连这个领国的领主岛津氏也款待了他。当时岛津氏在离鹿儿岛五里左右的伊集院，把他叫到那儿后，向他仔细询问了葡萄牙人的习俗与国情、印度的领地等问题，并对他的回答非常满意。当时弥次郎携带并向领主展示了圣母玛利亚的画像，领主见到后大喜，在画像前跪拜行礼。领主的母亲见到后亦显得心驰神往，在弥次郎回到鹿儿岛沙勿略身边数日后，派使者前往请求他们制作同样的画像，并希望他们能将教义写下来后送过去。因为材料不足没能制作画像，但弥次郎在数日之内写完了基督教的教义。据说这是九月中旬的事情。不久，九月二十九日，领主接见了沙勿略一行。他盛情款待了他们，并称会珍藏记载教义的书籍。几天后，领主下令允许所有的家臣可以自由加入天主教。

就这样，他们传教活动的开端是很顺利的。不过由于语言关系，当时主要还是由弥次郎担任传教的工作。他召集了自己的亲朋好友昼夜说教，使自己的母亲、妻子、女儿、男女亲戚、友人等多人成为天主教徒。城里的民众对于成为天主教徒之事丝毫不以为奇。人们能读会写，故很快就能记住祈祷说的话。在这样的情势中，沙勿略本人简直就像是一座雕像。人们对沙勿略等人议论纷纷，但沙勿略等人却一无所知，一直保持沉默。但是沙勿略的心中却有着强烈的愿望：只要学会了日语，信徒就会越来越多。因此他就像个孩子一样学习，努力想掌握日语。在他逗留鹿儿岛期间，他的愿望在相当程度上实现了。特别是修道士费尔南德斯看起来相当有语言天赋，据说他非常迅速地掌握了日语。与此同时，沙勿略着眼于很多日本人都能读会写这一点，积极策划制作了宣传教义的书。开始学习日语后四十天内，他先制作了十诫的解说，接着在当年冬季用日语写了对各条基本信仰的详细解释，并考虑将之付梓。沙勿略用葡萄牙语撰写，弥次郎将之忠实地翻译成日语，据说，这个计划也在他逗留鹿儿岛期间完成了。这是一部宏大的著作，据说从创世讲到耶稣的出现、苦难以及最后的审判，而且还提到了要排斥打击佛教。其译本由于弥次郎学问不够而成为失败之作，但是它后来还是成为天主教教义书的基础。

如上文所述，开始的时候，传道不得不借助弥次郎之力，但是他们那时候已经开始积极研究日本的相关情况了。即使不会说日语，通过直接的观察也可以了解各种情况，或者通过弥次郎来打听弥次郎也不知道的事情。沙勿略在日本所寄的第一封信是他到鹿儿岛八十天后写的，落款日期为十一月五日。信中所载的日本观察如下：

第一是对日本的一般印象。沙勿略在鹿儿岛期间，对日本的第一印象非常好。他说，他（在鹿儿岛）接触过的人，是新发现的各个地方民众中最好的。在异教徒中，也许不会找到比日本人更优秀的人吧。他特别注意到了日本人重名誉以及普遍善良这两点。日本人把名誉看得比财富更重要，这一点在欧洲是见不到的。日本国民一般都很贫穷，所以并不以贫穷为耻，但是即便如此，拥有巨富的商人对待赤贫的武士与对待富贵者一样充满敬意，这是非常少见的。而赤贫的武士即使被赠以巨金，也不会答应与商人的女儿结婚。因为武士是有名誉的身份，他们不想失去名誉。武士们效忠于领主，并不是出于对刑罚的畏惧，而是为了保持自己的名誉。而像这样重视名誉的不只是武士，因此一般日本人受到侮辱，或被人用语言轻蔑的时候，都不会选择容忍。日本人不赌博也是因为不想名誉受损。其次，日本人一般来说都很善良，人际关系较好，喜欢遵循道理。不管是基督教国家还是非基督教国家，都没有一个地方像日本那么痛恨窃盗之罪，因此这里盗贼很少。即使有人干坏事，只要对他指出错误所在，他也会认清道理，停止作恶。因此一般民众之中，罪恶之事较少，而道理支配着一切。他们在打听了基督教的神，并对其有了了解之后，就会非常高兴。

第二是佛教的问题。沙勿略在来日以前就已经将日本流布甚广的天竺传来的宗教视为课题，到了鹿儿岛以后，他立即开始对之进行研究。他结识了几位佛教的僧侣，与当时在鹿儿岛闻名遐迩的名为ニンジツ（忍室？）[1]的八十岁高僧尤为交好。僧人们款待了他，这一点他本人有明确记载："忍室对自己惊人地亲切。"他谈到了自己的使命，称自己从六千里[2]外的葡萄牙来到遥远的日本，只是为了传播耶稣基督的福音。他们还就灵魂不灭的问题进行了讨论。但是，忍室等人只是对远道而来的客人的奇谈表示了惊讶，并没有深入讨论宗教争端，因此没有发生宗教上的冲突。但是沙勿略通过接近这些僧人了解到，与一般人相比，僧人们反

---

[1]　此处作者在括号内标注"忍室か"，作者根据发音认为可能是忍室，但不确定。本文ニンジツ皆译为"忍室"。忍室文胜（？—1556），战国时代的僧人，曾任鹿儿岛福昌寺的住持，与沙勿略私交甚笃等。——译者注

[2]　此处的"里"为日本长度单位。——译者注

而深陷罪恶之中。即便在遵循道理这一点上，他们也不像世俗之人那样坦诚。因此沙勿略首先觉得难以理解的是，僧人们如此堕落，为何能得到比他们善良的俗人们如此的尊重。对于这个问题的答案，他首先想到的是佛僧的禁欲生活。在物资贫乏的日本，一般人的饮食极为简单，特别是僧侣们，不食鱼肉，不饮酒，一天只吃一餐，只有蔬菜、水果与大米，与女性的情事被严格禁止，所以他们一边过着禁欲生活一边宣讲有关信仰的故事，这是他们得到尊敬的原因所在。这样的"僧人（坊主）"在日本非常多，沙勿略由此认识到他们是自己的强敌，在宗教论争开始之前，他已经做好了心理准备以迎接来自僧人们的迫害。他猜测，这种迫害最可能是一种语言上的攻击，他无法想象世俗民众自发加以迫害，但如果在僧人问难时被煽动，就很难预测会出现怎样的情况。因此这样的迫害可能带来性命之虞，但不管面临的会是怎样的危险，他都不会放弃宣传基督的救赎。由此可见，即使是面对"惊人亲切"的忍室，沙勿略也已经做好了精神准备。

第三是日本的国情。沙勿略来鹿儿岛的目的在于去日本的京城。但是他到达的时候是逆风，据说五个月后才能吹顺风，因此他不得不在鹿儿岛等待时机。于是他记录了一些应该是从僧人那儿打听来的他感兴趣的日本国情。京城离鹿儿岛有近三百里[1]，有九万户以上的人家，那儿有一个很大的大学，分五个学部（这应

----

[1] 此处的"里"为日本长度单位。——译者注

该指的是五山[1]吧）。还有和尚居住的寺庙两百多座，以及禅宗的禅房和尼庵。除京城的大学以外日本还有五所主要的大学，高野、根来、比叡山、多武峰等大学坐落在京城的周围，各自拥有三千五百名以上的学生，离得较远的位于坂东的大学则是日本最大的大学，学生人数最多。坂东土地宽广，领主有六人，由其中一人统一管理，而这个人也要服从京城的日本国王。在以上的各个大学以外，据说日本全国还有很多小规模的大学。一五五一年中他打算在各个大学宣传基督教的教义。而且日本的国王可以颁发前往中国的安全通行证（勘合），他打算努力得到这个通行证以安心前往中国。从日本到中国的航船非常多，所需时间为十至十二日。

沙勿略汇报了以上几点内容后，展望了在日本传道的光明前景：日本是最适合弘扬基督教之地，如果神能够赐予自己十年的时间，自己一定能在这块土地上大有作为。他在他的第一封信里就已催促对方做好派遣继任传教士的准备。

沙勿略同时还给马六甲的长官——瓦斯科·达·伽马之子佩德罗·达·席尔瓦寄了信，在那封信中，他劝说席尔瓦来堺市设立商馆。堺市是日本最富裕的港口，离京城很近，如果在那儿设置商馆开展印度与日本之间的贸易，长官与国王都能获得巨利。而自己会努力说服日本国王与印度总督建立联系。沙勿略的上述

---

[1] 京都的五山指临济宗在京都的五大寺，分别是天龙寺、相国寺、建仁寺、东福寺、万寿寺。——译者注

言论，以及前文提到的勘合贸易相关言论，都反映了与堺市的贸易船密切相关的鹿儿岛港的形势。而很多日本人因沙勿略来日受到刺激而纷纷前往马六甲一事也反映了当时的这一形势。弥次郎在鹿儿岛对葡萄牙人赞不绝口，这些人也因此被打动，其中还有在坂东和京城的大学学习过的两位僧人。他们所乘坐的船，也许就是载着沙勿略一行来到日本的那条船。

通过以上材料我们可以知道沙勿略他们在鹿儿岛逗留初期的行动与心境。他们对前途的预测是非常乐观的：两年后在日本的各个大学应该可以讲授基督教的知识。但是这表明他们对当时日本的政治形势几乎一无所知。关于以三好长庆为中心的京都地区战乱的样子，在鹿儿岛的僧人可能知之甚少，因此也无法对这一点加以说明。但是不管怎样，国家的秩序已经丧失，跟日本国王直接谈判什么的更是难以想象的事情，这些情况，鹿儿岛人应该是知道的。沙勿略等人略通日语后，就发现很多事情与他们开始的预想不一样。答应五个月后给他们准备去京城船只的岛津氏，以京城为战乱之地为由提出推迟到战乱平息之后。在鹿儿岛的传教也没有预期那样顺利。这可能与鹿儿岛这个地方的情况有关，毕竟在这个下克上的时代，鹿儿岛是少有的镰仓时代以来的武家传统权威没有被推翻的地方。而让弥次郎翻译的教义书中写有排斥打击佛教的观点，但是因为弥次郎的无知，将基督教的"神"翻译成"大日"等做法，使他们反而成为佛教僧人的笑料。

基于这样的情况，终于，在一年后的一五五〇年九月，沙勿略一行离开了鹿儿岛，移居平户。选择平户，是因为约两个月前有一艘葡萄牙船在那儿入港，他们趁此机会前往探访时，发现了很多对自己有利的条件。沙勿略让他信任的弥次郎留在了鹿儿岛，但是在这片传统力量非常强大的土地上，弥次郎一个人留在那儿是无能为力的。数年之后，他走上了另一条道路。

三　沙勿略在山口

　　移居平户一个多月后，也就是一五五〇年的十月末，沙勿略让托雷斯留在平户，自己带着费尔南德斯和一个日本人远游视察日本国情，探寻适合传教之地。纵观当时日本的混乱局势，这样的旅行有多危险多困难，他们自己也是很清楚的。但是不惧危险勇往直前正是当时西班牙人的性格。费尔南德斯当时已经相当精通日语，用日语撰写的基督教教义书也已经完成，传教工作准备就绪，而前行途中的各个地方要找门路想来也不是不可能。但是没有庇护者，没有信徒，也就是说要去完全没有人脉的地方"探险"的这一态度，也正表现了近代欧洲精神的先进之处。

　　虽然已有这样的心理准备，但这次旅行给他们留下的最大印象还是旅途的艰难。首先是寒气与降雪，这对西班牙人来说颇为煎熬。他们的脚因为大雪和寒冷而浮肿，而且道路恶劣易滑，所以他们经常连人带行李一起倒在路上。他们还要蹚过无数条河，没有鞋履的时候也不少。有时候因为寒冷与饥饿精疲力竭，几无生气。有时候被雨淋得浑身湿透，回到旅店却没有任何设备可以缓解。其次是来自人的威胁。在海盗横行的海上，他们为避人耳目常常不得不在船上躲藏起来。为了躲避盗贼，他们要充作身份高贵的人的马夫，不得不紧追慢赶以免走散。而到了村镇后，他们有时候在大路上会被孩童投掷石块。这种种艰难，据说远远超过了沙勿略的预想。

　　沙勿略这次旅行途经博多、山口，坐船渡过濑户内海到达堺市，从那儿去京都，逗留十一日后再往西返回平户，费时四个月。博多、山口、堺市都是因海外贸易而繁荣的地方，是当时日本城市兴起的先驱，当时普遍认为这些城市是日本重地，这也是沙勿略选择了这几个地方的原因吧。据说，他通过实地考察发现这些新兴城市才是适合传教的好地方。在山口，他们寻找关系，成功地谒见了领主大内义隆，回答了领主出于好奇提的各种问题。最后，沙勿略让费尔南德斯诵读了教义的书籍，甚至对日本的宗教与道德的腐败进行了攻击。领主不悦。沙勿略等人做好了最坏的打算，下定决心，翌日即开始在街头传教。他指出日本人不知道真正的神却去礼拜偶像，指责了男色与杀子等不道德行为，并要求改悔。在此过程中，费尔南德斯用日语陈述，而沙勿略则在一旁祈祷。他们在山口城中的各个地方进行这样的说教，好像收获不大，但是似乎在山口有什么正驱使他们这样做一样。不久，他们通过海路前往堺市，途中既要提防海盗，又要受到同乘者的侮辱，旅途中有很多不愉快的经历，但同情他们的一位乘客亲切地安慰了他们，并为他们写了一封介绍信给他在堺市的熟人。沙勿略等人到了堺市，去拜访了那个人，那个人也很亲切地接待了他们，留他们住宿，又担心他们去京都的旅途不安全，费心费力使他们能够加入某个身份高贵的武士一行中同行。把这样的人生活的城市——堺市加入适宜传教之地，可以说是理所当然的。他们不远千里来到了京城，当时正值三好长庆将军赶到近江之后，日本全国的王——天皇处境实在艰难，而且也无法接近，因此沙勿略他们早早踏上了归途。

但是，通过这次旅行，沙勿略明白了，要接近日本的掌权者，"礼物"是必须的。与京城比起来，山口的城市更适合作为传教的开始之地。将博多的贸易商置于帐下、长期以来一直想独霸与中国的勘合贸易的大内氏，其城下町[1]可能比当时的京都还要繁华。当时，其竞争对手细川氏被三好长庆打得一败涂地，京都大坂一带长期处于战乱中，大内氏的隆盛却达到了顶峰，有不少京都的公卿以及其他文化人移居山口。大内氏一朝被灭，山口成为战乱之地，这些当然是沙勿略无法预料的。因此回到平户后，沙勿略携带葡萄牙印度总督和主教的官方书简，作为礼物的丁香、时钟以及马六甲长官赠送的各种物品，带着费尔南德斯以及两个

---

[1] 城下町是以领主所居的城堡为中心建立的城市，"城"指城堡。——译者注

日本人，从海路向山口出发了，时间是一五五一年的春天。

在山口，沙勿略为了向领主呈上官方书简与众多的礼物，他穿上法衣正式谒见了领主。领主见到各种珍奇的物品，心满意足，授权允许他们传教。他让人把写着"在这个城市以及领土境内可以宣传天主（Deus）的教义，而相信与否，则是个人自由"这样内容的布告牌立在了山口的街头，并命令人民不得迫害传教士们，还给了传教士们一个僧院当作住宅。这与他们第一次到山口的局势完全不同，而这一变化正是由沙勿略的日本国情视察促成的。

就这样，与在鹿儿岛时不同，他们开始在山口城中迅速又活跃地进行传教活动。他们的住所从早到晚挤满了从町里赶来听新教义或各种奇闻的人。听众们的问题往往很难回答，被他们称为"难问"。沙勿略本人将这种连珠炮似的提问称为不可预期的"迫害"。日本人不分时间前来造访，不断提问直到半夜。身份高贵的人则把他们叫到自己家里询问各种事情。因此他们没有时间祈祷、冥想、思考，甚至没有时间来放松一下精神。开始的时候甚至没有时间举行弥撒，只能连续不断地回答各种问题。这样，在逗留山口的四五个月期间，沙勿略一直处于连祈祷与吃饭睡觉的时间都不足的状态。沙勿略把通过这段经历得到的经验向洛约拉做了报告，他说，要想回答日本人的提问，必须学识渊博且精于辩论，对对方的诡辩必得当场指出其矛盾之处（一五五二年一月二十九日发自科钦）。九月被叫到山口的托雷斯也从沙勿略那儿了解了局势，他在寄往印度的报告中（一五五一年九月二十九日）

也提到了被连续提问的事情，并称，将来被派到这儿的传教士必须是高尚的、精于学问、可以回答各种难题的人。在提问者中当然也有一些佛教的僧人，但是提出尖锐问题的不仅限于僧人。而一般人对僧人表面上非常尊重，其实内心憎恶他们。

以上关于连续不断的提问的记载，说明了山口民众的探索心使得这些热血的耶稣会斗士一时间变得很被动。其原因之一是能用日语回答的只有费尔南德斯一人，另外跟他们回答的时候所依据的是弥次郎翻译的教义书也有关系。因此，在山口传教的初期，一位年轻的琵琶法师被沙勿略深深吸引，这对后来的传教事业有着非常重要的意义。这位琵琶法师当时二十五六岁，出生于肥前，只有一只眼睛略有视力。他每天拖着瘦小的、跛足的身子，在这个新兴的城市，靠弹唱《平家物语》维持生计，因此锻炼出了强大的记忆力和出色的叙事技巧。这位智力超群的青年在沙勿略的传教热情中获得灵感，毫不犹豫地投向了他的怀抱，他的洗礼名是洛伦索。一直以来由弥次郎承担的工作不久后交给了这个青年，这之后的四十年里他功绩至伟，可以说，在那段时间里，每一个天主教布道的重大事件中，几乎都有他的助力。

包括洛伦索在内的山口人又给沙勿略等人留下了非常好的印象。前文提到的托雷斯的那封书简中说到，他们认为，跟世界上其他国家的人相比，日本人是更适合天主教扎根其间的。这一点在山口也得到了证明。日本人与西班牙人一样，或者比西班牙人更清楚地知道要服从道理这一点。而且他们比别的国家的人有着更强的求知欲。对他们来说与他们谈论灵魂的救赎以及应当如何为神奉献是件非常愉快的事情。在其他新发现的土地上没有人像他们一样对这些话题表现得如此兴高采烈。而他们心思敏锐，崇尚理性，因此在告诉他们基督教的神和救赎之事后即使有人最初抱有反感，不久之后也会幡然醒悟，忘了他们的偶像、父母。而且一旦皈依基督教，他们的信念会无比坚定。改宗的人已经相当多，他们中的大部分已有面对任何艰难都坚持下去的决心。这是沙勿略离开山口时对日本人的观察所得。

但是，这仅仅是以洛伦索为代表的居民与武士们的情况。这些世俗之人彬彬有礼，满怀慈爱，不诽谤邻居，不嫉妒旁人。但是僧侣们却并非如此。由于弥次郎在佛教知识上的欠缺，使得为打击佛教而组织辩论的沙勿略等人因此受到了狠狠的反击。他们将之归结为僧人们的派性与对他们的憎恶。此时，他们从洛伦索及其他改宗者那儿学了一些比较详细的关于佛教教义的知识。他们终于开始了解释迦牟尼的事迹，了解法华宗、一向宗、禅宗等的区别。但这都是为了在辩论中驳倒对方。沙勿略在山口逗留的数月内，在这方面有了长足的进步，已经能够明确地表达基督教区别于佛教之处了。

这样，在山口他们有了五百个左右的信徒。其中有很多属于武士阶级，有的人身份相当高。山口是当时日本最先进的城市，这一点在这儿也得到了体现。

沙勿略在这个城市一直待到了一五五一年的九月。

这一年的八月，以瓦斯科·达·伽马之子杜阿尔特·达·伽马为船长的葡萄牙船进入大分旁边的日出港。结束了长途航海以后的葡萄牙人需要神父，而且伽马是沙勿略的崇拜者，他还带来了很多计划。他向丰后领主大友义镇提议，将沙勿略接到府内（大分）来。沙勿略从平户召来了托雷斯，让他和费尔南德斯一起守护山口的信徒，自己则和三个日本信徒一起在九月中旬出发前往府内。三人中的一人是弥次郎的弟弟，担任翻译；另一人为鹿儿岛人，之前跟着他一起去了京都；还有一人是山口的新改宗者。

沙勿略是否在山口就考虑过坐达·伽马的船去一趟印度，这不得而知，从他将托雷斯从平户叫来这件事来看，他应该是考虑要离开相当长时间的。但是，十月有使者从大分来到山口，托雷斯清楚地知道沙勿略的印度之行，他想当然地告诉使者沙勿略不久就会回到日本。沙勿略去印度也许是为了直接向耶稣会会士们游说，告诉他们在东方只有日本国民最适合基督教，也就是说，日本是最适合传播基督教的地方。他在考虑带领很多优秀的传教士来日本。沙勿略回印度后制订了去中国传教的计划，这也许是因为之后情况有了变化。即使如此，山口传教的经历是沙勿略决定在中国传教的一个重要机缘，这从他本人写给洛约拉的书简（一五五二年一月二十九日发自科钦）中可见端倪。在山口有连珠炮一样不断对他提问的日本人，他们的知识都是以中文书写的中国书籍为基础的。日本人不懂汉语，却能看懂汉文。正是中国文化孕育了日本人的文化。因此，如果中国人能信奉基督教，日本人就会立即将从中国传来的各流派的谬论抛之脑后吧。这是他着眼于中国的原因，这样看来，不得不说通过那个年轻的琵琶法师获得的关于日本的知识影响颇大。

不过，这是后来的事情。沙勿略离开后的山口，结果怎样了呢？

据留在山口的费尔南德斯和托雷斯的报告称，沙勿略出发当日，山口的僧侣们即一拥而入闯进托雷斯等人的住所，对他们和他们的言论肆意嘲笑以打发时间。从这件事看，托雷斯等人发现这些僧人竟是如此害怕沙勿略。但也正因如此，沙勿略的离去使得留在那儿的人忧心忡忡。僧人中最棘手的是禅宗的人，他们的问题最难回答。就算是圣托马斯、司各特也很难回答得让他们满意。托雷斯觉得，没有神的特别恩典，是很难辩过他们的。而幸运的是，他得到了神的特别恩典，在沙勿略出发后八到十天的时间内，使包括上层人士和学者在内的五十多个人成为天主教徒。托雷斯通过费尔南德斯的翻译回答了各种各样的问题，日本人由此了解到，这个新来的传教士也是值得信赖的，因此大家都变得心平气和。

但是正当此时，出现了将要开战的传闻。大内氏的家臣陶隆房（晴贤）背叛了大内氏。如此一来，僧侣和有身份的人几乎都不来了，只有少数几个商人和妇女还过来，但是他们都没有入教成为天主教徒。不久，叛军逼近山口，到了九月二十八日（阴历八月二十八日），托雷斯等人也不得不将财物藏起来，准备避难。

他们派弥次郎的前仆人去认同天主教的有权者カトンドノ（加藤殿下？也有人认为是奉行内藤隆治）[1]府邸，请教该怎么办。派去的人很快跑了回来，传话说对方让他们火速动身去他的府邸。托雷斯等人迅速赶往他的府邸，途中遇到了几拨身穿甲胄的部队。士兵们众口一词，说天竺人辱骂佛祖所以导致了战争，要把那些家伙杀死，把他们赶走。托雷斯等人战栗不已。到了府邸后，加藤殿下让一个僧人带他们去他的家庙。家庙的僧人也视他们为恶魔，认为是他们造成了不幸，并不乐意让他们进入寺庙。也许是害怕施主，也许是带路的僧人言辞巧妙，结果他们还是在这个寺庙得到了一个房间作为藏身之地。他们在这儿战战兢兢地过了两天两夜。在这两天两夜里，很多武士的家宅被焚毁，陶隆房的军队占领了山口，大内义隆自尽身亡。托雷斯等人与加藤殿下的夫人一起回到府邸，在那儿的一个三叠[2]大小的茶室里藏了五天。城内因为火灾、掠夺、杀戮一片混乱，托雷斯等人的生命也受到很大威胁，但是总算还是逃过一劫。成为天主教徒的人中有很多是大内氏的家臣，他们中无一人丧生，第一个成为信者的名为托美·内田的武士也平安无事，后来他将托雷斯等人隐藏并保护了起来。

就这样，山口的传教事业在沙勿略离开后不到一个月内即遭遇

---

[1] カトンドノ，作者根据发音认为可能是加藤殿下，并指出当时也有人认为指的是奉行内藤隆治。下文カトンドノ皆译为"加藤殿下"。——译者注

[2] 约为4.86平方米。——译者注

了一次挫折。但是所幸陶隆房自己并不想成为山口的领主，他迎立自杀的大内义隆的外甥大友义长，让其继承大内氏。大友义长是丰后领主的弟弟，当时在府内。而府内正是当时沙勿略所往之地。

四 沙勿略与大友义镇的接触

沙勿略进入府内时的阵仗非常豪华。他在山口时因隆重而正式谒见领主，收效颇大，故此次他与日出港内的葡萄牙船联手，这样可以前所未有的豪华阵仗进入城内。而船长达·伽马这边如此出力也有他的理由。他是为了展示欧洲的技术和排场，给新土地上的民众留下一个强有力的印象，这是葡萄牙人自进入印度以后常用的手法。于是，沙勿略抵达日出时，船上挂起了旗帜，礼炮连发，使日本人大为吃惊。到他进入府内之日，以达·伽马船长为首，很多葡萄牙人穿着盛装，带着仆人，簇拥着一身法衣仪表威严的沙勿略徐徐行进。有人为沙勿略撑起画着花鸟图案的阳伞，有人举着戴着面纱的圣母像。在他的后面，有人举着一双精致的鞋子。游行队伍的指挥者挥舞着金属棒。前一年刚成为领主的年轻的大友义镇（宗麟）让士兵列队，仪容威严地欢迎了他们。城下町的民众蜂拥而至，前来围观。传教士沙勿略就这样风风光光地进了府内。进了城堡，将要入席之时，一个葡萄牙人脱下身上非常高级的上衣，让沙勿略坐于其上，这使在场的武士们大为吃惊。这种游行与仪式明显表现出了欧洲式的做派。

领主授予了他们传教的许可。第二天，沙勿略就站在街头开始布道。弥次郎的弟弟担任翻译，但也许沙勿略自己也用日语进行了说教。他们初到时的游行队伍吸引了民众的注意，给他们留下了深刻的印象，因此现在效果很明显，据说不久就有了五百个信徒。见此势头，这儿的僧人们也开始反击了。这也许是沙勿略攻击性的态度引起的。僧人们以フカタジ（因石佛而有名的深田寺？）[1]为首，挑起了论战，这使双方的对立更为严重，最后，据说领主不得不举办一次正式的宗教辩论，让双方在五天时间内进行对抗辩论。在这次辩论中，日本人也同样表现出了强烈的求知欲和打破砂锅问到底的性格，而沙勿略则以鲜明的耶稣会斗士的气魄压倒了他们。沙勿略在丰后只逗留了两个多月，但他在这儿也建立起了不亚于山口的一个强有力的根据地。

当时二十二岁的领主大友义镇，最初并没有成为信徒，但是他非常热衷于与葡萄牙人进行贸易。因此，让沙勿略风风光光进了府内的船长达·伽马与府内的领主之间有着共同的关注点。沙勿略当然也不会忘记利用这一点。他乘坐达·伽马的船回了一趟印度，决定强化在日本的传教活动。仿佛与此相呼应一般，大友义镇给葡萄牙国王与印度总督送去书信，想恳请他们派遣传教士

---

[1] フカタジ，作者根据其发音推测可能是因石佛而有名的深田寺（发音：フカタジ）。深田是地名，在今大分县臼杵市，当地的臼杵石佛为日本国宝。——译者注

来日。他希望能让携带书简与礼物的使者乘坐同一艘船前往印度。于是，沙勿略在这位使者以外，还让从山口带来的三个日本人以及从山口来办事的弥次郎的原仆人，共五个日本人与他们同行。其中，曾与他一起前往京都的鹿儿岛人与在山口改宗的人是要送到葡萄牙去留学的，而弥次郎的弟弟和原仆人则是为了给从印度来日本的新传教士引路。让日本人看看印度与欧洲，或让欧洲人看看日本人，他们之间的想法是相通的。

载着这一行人，达·伽马的船于一五五一年十一月出了日出港。途中在广东换乘圣克鲁斯号。据说，因为船长迭戈·佩雷拉对沙勿略讲了很多关于中国的事情，沙勿略因此产生了去中国传教的想法。他们在马六甲再次换乘其他船，于第二年的一月末到达了印度。

日本人去葡萄牙留学的愿望后来实现了。沙勿略期待他们归国后能在传教事业上大显身手，但是遗憾的是，这一期待没能实现，他们死在了异国他乡。

丰后的大友氏是一个古老的世家，义镇是源赖朝时代以来的第十八代子孙。因此在这儿，古老传统的力量还是相当强大的。而给丰后带来了新风的，是影响当时九州各个大名的海外贸易。这儿很早以前就已与朝鲜进行贸易，也曾有大友船参加过与中国的勘合贸易，还有不少人加入了倭寇。因此出入丰后港的中国船只也并不少见。后来大友义镇对弗洛伊斯说（落款日期为一五七八年十月十六日的发自臼杵的书简），他十六岁，也就是一五四五年时，已经有葡萄牙商人来到当地。这发生在葡萄牙人漂流到种子岛事件的两三年后、沙勿略去丰后短期居留六年前。当时，中国的小型帆船来到了日出港，船上坐着六七个葡萄牙人。领头的是一个叫若热·德·法里亚的富人。帆船的领航员是个中国人，他怂恿大友义镇的父亲——当时的领主大友义鉴，说把那个葡萄牙人杀掉就能毫不费力得到大笔财产。领主利欲熏心，想要按计行事，才十六岁的义镇听闻此事，就去了父亲那儿说，那个外国人是为了在领主的保护下在境内进行贸易才不远万里来到这儿的，现在他没有犯罪，也没有其他任何理由，只是为了一己的贪念就要杀他，这种行为极其恶劣，自己绝不赞成，因此一定会保护他们。他成功地劝阻了自己的父亲。义镇是将这件事当作自己与天主教徒的渊源来讲述的，但从这段话中可以发现，父子之间在视野上确实已出现了很大的差别。而且，这之后有一个叫迭戈·巴斯的葡萄牙人来到府内，在这儿住了五年，并学会了说日语。他是怎么与大友义镇接触的，这不得而知，总之，他朝夕诵读《圣经》，手持数珠祈祷时的虔诚态度给了义镇非常深刻的印象。他并非僧侣，只是一个普通的商人，却如此热心于修行，所以义镇觉得这一定是因为那个神非常灵验。

这就是义镇的青年时代，而他登上领主之位时，却经历了一场战国时代典型的血腥的家庭内部冲突。他的父亲大友义鉴想跳过义镇这个惣领[1]，将后妻之子立为继承人。附和这一想法的家老[2]大权在握，而反对这一做法的正义派家臣中却有人因此被诛杀。因此正义派的两个家臣杀入大友义鉴内宅，不仅杀了他的后妻及其子，连他本人也杀害了。当时在别府接受温泉疗养的义镇立刻被接来继承了家业。

沙勿略到达丰后、与山口的大内义隆被家老陶隆房所逼自杀都是第二年发生的事情。有人提出迎立义镇的同母弟弟义长为大内氏的继承人时，沙勿略似乎还在丰后。因为义镇义长两兄弟的母亲是大内义隆的姐姐，所以义长被指定继承他舅舅的家产。事情的交涉是完全公开的，所以无疑也传到了沙勿略的耳朵里。当时，沙勿略想把山口的教会作为日本唯一的教会并使它维持下去，因此，对沙勿略来说，这是一个非常重要的消息。哥哥义镇打算正式向印度总督送出希望派遣传教士的恳请状，他弟弟成为山口领主后也许能保护陷于危机中的教会。沙勿略对这个人应该是有第一手的了解的。如果是这样的话，不难想象，这个时候沙勿略应该会竭尽全力展开工作。义长成为山口领主的话会尽力保护天主教徒，他们之间有这样的共识，也不是不可能的事。

关于大友义长继承大内氏一事，《大友记》中有关于义镇的反对意见和义长答应的理由的记录。前者的记录如下：陶隆房视毛利元就为敌，但是陶隆房没有才能去对抗这个敌人。即使被隆房

---

[1] 即总领。指武家社会中一族所领土地的总领者。——译者注
[2] 家老是大名的重臣，一般有数人，采取合议制管理领地的政治、经济和军事活动。——译者注

拥护继承大内氏，如果不能得到元就的承认、作为主家对待的话，将来也就不免与毛利一战，那时候根本没有胜算。继承一个不久就会灭亡的大内氏实为不智。对此，大友义长回答说，如果因为害怕毛利元就就拒绝继承大内氏，会为世人耻笑，他会为之懊恼不堪。但是如果与毛利元就一战，即使战死，也很光荣。他的这段话掷地有声，被当时的武士们普遍推崇。这样，继承之事议定，在沙勿略离开后的第二年暮春，大友义长继承了大内氏。

看这一段关于继承与否的议论，感觉它反映的是已经知道后面结果的人的想法，但是从当时下克上成风的趋势来看，义镇为这样的理由而担忧也不是不可能。毛利元就是代表了下层武士的崛起这一趋势的人物之一，写于毛利氏手握大权以后的《毛利记》中记载："毛利之家，虽云昔年代代有之，元就以来之义也。"毛利元就在其三十岁时得到其领地——"三千贯[1]之所"安艺吉田[2]后，通过"合谋"与"团结"，经过三十年的努力，终于成为大内氏麾下诸将中最重要的人物。特别是大内氏与尼子氏之间的长期争霸为毛利元就展现才能提供了最适合的舞台。他多次支撑起了大内氏一族的命运，其实力天下闻名。现在，他的主家大内氏的实权为其家臣陶隆房所掌控，而且陶隆房背叛了大内氏，逼得大内义隆父子二人自杀，即使陶隆房本人不做领主，而是扶持大友

---

[1] 贯高制是日本中世时期表示土地面积的方法之一。对土地的课税额以钱（贯文）换算，并以其税额表示地积大小的一种方法。——译者注

[2] 安艺吉田（庄），在现在的广岛县安艺高田市吉田町。——译者注

义长为傀儡领主，毛利元就也不会承认。他会以杀主为由讨伐陶隆房，这是很容易预见的。这样看来，义长继承大内氏时已预见到可能会为毛利氏所压制也不是不可能。

沙勿略走后，留在日本的教会的命运为这样的政治形势所左右。这样的形势沙勿略可能看得并不太清楚。他在离开日本以后也充满信心地称山口的教会将日益兴盛。山口的教会已经渡过了最大的难关。它的众多信徒中，有的人有权有势，日夜保护着托雷斯、费尔南德斯等人。费尔南德斯的日语有了进步，已能够把托雷斯的说教翻译成日语。所以，沙勿略力主，日本的土壤上非常适合播种基督教。在新发现的诸国中，日本人也是最适合传播基督教的对象。这之后仅仅过了九个月，他就在广东的上川岛去世了。想来，他的信心应该至死没变吧。

只就山口教会而言，他的预测落空了。四五年后，取代大内氏统治了山口的毛利氏，对海外的广阔天地缺少兴趣，对天主教亦毫无认同感，因此，山口教会的隆盛只持续了五六年。传教的主流迁移到成功抵挡住毛利氏攻势的大友义镇的领土内。当时年轻的义镇正沉湎于战争、政治与寻欢作乐中，但是他还是保持着对于海外广阔世界的关心与对基督教的认同感。

第三章 /
沙勿略来日事件后的十年间

一 托雷斯与山口的教会

沙勿略离开日本回到印度是在一五五二年的一月末，不久后的四月中旬，他率领正要赴日的修道士佩德罗·达尔卡塞瓦与杜阿尔特·达·席尔瓦从印度启程了。船是开往中国的，船长身兼印度总督派遣中国的大使之职。沙勿略本人也下定了决心要和神父巴尔特萨尔·加戈一起去中国传教。但是到了马六甲以后船出了故障，船长（兼大使）要在这儿待到下一年。因此沙勿略改变计划，让加戈神父作为长老加入要前往日本的一行人中，并找到了别的船，于六月六日送他出发前往中国。加戈一行人到了中国后又换船于八月二日出发前往日本，十四日到达了沙勿略曾经逗留过的一个叫夕又シュマ（鹿儿岛？）的岛上，在那儿受到了领主的款待，逗留了八天后，坐上小船前往丰后。这是相当艰难的一次旅行，但他还是于九月七日平安抵达丰后的府内，时间已是沙勿略离开日本的第十个月了。

　　加戈一行人抵达后的第二天就去拜访了领主大友义镇，呈上了印度总督送的礼物，受到了领主的款待。当然，重中之重还是制订今后的传教计划。他们与山口的教会取得了联系，山口那边派来了擅长日语的费尔南德斯。于是加戈先去拜访了领主，传达了印度总督的口信。他后来为了传教经常前去拜访，并在领主面前提出了传教计划的问题："听说殿下给印度总督送了书简促请对方派天主教的传教士前来。我也耳闻殿下本人亦有信奉基督教教义的想法，因此我们想为您解说教义，如果希望我们留在领内的话，我们希望殿下能发布允许传道的指令。如果殿下目前决心未定，我们将去山口学习日语，等待殿下召唤。不管怎样我们想要去山口，如果殿下希望我们回到这儿，我们会向山口的神父传达殿下的旨意，并回到贵地。"对此，义镇是这么回答的："山口已有神父，听说也已有了天主教徒，但我的领内还没有天主教徒，此事甚为遗憾。山口有托雷斯神父在那儿，我希望阁下能留在这儿传教。而且，我也想经常与印度总督互通书信，如果神父不在就无法实现这一愿望，因此我希望阁下能留在领内，传教之事我会帮忙的。"加戈听后，谢过了领主的好意后，又毫不退让地回答道："即使留在贵地，我也必须取得前辈托雷斯神父的许可。而且在山口他们获得了领主的正式许可而传教，因此在贵地我们也想获得正式的许可，以除去想成为天主教徒的人的疑虑。这里已有人成为天主教徒，想入教的人更多。"领主听了后，回答说："那么如你所愿，现在就授予你传教的许可。我会让人立公告板，说教的事情你们可自行为之。旅行之事不急在一时。"对此，加戈先再三陈述了想马上见到托雷斯的愿望，并称传教许可的公告牌希望能在他们从山口回来之后再立，因为他们希望能与山口使用同一种形式。

就这样，领主大友义镇想挽留他们，而加戈他们则急于前往山口，其结果是，到了十月，达尔卡塞瓦首先出发前往山口，几天后席尔瓦亦出发追赶他而去，最后加戈和费尔南德斯到达山口的时候，已经是十二月末，快到圣诞节了。

在山口，上一年的内乱之后，托雷斯与费尔南德斯在残酷的迫害与艰难的环境中保护着信徒们。不久，大友义长继承大内氏之事也定了下来，暮春之时，义长成为山口的领主。与加戈一行抵达山口差不多同时期，义长授予了山口教会著名的《大道寺创建裁许状》。一五五七年维列拉将这个裁许状送达印度及欧洲的耶稣会，一五七○年其已被翻印并在欧洲广为流布。

这一年中托雷斯在山口做的工作不少。沙勿略教化的年轻的琵琶法师也有了显著的成长。他天资聪慧，能背诵《平家物语》，能用吟诵打动人心，这时他已记住并开始宣讲天主教的教义，且言谈巧妙，对托雷斯的帮助非常大。不仅如此，他的思考能力也非常出众，因此托雷斯想与日本人深入讨论时，就会叫原琵琶法师洛伦索来代为表达。另外，托雷斯还培养了一个少年（贝尔肖尔）。这个少年能读葡萄牙语，他经常担任诵读的工作，将耶稣的传记读给日本人听。这样，一年左右的时间里，托雷斯使大约一千五百人成为热心的天主教徒。而大道寺的建设计划正是这一崛起力量的体现。

佩德罗·达尔卡塞瓦与杜阿尔特·达·席尔瓦正是在这时候来到了山口。这几个新来的人看到山口的天主教徒的宗教热情后大为吃惊。在欧洲，一般人人都是天主教徒，身为天主教徒与有宗教热情不是一件事。但是这块土地上的天主教徒，都是如献身于宗教的修道士一样特别热心。他们对新来的教师之亲切甚至超过了耶稣会的兄弟（修道士）。虽然葡萄牙人与他们不是同一个人种，但因为大家都是天主教徒，所以他们把葡萄牙人视为兄弟；而对方如果不是天主教徒的话，那么就算同是日本人，他们也不会把对方放在心上，不，反而会憎恶对方。天主教徒之间交流时好像有着强烈到不可思议的爱。一旦感觉自己的信仰略有减弱，就会来到传教士面前请求治疗。他们在任何人面前意气昂扬地讲述基督教的神的事迹，攻击不皈依基督教的人，甚至在他们面前损毁佛像等等。因为上述的这些表现，所以这块土地上的信徒在每个周日集聚在传教士的地方参加弥撒、听说教的时候，样子与其他的异教国感觉极为不同。这是山口的信徒给新来的教师们留下的印象。

不久加戈神父与费尔南德斯一起从丰后赶来过圣诞节。因此在日本的耶稣会会士聚集一堂，在那儿举行了可能是日本史上第一个盛大的圣诞节庆典。传教士们吟唱了弥撒曲，整夜讲述基督的传记，托雷斯与加戈前后举行了六次弥撒。信徒们欢天喜地，彻夜留在教堂。费尔南德斯为他们诵读基督教的神的故事，读累了就由那个会读葡萄牙文的少年来代他读。读完以后，信徒们会请求他们再多讲一点。鸡鸣弥撒的时候，由托雷斯唱弥撒曲，加戈诵读福音书和书简，别的修道士们也一起唱和。这些都结束以后，信徒们先回家，次日早上弥撒时再次汇聚而来，弥撒之后是关于世界的创造与基督一生的说教，接着加戈也做了说教。这之后是与会者们在信徒们的服务下一同进餐 —— 信徒中的老人和住在教堂附近的人如此愉快地为他人服务的情景，只有在日本的信徒中才能看到。

圣诞庆典给日本的信徒们留下了非常深刻的印象。而传教士们则深切地感到了在这样的法事中所需要的器物的不足，故决定派达尔卡塞瓦回到印度备办这些物品。由此可见，他们对辅助传教的一些有效手段是如此敏感，又是如此重视。

他们也注意到了日本人还有厚葬的风俗，这与对仪式的重视有关。信徒们与神父商量后，将传教士们分配到的大片土地中划出一部分建了天主教徒们的墓地，他们为死者们建了非常美丽的墓。在举办葬礼的时候，最有身份的人也热心地参加了。见此情景，托雷斯在葬礼上也开始下功夫。据两年后的一五五四年十月他寄往丰后的书简（收录于一五五五年九月二十日发自丰后的席尔瓦书简）里记载，托雷斯率两百多名男女信徒参加了山口领主的重臣法伊斯梅的结义兄弟[1]安布罗西奥的葬礼。托雷斯身着白色法衣与袈裟，会葡萄牙语的青年贝尔肖尔穿白色法衣，手举十字架上的基督像。墓地离传教士馆很远，送葬队伍抬着昂贵的棺柩，提着明亮的灯笼，庄严而缓慢地在城中行进。死者的亲属与山口的民众看了以后，都非常感动。死者的遗孀连续四天给贫民施舍了食物，给教堂也捐了很多财物。

　　除了喜欢仪式这一点以外，还有值得注目的一点是，日本的信徒对于救济贫民这样的爱心行为也非常热心。当时的佛教僧侣们攻击天主教徒的一个论点是，他们是吝于向寺庙布施所以选择成为天主教徒的。信徒们听到后，来见托雷斯时提议说，你们不愿接受布施，所以我们不得不受此毁谤；为了避免受到这样的非难，希望能在教堂的门前设置箱子接受信徒们的自愿布施，收到之物用于施舍町中的贫民，怎么样？托雷斯当然赞成这一建议。不久信徒们决定，每月为贫民提供一次食物。他们在教堂前设置了接受布施大米的箱子。每到提供食物的日子，这个箱子总是装得满满当当的。托雷斯在供餐之前会宣讲十诫，达尔卡塞瓦也数次出席了活动，他深深地为供餐的信徒们的强烈爱心所震惊，说："与他们交往，我感到非常惭愧。"（一五五四年发自果阿）这些信徒的活动为山口的教会吸引了非常多的贫民，其中有不少人成为信徒。两年后托雷斯所写的书信中提到，信徒们每个月提供

---

[1] 原文为"義兄弟"，除了结义兄弟之外，还有内兄、内弟、姐夫、妹夫等多种意思。此处姑且翻译为结义兄弟。——译者注

三四次食物，还制订了为贫民造房子的计划。

很快，这些信徒的热情在山口催生了关于治病奇迹的传说。比如喝了洗礼的水后各种各样的病都不药而愈了。这不是托雷斯让人喝的，而是热心的信徒出于信仰让人喝的。这种治病的奇迹在同时代的欧洲应该也有不少，但一般认为在日本更容易产生。这些传说也为传播天主教信仰起了推波助澜的作用。

如上所述，在托雷斯管理下的山口教会中，信徒们的活动非常活跃。新来的加戈等人在那儿逗留一个多月后，又带着费尔南德斯回到了丰后。席尔瓦留在了山口，而要回印度的达尔卡塞瓦则跟着加戈。他们在一五五三年的二月四日离开山口，十日到达府内。

二 丰后的教会建设

丰后的领主大友义镇修书一封，让达尔卡塞瓦带给印度的总督。在信中，他对总督送来的礼物表示感谢，并承诺会优待并保护神父们，接着他还对加戈驻留期间能与印度总督保持联系之事深表喜悦。他在信中称自己早就想与印度总督通信，但是苦于没有人可托付而一直未能实现。现在有人可以带信，自己愿意为葡萄牙国王效力的意愿终于能以实物来表达了。为了使自己领内的人皈依成为天主教徒，希望总督能派更多的神父过来。信写好后，达尔卡塞瓦立即带着它去了平户，时间大概是二月十四日。因为没有带翻译，只能靠手势来沟通，据说花了整整十八天才到达平户。到了平户后已经没有去中国的航船，他便坐上达·伽马的船出发，时间是在这一年的十月十九日。

然而，与上文中的那封信差不多同一时期，发生了三个重臣图谋刺杀领主的事件。这一事件与那封书简有无关系不得而知。领主的父亲大友义鉴四年前也是死于家臣之手，也许这次事件也是这一家族内部纠纷的延续吧。总之，达尔卡塞瓦出发两天后，也就是二月十六日，动乱升级，有信徒赶来告诉神父，府内城可能会被焚毁，也可能会发生掠夺行为，要神父一定要把财物藏起来。加戈担心领主的生命安全，就派费尔南德斯前去探望。费尔南德斯赶到府邸，发现里面挤满了武士，敌我难分，只有讨伐叛臣的军队的几位统领可以辨认。他与领主根本说不上话，自己的生命也危在旦夕，正担心时，领主偶然打开了他身边的门，他才得以向领主转达加戈的祝福与祈祷之语。大友义镇领主大喜，诚恳地拜托他为自己祈祷。

加戈与费尔南德斯的命运也维系在领主的身上。领主倒下的话，他们也必然会倒下。他们将命运交于上帝之手，安静地等待结果。无数的武装人员在城中走动，加戈等人闭门不出，感觉像是被一把剑抵了喉头，他们只能不停祷告。

谋划弑主反叛的家臣们及其家属在短时间内即被全歼。但是由于放火焚烧他们的屋子，导致火势蔓延，城中受灾严重，商家及武士的房子被烧了近三百户。加戈等人置放随身物品的房子亦被大火包围，但是奇迹般地幸免于难。到了晚上，领主派人过来转达口信说："今天让您担忧了。现在战乱已经结束，可以放心了。想来足下的所持物品已经为大火焚毁。这一损失我会补偿，请放心。"

动乱之后，加戈等人暂时住在某个寺院里。在此期间，他们拿到了与山口同样的传道许可状，也得到了建设教堂的土地。加戈等人的传教士馆也立刻开始建设，这一年，也就是一五五三年七月二十二日圣抹大拉玛利亚日[1]的时候已经竣工了。为了支援建设，信徒们有的参加劳动，用车搬运石头，而不能参加劳动的有身份的信徒则带来了小茶炉，烧水泡茶慰劳劳动者们。还有一位热心的信徒是铁匠，他在大家都休息的节日，带着风箱和煤炭来打了传教士馆用的钉子。就这样，在信徒们的热情参与下，教堂建成了。

因为领主保护着天主教徒们，所以，没有人敢公然伤害传教士们，但是来自佛教僧侣们的迫害却接连不断。加戈等人还住在寺庙里的时候，他们经常挑衅要求进行论战，并对传教士们嘲笑辱骂。传教士们搬到传教士馆后，和尚们在夜里向传教士馆扔石头，或在路上向他们投掷石子。领主听闻有投石之事，就让住在附近的武士们保护他们，有时候夜里领主也会派人去探望他们。这之后，投石之事不再有了，而和尚们对他们的敌意却没有消停。但是这种敌意并没有吓住日本的信徒们，他们在街头公然宣称自己是天主教徒，并热情地讲述基督教的神的事迹。有位信者为造

---

[1] 或称圣玛达肋纳节，纪念耶稣的女追随者——抹大拉的玛利亚。——译者注

势谎称自己所住的町已无一家不信天主教，还有一位身份高贵的信者邀请加戈来自己离城一里的家中，让全家三十人都皈依了基督教。也出现了比如盲目的少年睁开了眼睛，重病的少女即刻痊愈等现象，结果到一五五三年的秋季为止，府内及其周边地区共有六七百人皈依成为信徒。

三 沙勿略之死与对日本关注的高涨

要将上面所述的日本形势向印度报告的达尔卡塞瓦踏上了归途。在广东的上川岛，他听到消息称，上一年，也就是一五五二年十二月二日沙勿略逝于此地，遗体已经送回马六甲，在那儿等着达尔卡塞瓦的到来。达尔卡塞瓦与沙勿略的遗体一起从马六甲出发，在一五五四年复活节的时候抵达了果阿，沙勿略的事迹感动了果阿全城。人们在赞美沙勿略的同时，对日本的兴趣也高涨起来。耶稣会的印度管区长贝尔肖尔·努涅斯在复活节之后决定去日本。当时，他为了得到许可，前去拜访总督，总督正在看达尔卡塞瓦带来的大友义镇的书信，他在努涅斯说明来意之前，就开口问他，你在做什么呢？为什么不早点去日本呢？事情就这样定了下来，努涅斯决定和神父加斯帕尔·维列拉和五名修道士，以及五名少年学徒一起出发。在那五名修道士中，有后来撰写了《日本史》的路易斯·弗洛伊斯。这些人是后来大力推动日本传教事业的杰出人物。他们五月就从果阿出发，前往日本。如果航行顺利的话，他们可以按原计划在一五五四年八月抵达日本，也能去看山口的教会。但是在印度洋上，风向转为逆风，且遭遇了暴风，他们抵达马六甲的时候已经远远晚于计划时间。尽管他们在马六甲做了多方努力，但结果还是错过了吹向日本的季风的时期。马六甲的长官因此很同情他们，他提出，第二年，也就是一五五五年的四月可以用葡萄牙国王的卡拉维尔帆船送他们去丰后。但是，这次航海还是不太顺利，努涅斯、维列拉等人抵达丰后已经是一五五六年的七月。弗洛伊斯更是晚了八年才到日本。

四 山口的教会活动及其罹难

当向日本传教的热情在马六甲与中国沿海处于阻滞状态之时，日本国内的教会逐步成长起来。

山口的教会中，在托雷斯手下，新来的席尔瓦热心地学习日语，原琵琶法师洛伦索则养成了耶稣会会士服从、贫困、清净的生活习惯，青年贝尔肖尔对葡萄牙语的理解日益精进。在这儿，弥撒与说教时用的是日语书。托雷斯是为了适应日本风俗而能放弃自己天生的食肉习惯、让自己习惯与日本人吃同样食物的人。他对日本人的感情也非常了解，并懂得应该如何对待，因此他得到了信徒们无比的信赖。

山口教会的工作并不局限于城市。大约是在席尔瓦来山口后的第一个冬天，离山口一里左右的一个村庄上有五六十个农夫成为信徒。这些人都不会读写，但是听他们的言谈，即使是有学问的人也没法插嘴。他们不停地召开集会，所以托雷斯在严寒之中也派了原琵琶法师洛伦索前往说教。洛伦索将要受洗的十二人带了回来，其中有数名没有牙齿的老太太，但他们也能记住拉丁文的主祷文，就好像他们从小就知道一样。就这样，这个村庄的信徒中没有人不会主祷文，而且他们的发音也不劣于葡萄牙人。据说，两年后，也就是一五五五年，这个村子的信徒达到了三百人。

席尔瓦来之后的第二年，一五五三年的圣诞前夜，与上一年一样，兴高采烈的男女信徒齐聚教堂。从夜里一点开始，席尔瓦、日本青年贝尔肖尔等人轮流用日语朗读了从亚当到世界末日六个时期的历史，前五个时期的内容好像是旧约故事的摘要：一是创造人类、伊甸园生活、亚当犯罪等；二是诺亚大洪水、语言的分裂、偶像崇拜的开始、索多玛的毁灭以及尼尼微城的故事、雅各之子约瑟的故事等；三是以色列孩子在埃及成为奴隶、摩西解放以色列人、律法的确立等；四是以利沙与朱迪斯的故事、尼布甲尼撒的故事等；五是但以理的故事等。读到这儿，之后会由托雷斯举行清晨的弥撒，然后是唱各种歌，接着在中午的弥撒后，由席尔瓦朗读第六期开始的部分，也就是耶稣基督来到这个世上。弥撒和说教结束后，信徒们一同在传教士馆和托雷斯等人会餐。这一天和第二天信徒们向众多贫民们施舍了食物。

与庆祝基督诞生的节日相对应的重要节日是纪念基督受难与复活的复活节，复活节前有四十天的斋期，故早在二月中就已经预告了复活节的到来。斋期的第一天是圣灰星期三，席尔瓦来山口的第一个圣灰日是一五五三年的二月十五日，当时加戈已经和费尔南德斯一起离开，去了丰后。托雷斯祝福了圣灰，并说明了其含义。信徒们在这四十天的斋期（四旬期）中要坚持斋戒。对于习惯每天吃早饭的日本人来说，这非常难熬。总算到了复活节的这一周，到了基督被钉在十字架上的星期五这一天，托雷斯做了十字架祷告，让信徒们向十字架跪拜。然后席尔瓦讲了耶稣的受难，应该是洛伦索或其他人给他做的翻译吧。第三天（四月二号）复活节弥撒后信徒们又大规模地施舍食物。为此，他们在教堂里挂起蓝色的布，把那儿布置得像是墓地一样，又在祭坛前立了两根蜡烛。托雷斯念祈祷文时，信徒们与之唱和。同样，在第二年（一五五四年）的四旬节上，信徒们也热心地进行忏悔，并频繁斋戒，特别是在复活节这一周有很多人进行斋戒，并来传教士馆借宿。晚上，信徒们互相讲述自己的经历，互相鼓励增强信仰。到了星期五，有非常多的信徒齐聚教堂，参加耶稣受难仪式，聆听基督受难的说教。据说这个时候席尔瓦已是用日语进行说教了。

　　随着信徒们开展为贫民提供食物的活动，贫民中的信徒也多了起来。据说一五五四年夏天的时候每天都有一二十个贫民成为信徒。这些来自贫民的信徒记住了各种各样的祈祷文，每天都来到教堂进行祈祷才满意而归。可能是因为目睹了这样的景象以及信徒们热心的慈善行为吧，有两位有学问的僧侣对基督教产生了兴趣，他们从京都来到托雷斯之处求教，最后成为信徒。他们的名字是キョーゼン（保罗）和センニョ（巴尔纳伯）。两人得到托雷斯的帮助，在传教士馆旁边建了一栋房子，不接受任何馈赠，过着自力更生的生活。他们所追求的只有"德"。两人如新生植物般日日成长，他们谦逊的态度使托雷斯由衷感服。保罗是精通宗教学的学者，不久他就非常清晰地把握了佛教的谬误之处与基督教的优点，并开始向人们宣讲。这样的工作洛伦索也早就着手了，但是作为一个佛教学者，保罗的说教更为深入。

另一位被命名为保罗的信徒是这一时期新加入的。他年过五十，很有名气，且写得一手好文章。他也是看到他妻子信教之后变得一心向善，才开始对基督教产生兴趣的，后来成为信徒。他将日语的教义书全部抄写了下来，专心阅读，并向托雷斯请教各种问题。他还自己撰写了几部书。他是个德高望重又谦虚的人，因此，在他的引导下，他的很多亲戚、友人纷纷入了教。

在这样的形势下，山口的信徒们在一五五四年末每个月为贫民提供三四次食物，还制订了为贫民造房子的计划并开始募捐。信徒的数量达到了两千左右。托雷斯的传教士馆因为明显老化，所以计划建一栋新的建筑。半年多以后，也就是一五五五年七月中旬，宽九间[1]多、长六间半的新教堂竣工，举行了弥撒。据说那一年的秋天，席尔

---

[1] 间是日本表示长度的单位，1间一般为6尺，约1.82米。丈量土地时所用的单位1间为6尺5寸，约1.97米。——译者注

瓦移居丰后，费尔南德斯则回到了山口。

在这样的过程中，山口教会信徒们的活动非常引人注目。托雷斯本人亦称："神的话语传播世间，基督信徒大为增加，忏悔、说教以及其他的精神修炼法盛行。"（一五五七年十一月七日发自府内）这一时期恐怕是山口教会的鼎盛期，而创造了这样的局面的，正是信徒们崛起的力量。后来托雷斯对努涅斯回忆说："我一生中，像在山口的六七年里那样充满了欢喜与满足的日子是绝无仅有的。"（一五五八年一月十日努涅斯发自科钦）他的欢喜与满足，归根结底来源于信徒们的活动。

但是在新教堂举行了弥撒后仅仅过了三个月，陶隆房在严岛大败于毛利元就，山口的领主权威尽失，城内的和平也随之被打破。进入第二年（一五五六年）后，毛利氏的压力渐渐逼近，在毛利氏还在与尼子氏交战期间，山口已经因内讧引起的兵乱而被烧毁。"日本人打仗用火攻。房屋是木造的，没有墙壁，风一吹，火势迅猛，据说与里斯本城一样大的山口被烧得一家不剩，领主[1]的宫殿也好，一年前神父辛辛苦苦刚建成的教堂也好，都没能幸免。"（同上，努涅斯书简）托雷斯和费尔南德斯多年来历尽艰辛建成的地方，在三四个小时之内化为了灰烬。领主和有身份的家臣等信徒也都四散不见了。

不久，有消息称敌兵将袭来，几个信徒聚集在一起就托雷斯

---

[1] 原文为"国王"，根据上下文译为"领主"。——译者注

和费尔南德斯的处境商量后认为，在骚乱平息之前，还是离开山口比较好。火灾之后过了二三十天，敌人已经逼近离山口一里远的地方。不断有信徒来劝说托雷斯离开，终于，托雷斯抱着战乱平息后再回来的想法，决定暂时离开。信徒们汇集而来，依依惜别，出发那天，他们送到了城外二三里外，好像是生离死别一般。男女老少无不垂泪。托雷斯也是潸然泪下，满怀巨大的悲痛与深情告别了众人。他到达丰后是在五月，但是因为过于悲伤，又深情难遣，他病倒在床。努涅斯等人七月抵达的时候他的病仍然没有痊愈。

当时与托雷斯同行的有费尔南德斯、原琵琶法师洛伦索、青年贝尔肖尔等山口教会的所有干部，没有留下保护信徒的人，因为托雷斯打算马上就返回山口。半年后，十二月的时候，大友义长及其他重臣来信请他们回到山口。托雷斯立刻向大友义镇领主请求允许他离开，但义镇没有允许，称现在还不是时候。第二年的一五五七年，毛利元就最后占领了山口，大内义长自尽。这之后毛利氏和大友氏之间展开直接对抗，而大内义镇本人也不得不经受了几次战争的考验。恢复山口教会的时机一直没有出现。

五 丰后教会的成长，慈善医院的经营

在丰后的教会中，自一五五三年以来，精通日语的费尔南德斯协助加戈一边与佛教的僧人对抗，一边开展传教工作。但是在这儿，

虽然有领主的保护，但是少有有地位、通事理的人皈依，而僧侣、富人、武士等人则固守旧的信仰，坚持现状。成为信徒的好人大多是贫民。因此，加戈想要致力于对有知识或有地位的人进行教化。他自己编纂了教义书，让人翻译成了日语，并将它献给了领主大友义镇。义镇让人在重臣们之前朗读后，大为满意，在书上签了名。他让人另外制作了抄本后，就将署名本交给重臣们阅读。

在编写教义书的过程中，除了翻译沙勿略的教义书以后一直从事这方面工作的费尔南德斯以外，加戈让日本信徒保罗也参与了这个工作。这位保罗与山口改宗的保罗·キョーゼン一样精通佛理。改宗以后，他明确指出了佛教与基督教的差异，并坚称佛教的教义是虚妄的，基督教的教义才是真实的。他的说教非常巧妙，即使指责佛教之时，听众也不会愤怒，传播福音时，听众都相信其为真理。可惜的是，他病死于三年后（一五五七年）。加戈对他的评价非常高，据说曾想让他成为耶稣会会士。可能是与这位保罗接触的结果吧，加戈很早就注意到了基督教用语的问题。他认为，沙勿略留下的教义书用了太多的佛教用语，这是用虚假的词语来阐述真理，所以才会产生很多误解。必须去除这些有害的话语，用新的词语来阐述新的事物。从这样的立场出发，他找到了五十个以上有害的词语。

在一五五四年，加戈打算教化有身份之人的计划看上去正在逐步实现。比如，府内附近的一个村庄的首领成为信徒，他邀请加戈来到他的村庄，为他的妻儿和其他的村民举行洗礼，便是其中的一个例子。最引人注目的一个例子是距离府内大约九里至十里的朽网乡，有"一个有大家族背景的"老人皈依。府内的一个信徒安东尼奥来到朽网乡，他以信仰的力量治好了疾病，以此为机缘，成功地让这位"有身份的老人"改变了宗教信仰。老人得到了洗礼名"卢卡斯"，并且教化了这个地方的很多人。第二年的一五五五年初，他邀请加戈去朽网。加戈与当时在丰后的费尔南德斯、擅长说教的日本人保罗，以及上面提到的安东尼奥一同，在四旬节的时候去了朽网。卢卡斯的妻子、两个儿子以及他的家族成员六十人，加上家族以外的人共有两百六十人接受了洗礼。这一带的领主是ケイミ（计见）[1]大人，是丰后最有势力的两个大名之一，此人听了说教以后也非常高兴，称，如果丰后的国主允许的话，他也会成为信徒。他承诺为信徒提供保护，并希望尽可能多的人改变宗教信仰。他的家臣中也有不少人接受洗礼，就这样，在朽网，加戈所期待的有身份、通事理的人的皈依实现了。

但是，在府内成为信徒的依然还是贫民和病人。药只有洗礼之水，但很有效果，十里乃至二十里外也有人来求水。加戈深知在这些信徒中，仪式这样的形式能留下何等强烈的印象，因此他举行各种各样隆重的仪式，尤其致力于信徒的葬礼。首先，为了使关于来世的说法能为大众所理解，每年十一月这一个月里，每天举行弥撒，一边吟唱着逝者的连祷文，一边将棺材抬出去。这

---

[1] 原文只有片假名，且缺少相关资料，无法确定对应汉字。故根据其发音，暂译作"计见"。——译者注

具棺材常年放在教堂的中央，四角立四支大蜡烛。在这个仪式中，也会就"死"这个主题进行说教。如果有信徒真的去世了的话，众多的信徒就聚集起来，举行庄严的仪式。有贫穷的信徒连棺材也打不起，大家就捐钱为他打棺材，在其上覆以绢布，与埋葬富人的时候一样为他举办庄严的葬礼将其安葬：出教堂前，先唱三遍主祷文，信徒们也一起合唱，由四个人抬棺，持十字架基督像、身穿白色法衣的修道士和手持圣水、圣经的青年领头吟唱连祷歌，信徒们为其伴唱。两侧树起很多高高的、点亮的灯笼。这样的葬仪游行让日本人非常感动，开始的时候来看热闹的人多达三千人。穷人也能如此庄严地下葬这一点尤其让人们感动。

以穷人和病人为对象的府内教会终于开始进行一项有针对性的特殊活动，那就是医院的经营。事情的契机是一五五五年一个叫路易斯·德·阿尔梅达的人为了忏悔，或者是为了更高境界的目的——想通过修行找到拯救灵魂之道而来到加戈之处。他是里斯本的一个富裕的贵族子弟，当时三十岁，在来往于马六甲、中国、日本之间的航海家、贸易商人之间已是知名人士。阿尔梅达在那一年乘坐达·伽马的船来到平户，在逗留加戈之处时，看到了丰后信徒们的状态，特别是听到了日本生育限制（杀婴）的风俗后非常震惊。为了救济这些婴儿，他提出愿意提供一千克鲁扎多[1]来设立医院。这个计划的内容如下：医院请贫穷的信徒担任

---

[1]　葡萄牙古金币或银币。——译者注

奶妈，再养两头母牛。医院尽可能地收养贫民的婴儿，并抚养他们长大，这些婴儿一入院即成为天主教徒。为此他们必须向领主请愿，请他颁布命令不许杀婴，可将婴儿带到医院里来。这个计划很快就呈送到了领主的面前，大友义镇领主非常赞成，立刻批准了。这大约是一五五五年九月的事吧。不久阿尔梅达与加戈和费尔南德斯一同去了一趟平户，他没有坐秋季出航的达·伽马的船离开，而是留在日本开始了他开办医院的工作。

据说德·阿尔梅达这个时候已经决定将自己的全财产都奉献给耶稣会。比如，捐赠两千克鲁扎多作为为当时还没到达日本的管区长努涅斯买船的资金，还有，为了向里斯本购买在日本传教所需的数种画像而投资麝香，捐赠了一百克鲁扎多等等，为耶稣会出了不少力。

德·阿尔梅达最初的计划大概是在一五五五年末或第二年年初开始着手实施的。但是正式开始大规模建设医院却是整整一年后的事情。在此期间，托雷斯管理下的山口教会的伙伴们都逃到了丰后，管区长努涅斯一行也抵达了丰后。府内教会的局面为之大变。加戈神父此前一直为府内教会信徒多为平民而叹息，如今他移居平户，在那儿开始新的传教工作，而府内的教会则由在山口曾指导信徒们组织爱心行动的托雷斯接管。新来的神父维列拉 —— 后来在日本做了非常多的工作 —— 则留在了府内，一边帮助年老的托雷斯，一边从托雷斯宝贵的经验中汲取关于日本风俗习惯和对待信徒的方法等知识。在托雷斯的带领下，府内教会隆重地庆祝了一五五六年的圣诞节，当当地的众多信徒聚集到这位爱心行动的指导者周围时，不难发现，新的机运已经发生。那儿有千金一掷投身于爱心活动的德·阿尔梅达，有从山口赶来的保罗·キョーゼン，他尽弃旧学，沉浸于基督教式的爱的实践，而教堂里挤满了贫民和病人。因此这个时候，（建设医院的）热情迅速高涨。其中一个证据是，托雷斯数日后紧急召回圣诞后跟着维列拉被派到朽网去的费尔南德斯，让他与大友义镇领主就医院的事情进行交涉。大友义镇知道建立医院是善举，以前就有心要建设医院，但是出于对与贫民接触的鄙弃心理，此前他一直犹豫不决。于是托雷斯立即开始实际行动，在教会旁边的土地上建起了一所大医院。这所医院由两个部分构成，一是普通的外科与内科，还有一部分是麻风病院。由德·阿尔梅达和保罗·キョーゼン负责治疗。德·阿尔梅达特别擅长做外科手术，他把他的技术传授给了其他人，席尔瓦修道士就是其中的一人。保罗是中医，负责内科，他为了给病人看病，会不辞路远跑到数里外的山中。中药的效果也得到了托雷斯等人的认可。

就这样，丰后的慈善医院成了丰后教会的一个显著特色。

六 托雷斯与维列拉、平户的教会

受到沙勿略之死的刺激而满怀感动前往日本的印度管区长努

涅斯一行于一五五四年五月出发，但他旅途不顺，花费了两年多的时间，终于于一五五六年七月初抵达丰后。迟延给努涅斯带来的影响当然不好，更糟的是，他们到达之时，丰后因为内乱一片混乱，甚至，努涅斯在到达日出港之前就已听到了丰后国主为人所杀的传言。抵达以后经确认发现，十五天前国主已将有谋反嫌疑的重臣十三人烧家灭族了。据说这些谋反的人是三年前加戈定居府内时发生的那次叛乱的残党。一夜之间，双方共有七千人死亡，国主从府内逃到七里外的岛屿或是大山中。领国内依然充满了战争的恐惧。努涅斯在不安之中，看到当地传教士们不惧个人安危热心传教的身影后，说"为自己感到羞耻"。但是，不仅眼前的状况令人不安，他还从托雷斯口中听到了关于山口战乱与教会没落的事情。托雷斯是一位"善良的老人"，他为了适应日本人的习惯放弃了吃肉，甘于吃素，在迫害与战乱中历尽艰辛建起了教会，却又一朝尽失。看到这位在品德高尚、克己为人方面堪为楷模的老人，印度区管区长努涅斯对他所经受的考验之艰巨大为惊叹。另外他还从一直为沙勿略当翻译的费尔南德斯那儿听说了沙勿略在日本是如何忍受种种苦难的。但是这位管区长在这样的苦难与对战乱的不安中很不适应。他在费尔南德斯的陪同下在丰后内陆旅行的时候，以木为枕，睡在草席上，吃的是没有味道的米饭，这样的日本生活使他不久就病倒了。等到好不容易能行动了，他骑马回到府内，但连续三个月每天都为恶寒与发烧所苦，甚至到了让他以为会就此一病不起的地步。他考虑到，目前的日本还处在战乱之中，不适合传教，而且作为印度管区长他还有其他的职责，因此就在到日本的同一年秋天，抱病登上了停在丰后的一艘葡萄牙船，离开了日本。

但是即便如此，印度管区长视察日本这件事并不是毫无意义的。而且，随同他前来的维列拉神父与两位修道士，对教会势力的扩张起了很大的作用。首先是在平户开设了日本第三个教会。托雷斯在平户生活的一年左右的时间里，有相当多的人受他教化成为了信徒。之后因为人手不够，只能在葡萄牙船入港时由加戈以出差的形式前往传教。努涅斯来日后不久，加戈被派到了那儿。平户的领主松浦隆信给来日途中尚滞留在中国的努涅斯寄过邀请信，努涅斯没有去平户，而是直接来了丰后，但他并没有忽视松浦领主的邀请。加戈带了一个做翻译的修道士和一个信徒移居平户，得到了领主的许可后，买了地皮建了圣母教堂。不久之后，这个教堂的重要性逐渐上升。

其次，托雷斯将在日本传教的特殊做法与特殊乐趣传授给了维列拉。一五五六年的降临节后，托雷斯派维列拉带着费尔南德斯去朽网，维列拉接触到大山深处农村人纯真的信仰和爱心，仿佛看到了初代教会的新信徒。接着，在一五五七年贫民医院的建设中，他与为爱心行动辛勤付出的信徒们一起工作。这一年四旬节的时候，领主在离此五里外的城堡里，没能直接保护他们，城内频频出现天主教传教士们会被杀害、传教士馆会被烧掉等传言。传教士们已经做好了最坏的打算，夜里衣不解带就睡了。有几个信徒为了保护他们睡在了传教士馆里，传教士们也轮流彻夜警戒。但是在这样不安的气氛里，他们仍然坚持每天说教，星期五与星期天的鞭身修行也没有荒废。这样大无畏的态度也是托雷斯要教给维列拉的。不久，复活节周到了，虽然还处于因战乱而引起的不安中，他们还是举办了各种非常盛大的活动。除了教会的人以外，在丰后过冬的几个葡萄牙人也一起参加了。因此两支合唱团各自能有五个葡萄牙人加入。风琴演奏与合唱队的歌让众多的信徒欢喜若狂。星期四有三十个日本男女与葡萄牙人一起领了圣餐，这是第一次领圣餐，它给日本的信徒们留下了非常深刻的印象。想参加的人有很多，但是托雷斯选择了其中时机已经成熟的人。领圣餐的时候，不管是领的人还是没领的人，大家都流下了眼泪，这样强烈的感动对于传教士们来说也是"有生以来第一次"的经历。其他还有游行、鞭身的修行与仪式等，每一个都让信徒们非常感动。复活节前夜，托雷斯用了一个舞台效果非常强的方法。他先用黑布将以绘布等物装饰得非常庄严的祭坛、基督复活像、众多点亮的蜡烛遮了起来。然后在教堂中央的小祭坛上，在一支合唱队的歌声中举行了弥撒。结束后，托雷斯藏起来并换了衣服。合唱团开始吟唱弥撒曲。《垂怜经》[1]之章结束后，托雷斯高唱"在至高之处，荣耀归于神"，合唱团为之唱和。正当此时，黑布被揭开，庄严的祭坛出现在与会者的面前，信徒们被震撼得

---

[1]《垂怜经》，亦有译作《怜悯颂》，弥撒曲中的第一个乐章。——审校注

一时仿佛失去了意识。次日早晨，在日本制的精美华盖下，神父捧着圣体[1]，人们在美丽而宽敞的庭院中行进。华盖由四个葡萄牙人持于手中，托雷斯穿着盛装，戴着装饰蔷薇的绿色头冠紧跟其后，接着是一个手持香炉戴着花冠的修道士，跟在后面的是四个戴着用各色蔷薇编成的花环的修道士，他们跟着风琴的曲子唱着歌。华盖旁边有两个葡萄牙人手持火把，资格最老的两个日本人手持插着蜡烛的烛台，还有两个穿着白色法衣的人手持蜡烛跟在后面。这支队伍在庭院里游行了三周，有十三四个持枪的葡萄牙人，在游行队伍经过他们身边时就会对着圣体鸣枪祝福。这样的游行也使信徒们深受感动，但是留下深刻印象的不只是信徒们，普通民众也来看热闹，他们挤满了教堂的场地，现场一片混乱，连说教都无法进行。维列拉清楚地认识到这样的祭典对日本人的影响力有多大。

一五五七年的夏天，维列拉在日本度过的第一年快要结束时，大友义镇打败了勾结毛利氏的秋月文种，拿下了博多。打了胜仗的义镇心情大好，于九月拜访了传教士馆，与他们共进了晚餐。当时，他提出要给传教士们发俸禄，托雷斯请求他将这笔钱的用途改为医院的费用，大友义镇从善如流，照办了。他又提出要在博多给他们地皮用以建传教士馆和教堂。托雷斯欣然接受了这一馈赠，他立刻就着手做准备工作。传教士的人手已经增加到如此

---

[1]　天主教徒在做弥撒时用面饼代表耶稣的身体，称为"圣体"。——译者注

之多，这也可以说是努涅斯日本之行的第三个成果了。托雷斯考虑让在平户的加戈负责教堂的建设工作，而平户那儿则派已渐渐熟悉日本情况的维列拉去。正好在那一年的九月，有两艘葡萄牙船进入平户的港口，托雷斯立刻派维列拉前去协助。由此开始了维列拉在平户一年的活动。他开始的工作是鼓励船上的葡萄牙人，举行各种各样的仪式为日本的信徒做示范。这些仪式中，唱着弥撒曲向小山上的十字架行进的游行队伍特别引人注目。走在队伍前面的是四十个葡萄牙人，他们不时一齐鸣枪。船上彩旗飘扬，礼炮震耳，笛子与唢呐组成的乐队、蜡烛与火炬、高高举起的十字架、穿着美丽法服的神父等等，这样的游行队伍给从日本各地来做生意的人们留下了极深的印象。

这样的活动之后，加戈出发前去接受博多的土地，留下来的维列拉听到传言说大友义镇的军队可能会袭击平户，非常害怕。一旦发生战争，日本信徒中的女子和儿童会大量死去，连贫穷的人也会遭到掠夺而失去平静的生活。有一位信徒连夜拜访维列拉，述说了心中的不安，并称，如果维列拉留在平户的话，到时候他会来教堂与维列拉一起走向死亡。在这样的情况下，维列拉坚持留在了平户，开始在平户与附近的岛屿传教。

万幸战争没有发生，一五五八年初，维列拉的传教工作也开展得非常顺利，两个月内使一千三千个人成为了信徒，并将三个佛寺改造成了教堂。这其中有与领主松浦氏同族的笼手田左卫门（堂·安东尼奥）的助力。笼手田氏是生月岛、度岛及其他几个小岛的领主，很早以前就成为了信徒。他被维列拉说服，陪着维列拉去各个村庄巡回进行说教。但是他们从佛寺中拿出佛像将之焚毁、将佛寺改成基督教的教堂等等，这样的过激行为必然会引起佛教僧人与信徒的反击。一位僧人首先站了出来。他攻击基督教，也与传教士们展开了论战。就这样，基督教徒与佛教徒之间的对抗拉开了序幕，上面提到的那位僧人呼吁要将传教士们驱逐出境。也有身份高贵的武士砍倒了小山上的十字架。为了与此对抗，岛上的基督徒们将更多的佛像烧毁或者投入海中。终于，事情到了武士中的佛教徒们向领主请愿要求驱逐传教士们的地步。如果不听从的话，很可能会发生内乱。领主终于选择了让步，他不顾对印度管区长努涅斯做过的承诺，将维列拉驱逐出了平户。

平户的教会因此受到了挫折，但是信徒们并没有消失，笼手田氏的度岛、生月岛，以及平户岛的村村落落中，信徒依然很多，也有美丽的教堂，改宗后的僧侣与热心信徒们的说教与礼拜活动还在继续。在平户的城内公开说教已被禁止，但与上文中提到的村村落落一样，城内也有信徒。两三年后，路易斯·德·阿尔梅达出差来到这儿的时候，度岛就像"天使之岛"一般，生月岛住民的三分之一也成为了信徒，并拥有一个能容纳六百个人的大教堂。德·阿尔梅达以无比激动的语言报告了这些信徒们的状况。这个地方从倭寇那时候开始就处在海外交通的前沿，因此现在产生这样的现象也不足为奇。

但是，民众的这种气氛与政界的情况是截然不同的，后者被武力所左右。新兴的毛利氏势力使当时的北九州陷入了不安与动荡之中。维列拉被赶出平户后不久，加戈也不得不逃出了博多。

　　加戈从大友义镇手中得到博多的地皮实际上是在一五五八年的复活节后。他与费尔南德斯一起奔赴博多，建起了传教士馆和教堂，并开始了布道活动。博多有从山口过来的信徒，其中，从山口移居到这儿的一个叫安德烈的武士非常热心，最后他甚至像耶路撒冷的埃斯特万一样选择了殉教。他的儿子是进入耶稣会成为修道士的若昂·德·托雷斯。当地人是经过严格挑选才成为信徒的，虽然数量不多，其中却有几位富裕的贸易商。但是一五五九年复活节后，背叛了大友氏的筑紫氏的约两千名士兵袭击博多，市民们当天虽有抵抗，晚上与敌人交涉后还是选择了交城投降。大友氏的代官被杀，费尔南德斯带着数个儿童信徒，携带教堂内的财物，乘平户的船逃走了。加戈带着修道士吉列尔梅、一个日本信徒和一个葡萄牙人一起登上了离海岸二里处的一艘日本船。这艘船的船长第二天看到博多已为筑紫氏所占领，一下子变了脸。传教士们的随身物品被掠夺，生命也受到了威胁。但是大约四天后，船长将他们的事报告给了占领军，并将他们交给了乘坐三艘船而来的武装士兵，士兵们从船长手中收缴了他们的随身物品，还剥下了他们的衣物。但是，往回开到离岸约一里左右的洋面时，来了一个与加戈认识的有权势的人，给了他们内衣。在博多的海岸上岸后，他们又被很多士兵包围了起来，再次面临被杀的危机，在此期间，与他们同行的日本信徒将这件事告诉了博多一个叫若昂的富裕信徒。若昂与占领军当局取得联系，多方营救他们。这件事大致上还是靠礼物和金钱解决了。加戈等人在若昂的家中躲了十天，然后在别的信徒家中躲藏了五十多天。就这样，通过数位信徒的奔走，他们在战乱的三个月后，于一五五九年夏季成功逃离了博多。

丰后的信徒们见到加戈生还，喜出望外。加戈感受到了他们强烈的爱意和欢喜之情，感到了"如在天国一般"的喜悦。当时加戈以为，博多的教堂和传教士馆都已被焚毁，连井都被填满了。但是实际上，教堂只是被破坏了，不久博多的信徒们就自发地将它修复得很壮观。信徒们很富裕，在这一点上做得非常周到。两年以后，应当地希望派遣教师的请求，德·阿尔梅达先出发前往，接着达米昂、费尔南德斯等人也到了那儿。

但是，一五五九年的夏天，平户的教会与博多的教会都被破坏，传教士们全都集中到了丰后，这时托雷斯不仅不打算缩小布道活动，反而想策划一次划时代的飞跃。那就是按照十年前沙勿略所制定的计划，直击日本的精神中枢。他起用了维列拉，将他派到京都，目标直指叡山。除了原琵琶法师洛伦索作为翻译陪同外，还有府内教会培养的日本青年达米昂和近江坂本出身的信徒迪奥戈也与他同行。他们带去了由印度管区长努涅斯起草、洛伦索本人翻译的教义书。

在一场盛大的送别弥撒之后，一行人离开了丰后，时间是在一五五九年的八月末或九月初。

第四章 /

维列拉的畿内开拓

一 维列拉来到京都

维列拉一行的濑户内海之旅虽遭到同船者的多相苛待，还是在费时四十多日后于一五五九年十月十八日平安抵达堺市。维列拉的报告中记载，"堺地颇广，巨贾众多。该城与威尼斯类似，由执政官治理。"维列拉一行于此间只休息数日，便启程直指叡山。他们先去了位于坂本的迪奥戈家，拜访了以前在丰后时就有联系的ダイセンボー（大泉坊？），但这位僧人已经去世，而后继者软弱无力。他们也尝试拜见叡山的住持僧，亦未能成功。故维列拉一行放弃叡山，改道去了京都。

当时的京都是已经失势的将军足利义辉、细川晴元，与崛起的下层武士三好长庆及其家臣松永久秀之间你争我夺之地。一五五九年双方言和，当时将军义辉与细川晴元在京都。初春时，织田信长入京拜谒将军；初夏，长尾景虎入京拜谒将军，晋谒天皇并获赐天杯与御剑。时为织田信长桶狭间奇袭[1]的前一年，景虎川中岛合战[2]的前两年。丰臣秀吉与德川家康也已经登上历史的舞台，可以说，战国时代群雄逐鹿的局面将在此后数年内达到顶峰。

这一年的年末，维列拉一行来到京都。当时屡经战乱的京都城已明显破败，薪炭不足，食物短缺。他们没有住处，故借了一户小小的房屋。开始的时候没人来听说教，在京都过了近一个半月以后，通过有身份的僧侣的介绍，维列拉拜谒了将军足利义辉。将军见之大喜，用自己喝过的酒杯给维列拉赐酒以示友谊。有了将军的支持，维列拉开始手持十字架，站在街头布教。聚集来听教者数量惊人。消息迅速传遍市内，家家户户无不讨论此事。来维列拉的借居之处听讲教义或辩论的人蜂拥而至，但是几乎没有人皈依信教。

据维列拉的报告记载，当时佛教的僧侣如狂人一般奔走于街市，斥骂基督教，煽动人民。其真实度如何不得而知，但不管怎样，京都城内的民众对这一新来的异样宗教难以接受是事实。不管维列拉所居城市的居民是否被煽动，总之，维列拉的入住没有受到当地居民的欢迎。人们逼迫房东将维列拉赶出去，房东因此请求维列拉即刻退租，但因为维列拉等人没有去处，一直犹豫不

[1]　日本永禄三年（1560年）尾张大名织田信长在尾张国知多郡桶狭间奇袭前来进犯的骏河大名今川义元，大获全胜。桶狭间奇袭是日本战国三大奇袭战之一。——译者注
[2]　日本战国时代，甲斐国大名武田信玄与越后国大名上杉谦信因争夺北信浓地区的支配权在北信浓川中岛地区进行了大小五次战役，史称"川中岛合战"，双方都声称自己取得了胜利。——译者注

决，房东因此手持出鞘之剑来逼他们搬家。按日本杀人要偿命的习惯来说，这位房东可以说是冒着必死的危险来驱赶维列拉等人了。据维列拉本人说，当时在白刃之下，他也感到有点恐惧。

于是，维列拉在一五六〇年一月二十五日——阴历新年的前两天，搬到了一个"没有墙壁，没有任何防寒之物"的房子。正值严寒多雪，茅舍的生活非常艰苦，但是信徒渐渐增加，他们瞒着厌恶基督教的父母、友人或近邻来到维列拉处，还有很多人从附近的村庄、山中前来。在此期间，对他们的迫害也没有停止，比如，被孩子们投掷土石，被众口嘲骂等等事情层出不穷。房东经营的酒家也因为维列拉而被市民抵制，不得不再三要求维列拉搬家。在维列拉等人的恳请下，房东总算给了他们三个月的宽限时间。

在这艰苦的三个月中，有近百人成为教徒。其中还有一位禅宗大师，名为ケンシウ（谦秀）[1]。此人初来时态度傲慢，称自己已开悟，此来并非为寻求救赎，而只是为了来听听奇谈消遣时间，后来他改信了基督教，成为一名非常好的信徒。受他影响而成为信徒的人亦不少。其他改变宗教信仰的佛教僧侣尚有十五人，也有公家的侍从成为信徒。还有相当多的佛教僧侣虽不改宗但承认基督教的教义为真理。真言宗的人认为基督教的神归根结底跟大日如来是一样的，禅宗的人则认为与禅宗的"本分"是相同的。

---

[1] 原文只有片假名，且缺少相关资料，无法确定对应汉字。故根据其发音，暂译作"谦秀"。——译者注

净土宗的人认为跟阿弥陀是相同的，神道的人则说跟コキヤウ(古教？)相同。大家离真理只有一步之遥了。在传道的工作中原琵琶法师洛伦索展现出了很强的工作能力（一五六〇年六月二日发自京都，洛伦索书简）。

正当这个时候，一五六〇年的二月末（永禄三年正月二十七日），举行了正亲町天皇的即位大典，摄津芥川城的三好长庆于当月中旬移居淀城，翌日率军进入京都。即位式之日他作为管领代履行御门警固之职责，这是掌握实权的象征。三好长庆的家臣松永久秀掌管京都的市政，应该是在这次大典之后吧，维列拉为了得到三好长庆的庇护，由松永作陪，拜见了长庆。传言有人见到三好大人命人绑了维列拉，但会见后松永久秀发了布告，严令不得加害维列拉等人。尽管要求流放这些异族人的呼声很高，但是没有人对维列拉他们施加伤害，这正是庇护令之功。

爆发了织田信长桶狭间之战的一五六〇年的夏天，维列拉再次拜访了将军，请求得到京都的居住许可。他不仅得到了口头上的许可，还得到了书面许可。布告称，对传教士施加危害妨碍行为的，处以死刑。这之后针对他们的迫害停止了，信徒的数量也逐渐增加，这样一来，教堂就必不可少了。因此，他们买了一座大屋子，用它改建了京都的第一座教堂。

来这座教堂的不仅是信徒，普通日本民众也来听说教。虽然没有改宗的勇气，但是认可基督教的日本人并不少。信徒们欢欢喜喜地庆祝了京都的第一个圣诞节。在这样的情况下，在京都传教的一年中，维列拉静静地观察并向耶稣会的同事们汇报了京都的祭典与佛教各宗派的情况。祭典有祇园祭、盂兰盆会与端午节，佛教有时宗、真言宗、一向宗、日莲宗等。他观察到的状况与明治时代以后保留下来的差不多。像这样繁多的信仰与习俗、一千年来共存并沉淀下来的多种多样的事物，现在却一律被视为"异教之物"而受到敌视。一年之后，对基督徒的残酷迫害再次卷土重来。统治京都的松永久秀及其家臣们被和尚与其他排斥基督教的人收买，在将军毫无所知的情况下，决定将传教士们流放。但是有一个大名知道了这个计划，与将军谋划后，在实施流放前连夜派人来传话，要传教士们离开京都去自己的城堡，在那儿等和尚们的怒火平息下来。当天晚上，信徒们集中到传教士的寓所商量，大家决定按那位大名的提议行事。众多的信徒当天晚上就陪同传教士们去了四里外的城堡。维列拉等人在那儿躲藏了三四日。但维列拉觉得一直藏在那儿也不行，他返回京都，与信徒们暗中商量后决定，请求当局宽限四个月以决定留在京都与否，这一请求得到了批准。就这样，维列拉等人又光明正大地回到了教堂。而与此同时，迫害的势头也已有了缓和。

正当此时，从丰后传来了托雷斯的指令，要维列拉去堺市。这是因为堺市有人请求托雷斯派遣传教士去那儿。维列拉遵从指令，于一五六一年的八月带着洛伦索等人移居堺市。开始的时候，维列拉打算圣诞节的时候回到京都与信徒们一齐庆祝，但仅一个月后的九月，六角氏与三好氏之间战火重燃，京都又成为战乱之地，所以只是有时候派遣洛伦索去京都，但他自己这一年间一直待在堺市。

二 在堺市的一年间

堺市是一个非常富裕的城市，实行"像威尼斯一样的政治体制"。它西面靠海，其他三个方向则为很深的护城河所包围，通往城外的道路上设有城门，有人严密监视。这个地方的防守能力强，不管是哪个大名他们都足以对抗。因此当时的日本没有地方像堺市这么安全，在其他的各个领国为战乱所困时，这儿也是非常安稳的。即使是相互敌对的武士，入了堺市，也不得不放下敌意彬彬有礼地和平共处。如果有人制造纠纷、扰乱秩序，当局就会关起城门，逮捕犯人，对其严加处罚。因此他们到了这个城市都不会生事扰民。但是在城中还能相处得平心静气的冤家对头，一出了城，走不了多远[1]又碰到了的话，立刻就会拔剑迎战。

在堺市的布道不如维列拉想象中顺利。基督教的信徒中有很多低贱的贫民，这种先入为主的观念在城内比较普遍，因此富裕的市民为了维持他们的体面，轻易不会改宗。有几位开始的时候就听了说教，且认同基督教教义的学者也是持这样的心态。但

---

[1] 原文作"半町"，一町为60间，大约109米，"半町"即为54米多。但此处用"半町"当为强调距离之近。——译者注

即使如此，半年时间里接受洗礼的还是达到了四十人左右。而因为贸易关系来到堺市的异乡人中接受洗礼的人更是多于此数。维列拉与这些信徒一起庆祝了一五六一年的圣诞节，因为没有祭器，所以没有举行弥撒，这些祭器从丰后运到这儿是第二年（一五六二年）四旬节开始的时候。维列拉讲了弥撒所具有的深刻含义，并说了圣餐的故事，使信徒们大为感动。信徒中有很多人在星期五实行自我鞭笞，并进行忏悔。有资格领取圣餐的人都非常热心，流着热泪接受了圣餐。不久到了复活节，众人尽可能隆重地庆祝了这个节日，甚至有信徒从京都赶来参加。

就这样，堺市也有了教会。它不像其他地方的教会那样急剧膨胀，但是也没有遭遇大起大伏的命运，而是成为畿内的一个安全的根据地。京都危急的时候，传教士们退到堺市，从这儿指挥畿内的各个地方。从这一点来看，堺市的教会所具有的意义绝对不小。

维列拉在堺市期间，认识到了根来的僧兵与高野山的势力。根来的僧兵和以河内高屋城为据点的畠山高政一起响应六角氏的号召，与三好庆长打过仗。从阿波来的三好氏援军在堺市登陆，与南方的敌军对抗，但大大小小的战役中取得胜利的总是僧兵。最后，在一五六二年的四月，僧兵打败了三好援军的首领——三好长庆的叔父，使援军土崩瓦解。三好长庆被包围在河内的饭盛城。救出他的是来自山城方面的三好氏军队，特别是松永久秀的人。最后战争在六月以三好、松永方的胜利而告终，但是据说在战争中根来的僧兵所显示的实力激起了维列拉强烈的兴趣。他特别关注其背后的高野山、弘法大师。他在这儿看到了恶魔的化身。

　　与日本强大的直接参与战争的宗教势力不同，维列拉指挥下势单力微的教会致力于救助在战乱中受苦的人。京都的教会侥幸逃脱了掠夺和火灾，聚集在那儿的信徒们每月选出三人当值，将募捐与救助贫民的工作坚持了下来。代维列拉去京都出差的洛伦索在山口已经积累了相关经验，所以他可能是实际的指导者。有一位家财颇丰的贵妇人将自己的全部财产投入到了这项工作中，这件事成为京都城中的美谈。

三　结城山城守[1]的邀请

　　维列拉回到京都是在一五六二年的九月。

　　在为圣母玛利亚所建的京都的教堂里，在九月八日圣母诞生的节日，维列拉举行了他在京都的第一次弥撒。这是维列拉这三年来心心念念之事。因此，他对信徒们讲了弥撒的意义，信徒们听得心潮澎湃。接着他开始着手准备过圣诞节，并热心地进行忏悔与斋戒。忏悔过的信徒们兴高采烈地参加了圣诞节，有资格领圣餐的数位信徒，听到了圣餐所具有的深刻意义后，领圣餐的时

---

[1]　山城守，战国时代的官职，位列从五位下。——译者注

候感动得流下了眼泪。弥撒也非常隆重，使得信徒们心醉神迷。这些信徒们的态度淳朴而真诚。维列拉因此想起了教会的初期，那个充满了新鲜的信仰的、人人都因爱与信仰而团结成为一体的幸福的时代。

圣诞节之后，从一五六三年起，维列拉开始通过讲福音书来促进信徒的信仰，而讲耶稣基督的生平也能为复活节做准备。就这样，信徒们的信仰越来越坚定，但是新的改宗者却几乎没有。从外面来听说教的人也不如开始的时候多了。到了举办京都的第一个四旬节的时候，就已经完全不见踪影了。维列拉在近郊的村庄巡回说教，也只能说服几个人改宗。但是信徒们热切地希望自己能领圣餐，到了复活节这一周的星期四也就是主的晚餐之日，有三十多个信徒领到了圣餐。复活节的当天有九个人受洗，其中的一人为高僧。

京都的教会就这样低调地成长着，但是复活节之后战火又起，僧兵的活动变得很活跃。维列拉与信徒们协商后，又迁到了堺市。正好这个时候，奈良的结城山城守发来了邀请，维列拉对此"基督教的敌人"送来的邀请抱有几分怀疑，但是他还是决定赌上性命也要去那儿走一遭。这是一五六三年的四月末的事情，于此出现了畿内传教的一大转机。

结城山城守是与清原外记[1]齐名的京都名人。不是因为他手握军权，而是因为他具有异于常人的高深智慧。他不仅精通佛教各宗派，亦通晓文艺、武略、占星等，作为将军、三好长庆、松永久秀等人的"头脑"非常活跃。因此维列拉的教会的待遇主要是由他的判断而定的。其时叡山的众僧正好对执掌京都治安的松永久秀提出了三条要求，其中的两条是关于驱逐基督教传教士的。其主要内容是：从印度来的神父攻击日本的神佛，民众可能会因此失去信仰，社会秩序也可能因此被破坏。而且他们待过的地方，山口也好，博多也好，都已毁于战火。为使京都免遭此厄运，必须将此神父驱逐。对此，松永久秀回答：神父是外国人，他已向将军、三好、松永等提出了庇护的请求，如果不经过充分的调查就不能驱逐他。于是他把调查的任务交给了结城山城守与清原外记。京都的信徒已经对调查结果应该会对他们不利这一点做好了心理准备，因此，已移居堺市的维列拉也将结城山城守视为基督教之敌。

　　但是事情却截然相反。京都的信徒中有一个叫迪奥戈的，因诉讼之公务与当时跟随松永久秀来到奈良的结城山城守见面的时候，山城守向他询问了与基督教有关的各种事情，并对之表示了认同之意，他说想进一步向神父详细请教基督教的教义，并表示自己支持基督教的传播，视情况他可能也会成为信徒。清原外记

---

[1] 指战国安土桃山时代的名儒清原枝贤（1520－1590）。外记是日本古代的一个官职，隶属于少纳言局，相当于我国的门下起居郎、起居令史书。清原枝贤曾担任大外记一职。——译者注

也持相同意见。事出意外，惊喜交加的迪奥戈与另一个信徒一起接受了使者的使命，带着山城守的邀请书来到了堺市。

对堺市的信徒们来说，这份邀请书也是非常意外的。他们比迪奥戈谨慎，甚至怀疑这是一个鸿门宴。因此他们阻止维列拉去奈良。维列拉派了洛伦索前去侦查。洛伦索不顾生命危险，欣然出发。这位原琵琶法师由此开始大显身手。堺市的信徒们还在担心他的生命安全时，他已经说服了被称为当时最有智慧的山城守和外记，并成功地使他们改变了宗教信仰。在两人的引见下，洛伦索去拜见了松永久秀，对他讲了基督教的教义。所以山城守的邀请并不是一个骗局。现在维列拉要来奈良为他们举行洗礼。神父接近松永久秀，教会也就有希望得到他的庇护。因此，洛伦索带着再度邀请维列拉去奈良的书简，回到了堺市。

维列拉与洛伦索一起去了奈良，为邀请他的结城山城守与清原外记举行了洗礼，山城守之子左卫门尉与泽城的城主高山图书（高山右近之父）等数名武士同时接受了洗礼。之后他没有返回堺市，而是去了京都，在那儿迎来了圣灵降临节。

四 开拓河内饭盛地区

这一事件是畿内宗教事务急剧扩张的开端，这之后接连不断地发生了各种事件，也许出于这个缘故，时间上最接近当时的报告里也出现了很多记忆上的模糊之处。首先是没有精确地记载维列拉去奈良的时间。维列拉发自堺市的书简，落款日期为一五六三年四月二十七日，末尾说收到了来自奈良的邀请，并称自己已下定决心冒死前往。因此，毫无疑问，结城山城守的邀请应该就是在这段时间发出的。但是他几天后去奈良了吗？对此事件记载比较详细的费尔南德斯的书简（一五六四年十月九日发自平户）中是这么记载的：最初派遣的洛伦索临行前称，如果四天之内没有回来的话，就可以认为他已经被杀了。结果四天之后，他还是没有回来。大家非常担心，就派了一个信徒前去侦察，结果在途中，这位信徒碰到了洛伦索和与他一起前来迎接维列拉去奈良的人马。维列拉与这些人一起回到了京都，为山城守、外记以及三好长庆的一个亲戚——一位名叫シカイ（四海井）[1]的精通宗教知识的武士进行了洗礼。这是连奈良都不放在眼中了。而弗洛伊斯的《日本史》中记载的是：洛伦索回到堺市以后过了四十天，有一队人马前来迎接。如果复活节的一个星期后才离开京都，圣灵降临节的时候是在京都的话，维列拉不在京都的日子共约四十天。而按弗洛伊斯的记载，复活节五十天之后的圣灵降临节他不可能在京都。

　　但是，从维列拉自己的书简来看，可以确定这次去奈良是在一五六三年的五月中旬。距离三好长庆去世还有一年两个月左右

---

[1]　原文只有片假名，且缺少相关资料，无法确定对应汉字。故根据其发音，暂译作"四海井"。——译者注

的时间，在此期间，三好长庆的根据地——以河内的饭盛城为中心的地区得以迅速开拓。当时的日本，织田信长、丰臣秀吉、德川家康等人已经登上了历史舞台，在西部地区，毛利元就即将给尼子氏以最后一击。但是这些都还只是地方上的现象，掌握了中央畿内的势力在现在大阪的东方、临近四条畷的饭盛城中。也就是说，维列拉是奔向了当时日本的中枢。

如今已经无法精确地叙述其过程，可能是洛伦索陪维列拉去奈良后，便去了饭盛，教化了三箇城的城主伯耆大人以及池田丹后大人、三木半太夫等七十三名武士；也可能是在前文提到的四海井大人回到饭盛城后宣传基督教，在同事与友人之间为皈依基督教积极造势后，邀请了维列拉或者洛伦索前来，具体的情况不得而知。但是，维列拉本人的报告中提到，到了炎暑之时，他把洛伦索派到了饭盛城，那儿有很多身份高贵的武士接受了洗礼，并建了教堂。维列拉也去了那儿，之后也屡屡造访（一五六四年七月十七日发自京城）。这儿所说的炎暑之时当指一五六三年的夏天。然而同样是维列拉在差不多同一时期写的另一封书信（一五六四年七月十五日发自京城）中称，一五六四年京都的异教徒们对基督教的关心有所减弱，故派了一个修道士去了饭盛。这位修道士无疑就是洛伦索，洛伦索第一次去的时候教化了七十余人，第二次的时候又使差不多人数的武士成为信徒。维列拉看到这样的形势后即奔赴饭盛，为众多的人施行了洗礼，还在那儿建设了相当有规模的教堂。写这封信是在一五六四年的七月，当时他又受到了饭盛附近的冈山方面的邀请，正打算去那儿建个教堂之类的。因此前文中提到的炎暑之时显然并不是指这一年的夏天。这样想来，维列拉把洛伦索第一次去饭盛传教也写成是一五六四年，可见其记忆很模糊。但这也说明了这一年发生了太多的事情。饭盛附近的砂与三箇这两个地方在此期间形成了很大的信徒团体。砂是结城山城守之子左卫门尉所居之地，而三箇是伯耆守所居之城堡，当时位于一个四周皆是河流的河心岛上。上面说到的冈山是结城山城守之侄结城弥平次所在的地方，不久这儿也成为信徒之村。这些地方作为京都与堺之间强有力的根据地，后来发挥了非常大的作用。

开创了这一新局面的主要功臣正是洛伦索，他的腿是瘸的，也只有一只眼有微弱视力。但是，不论洛伦索作为原琵琶法师话术如何巧妙，短时间内在武士之中出现如此猛烈的改宗势头，应该还是有别的原因吧。三好长庆帐下的这些武士们在上一年与根来的僧兵作战时遇到了很大麻烦。基督教的正面之敌——佛教的僧人们现在也成了他们的敌人，这一形势具有很大意义。但是，也不能说武士们因此就都抱有这样的心思。据费尔南德斯的报告说，饭盛城的僧人与佛教徒们看到洛伦索大有收获，为了挽回改宗者，就或以议论的形式，或以侮辱、迫害的方式做了不少努力，这一点与京都此前的情况相同。新的时机与以往不同的是，改宗的是武士们。他们有一天面对迫害者手持武器站了起来，这样一来，有新信仰的一方实力就增加了。听说了这样的局势后，结城山城守劝维列拉去拜访居住在离城堡一天左右路途之处的三好长庆，为他讲述基督教的真理。三好长庆盛情接待了维列拉，对基督教表示了认同，并承诺会保护教堂与信徒。饭盛的信徒们因此获得了安全。维列拉在那儿为十三位武士施行了洗礼。这大概是饭盛传教的初期阶段。由此看来，可以说手握霸权的三好长庆本人站在了这一新时运的一边。三好长庆的态度与他的"军师"结城山城守、清原外记率先改宗不能说没有关系。

山城守和外记在改宗后，为了耶稣基督的荣光而写了一部巨作，说明日本各宗派的起源、根柢、基础以及内容，揭露其虚伪性，最后阐明了基督教教义，表示这才是真正的拯救万民的教义。据说这在武士中间产生了相当大的影响。一五六四年夏天，京都附近十六里以内，有五个地方在建教堂，也有一种说法称京都周围十二至十四里之间有七个地方在建教堂。

这一结果使九州的托雷斯下定决心，在一五六四年初秋派了神父路易斯·弗洛伊斯、修道士路易斯·德·阿尔梅达去京都。话说这位新来的弗洛伊斯和在丰后开设了医院的德·阿尔梅达都是同一时期在九州开创了新局面的人物。

第五章 /
九州各地的开拓

一 基地 —— 丰后的教会

一五五九年初秋，维列拉与洛伦索出发前往京都后，其他的耶稣会会士们全都聚集在丰后。在两年后的一五六一年六月，路易斯·德·阿尔梅达被派到博多、平户之前，丰后以外地区的信徒们是无法见到传教士的。筑紫地区局势之动荡已经到了这样的地步。另一方面，在京都和堺市的这段时间里，维列拉也没能举行弥撒。因此，在这期间，教会活动还能活跃开展的只有丰后地区。

为了尽量多招些传教士来日本，最早创建丰后教会的加戈在一五六〇年十月带着体弱多病的佩雷拉修道士坐上了曼努埃尔·德·门东萨的帆船离开了丰后。

年老的托雷斯这时候身体已经完全适应了日本的风土，他在冷静思考日本地区传教方针的同时，每天的弥撒与星期天的忏悔亦毫不松懈。忏悔的时间设在星期天下午是为了不妨碍信徒们的劳动时间，也是为了让信徒们养成星期天去教堂的习惯。在为传教而努力时，他对日本人的信赖也日渐高涨。自己迄今为止见过的各种信教、不信教的国家中，没见过像日本国民这样遵循道理、信心坚定而且喜欢苦行的。日本有出现大型基督教会的苗头，只是传教士的人手不足。他向印度管区长这样求助道。

丰后教会的状况与以前相比也逐渐有了变化。第一个变化是，一五六〇年的圣诞节，托雷斯让信徒们表演了戏剧。信徒们选的是《亚当沦为罪人与赎罪的希望》《所罗门的审判》《天使告知牧羊人救世主的诞生》《最后的审判》等，这些戏剧的表演非常精彩，观众们非常高兴。第二年（一五六一年）复活节的时候，除了隆重地举行了各种各样的仪式以外，也表演了复活之日的早晨，即抹大拉的玛利亚在墓地遇到天使，将主的复活报告给使徒彼得这个场面。不难推测，不管是出演的人，还是观剧后感动不已的观众，他们都对旧约和新约的故事烂若披掌。

第二个发生变化的是丰后教会的儿童教育工作。负责儿童教育的主要是与维列拉同时来日修道士吉列尔梅。吉列尔梅用拉丁语教主祷文、圣母颂、使徒信经、又圣母经（献给圣母玛利亚的祈祷歌），用日语教授神的十诫、教会的制度法规、重大的罪行及与此相对的德行、慈善事业等。来学习的儿童有四五十人。在弥撒后，值日的学生吟诵上面提到的学习内容中的某一篇，其他学生随之应和。中午大家集中于教堂，每天吟诵上述学习内容中三分之一的内容，聆听其中一条的说明。结束后，如果托雷斯不忙的话，大家就两两上前亲吻他的手。之后每个人领到少量炒米或其它的什么回家。黄昏诵唱圣母颂时也有三十四五个人前来，他们跪在十字架前，花一个小时左右齐唱学过的内容。费尔南德斯的报告（一五六一年十月八日发自丰后）中说，日本人的记忆力好，理解能力比西班牙人强。除了这些以外，日本文字的教育则由从京都回来的青年达米昂负责。儿童们在十个月中记住的内容比日本的私塾花两三年所教的内容还多。

第三点是基督教信徒的葬礼制度化了。负责这一工作的是席尔瓦修道士。信徒中设慈善（Misericordia）组合，由这个组合资助贫穷信徒的葬礼。信徒们非常乐于参加这个慈善组合的工作，有时候死者的家离城市有一里或一里半远，男女信徒也都热心地前往参加葬礼。这样贫穷的人也能像富人一样风光入葬，这给日本人留下了深刻的印象。

第四点是慈善医院的工作已走上轨道。每天除了外来的患者外，还能收容一百个以上的住院患者，这样医院的建设者德·阿尔梅达就可以专心传教工作了。德·阿尔梅达是在日本皈依并加入耶稣会的，他积极主动的工作才能得到了托雷斯的认可，因此被提拔负责博多与平户教会再建的工作。

二 平户附近岛屿的开拓

　　托雷斯的心中一刻都没有放下过再建平户教会这件事。一五六一年五月的下旬,正在他考虑想要派个人去的时候,有三个富商信徒自博多前来拜访他。其中的一人带来了他的妻儿以及其他亲人,请求托雷斯为他们洗礼。他们最主要的目的是来请求派遣传教士的。因此托雷斯决定派德·阿尔梅达去博多时顺便去平户访问。

　　德·阿尔梅达在六月初带着日本青年贝尔肖尔从府内出发,他们在博多受到了信徒们的热烈欢迎。在十八天里,他使七十个人成为了信徒,其中包括一位老年僧人——山口的领主的讲经法师。接受了德·阿尔梅达治疗的人也不少,其中的两个重病患者奇迹般地治愈了。博多信徒中的两位重要人物提出要陪德·阿尔梅达一同旅行。他们不听劝阻执意前行,于是和阿尔梅达等人一起离开了博多,前往度岛。

　　度岛是笼手田氏的领地,约有三百五十个信徒。德·阿尔梅达在这儿又为八人施行了洗礼,这样一来,全岛就无一人不是信徒了。信徒们乐于去教堂,教堂造得很漂亮,且打扫得非常干净。那儿有一位原为佛教僧侣的高级信徒代替神父对岛上的信徒们讲授基督教的教义,因此岛上的大多数信徒对基督教的教义有着充分的理解。教堂与它的前身——寺庙一样有自己的收入,也收到了救济贫民的慈善捐款,因此,教堂的经营、对贫民的施舍、对外地来的参拜者的接待等都非常周到。德·阿尔梅达与四五位同伴在那儿停留了约半个月左右，每日的饮食与国王无异。在此期间，从平户过来了几个葡萄牙人来岛上参观，他们看到信徒们虔诚的态度和对德·阿尔梅达的服从与喜爱，以及其他种种事情后非常佩服，说，这个岛上的信徒们是比自己更优秀的信徒，哪怕耶稣会的神父们了解到这些情况的五分之一，他们也都会希望来这儿的。德·阿尔梅达也有同感，而更令他感动的是这个岛上的儿童。大约有一百个儿童聚集到这个教堂来听讲教义，他们进了教堂以后取圣水，跪在地上祈祷的样子就好像是传教士一样。而这些都只教了一次。其中有两个儿童，每次高唱教义时，由始至终一动不动，完全沉浸在忘我的状态中。不仅如此，他们把教义及其解说全都记下来了。儿童尚且如此，他们的父母以及众多男女信徒的信仰之深就更不必多言了。德·阿尔梅达非常同情这些信徒，在神前流着泪祈祷能有更多的传教士来这儿。他每天举行两次说教，每天两次传授教义。

不久，度岛往西四里左右的生月岛派船前来迎接阿尔梅达。德·阿尔梅达一行到岛上的时候，一大群人在岸上等着他的到来。生月岛的人口大概为两千五百人左右，其中有八百人是信徒。教堂为美丽的树木所围绕，非常宏伟壮观，可以容纳六百人以上。为了不影响人们白天的劳作，德·阿尔梅达在清晨和晚上施行两次说教，孩子们的教育则在午餐后进行。来听说教的人非常多，光女性就挤满了教堂，所以男性只能在院子里坐在席子上听。抵达的第二天德·阿尔梅达巡视了岛内的几个小的教堂。这些以前均为佛教的寺庙，建在风景优美之地。这些教堂与度岛的情况相似，也是原来的僧人成为基督教徒后住在原址上。但是这个岛上，有一个信徒多而离教堂很远的地方，孩子们无法前来学习教义，因此德·阿尔梅达计划在那儿建教堂。大家高高兴兴地来帮忙，几天之内就建好了。当时正好平户来了五艘葡萄牙船，德·阿尔梅达就去船上要了装在画框里的画像、帷帐以及别的教会用品。德·阿尔梅达在这儿做了数日说教，讲了教义。

生月岛之后，德·阿尔梅达去了平户岛西侧的狮子、饭良、春日等各个村庄。在狮子村，他为新建的教堂造了祭坛。他从生月岛带着七位造祭坛的工匠，与其他信徒一起坐着大船抵达。村子里洒扫清道，就像迎接国王一般迎接了他们。在这儿也采用了白天劳动、早上和晚上说教的做法，并为了能举行弥撒而造了祭坛，还教了管理教堂的原僧侣如何指导信徒和儿童。饭良村全村人都信了教，但还没有教堂，所以德·阿尔梅达说服了信徒们，让他们建一所教堂。春日村也同样，他选了一个海陆视野都开阔的清净之地后马上着手建起了教堂。这些教堂的装饰用品都是德·阿尔梅达从平户送来的。

在巡访了这些村庄之后，德·阿尔梅达再次回到了生月岛。笼手田会遣人告诉他平户的情况。笼手田的意见是，不用拜谒平户领主松浦隆信，在平户秘密地把工作完成就可以了。于是德·阿尔梅达坐船到了平户后，先去拜访了葡萄牙船的船长，然后私下拜访了笼手田氏的府邸，受到了笼手田一家的款待。宾主就神的话题交谈到了半夜。当天晚上德·阿尔梅达睡在葡萄牙船上，第二天早晨他与船长商量后，装饰了船的甲板，挂起了圣像的画框，建了一个临时的教堂。这些画像不久后会被送到别的地方，但在此之前他想先给平户的信徒们看一下。听到这个消息后，以笼手田左卫门及其弟弟、家臣为首的信徒们纷纷来参拜画像。德·阿尔梅达托他们转告各个岛上的信徒，让信徒们星期天来看画像。到了那一天，从各个岛屿以及其他地方来了很多人。船长扬起船帆，挂起旗帜，鸣了数发礼炮。德·阿尔梅达向满满一船的信徒们进行了说教。之后，船长款待了远道而来的信徒们。之后，在圣像还挂着的日子里，满载信徒的船只从各个地方赶来，葡萄牙船上热闹得好像是复活节那一周的星期五一样。在平户没能实现的活动在葡萄牙船上实现了。

而德·阿尔梅达对平户也没有完全撒手不管。抵达的第二天夜里他借宿在城里的信徒家中，给闻讯而来的信徒们秘密地进行了说教，还上门拜访信徒们，给他们讲述神的事迹。因此，二十天里信徒们的近亲中有五十人接受了洗礼。在此期间，为重建教堂，德·阿尔梅达采用了让葡萄牙船长申请建葡萄牙人教堂这样的方法。领主对此的回答是：先商量一下再说。德·阿尔梅达知道这个答案实质上就意味着拒绝，就立刻决定在教堂所有地范围内的一位信徒家里设立祭坛。这位信徒非常热心地提供了两幢相邻的房子，相对好看的一栋作为教堂，他自己则要成为看守。于是阿尔梅达就改装了那栋房子，准备好必需品以后，就在那儿每晚吟唱祈祷文，进行说教。来参加者多为葡萄牙人，所以没有给人违抗领主禁令的感觉。就这样，德·阿尔梅达再建了平户的教堂，使当地的信徒们欢欣鼓舞。

八月下旬要离开平户之际，德·阿尔梅达去了生月岛与度岛向信徒们告别。他只是通知了信徒们自己的计划是星期六下午去，星期天下午回来。结果，星期六午饭时，小岛派来的船已等候在外，而各个岛上欢迎的准备工作也已一切就绪。为了看一下岛上信徒的情况，其他葡萄牙人也一同前往了。黄昏时分抵达生月岛时，出来迎接他们的人手持巨大的火炬已等候在岸，将他们带去教堂，那儿已经有众多的信徒在等待他们的到来。德·阿尔梅达进行了短暂的说教之后，让儿童们诵读了教义，旁观的葡萄牙人十分震惊。第二日是星期天，早上说教、施行洗礼后，他们九点左右去看了新建成的教堂，中午在那儿上船。信徒们深情惜别的场面，即使是铁石心肠的人看了也会感动。司牧信徒的人，他的手永远不够，说的就是这样的场面吧。两个小时后阿尔梅达等人到达度岛。儿童们盛装来到海岸迎接他们，高声诵读着教义，领着德·阿尔梅达和葡萄牙人去十字架之处。在十字架前祈祷后，又高声诵读着教义，带他们去了教堂，那儿的信徒们济济一堂。德·阿尔梅达先做了说教，过了一会儿又向大家表达了离别的问候。信徒们挽留他在岛上再住一晚，他没有答应，信徒们十分不舍。快要上船的时候，岛上的人几乎都来到了海岸，到埠头有相当长一段距离，信徒们悲伤地流着眼泪，诉说着惜别之情，送他们走到了埠头。据载，看到这一场景的葡萄牙人非常感动。他们说，虽然走遍了世界，看过了各种稀奇的事情，却从来没见过今天这么值得称道之事。德·阿尔梅达在其后写道：如果耶稣会的神父看到这个的话，一定会祈祷在这个岛上与这些信徒共生死吧。两年后来到日本的路易斯·弗洛伊斯在这个岛上度过了一年，一边看着费尔南德斯在旁边编纂日本语法书，一边了解有关日本的基础知识，这绝非偶然。

往博多去，从海路走的话风向条件不好，所以他们选择从陆路走。路上历尽了千辛万苦。因此德·阿尔梅达途中罹患了疾病，到博多的时候也尚未痊愈。博多富裕的信徒派了随从和两匹马，并送给他一些必需的物资，将他送回了丰后。他在丰后抱病卧床了整整一个多月。

三 阿尔梅达访问萨摩

但是德·阿尔梅达一五六一年的活动并未就此终止。十月，他的病痊愈后，托雷斯派他去府内附近的村庄建设五座教堂。十一月，在萨摩的坊津越冬的曼努埃尔·德·门东萨一行前来忏悔,他向托雷斯建议派遣德·阿尔梅达去萨摩[1]。而岛津氏也正好向托雷斯提出了这个请求,因此托雷斯让德·阿尔梅达与门东萨等人同行前往萨摩,其中应该也包括日本青年贝尔肖尔。他们是在十二月出发的。

德·阿尔梅达的鹿儿岛访问,是在沙勿略访问鹿儿岛之后的第十三年。那里随处可见沙勿略的影响力。比如他和门东萨等人一同前去的市来的鹤丸城就是一个例子。城主的夫人、孩子、老臣米格尔及其他受过沙勿略洗礼的人共有十五个,他们非常热心地询问了丰后与京都等地传教事业的情况。第二天在出发之前,德·阿尔梅达为城主的次子等九位少年施行了洗礼。他在鹿儿岛也跟葡萄牙人们一起去拜见了领主,递交了托雷斯的书信后,他与日本人贝尔肖尔一起进行了说教。之后他们将门东萨等人送到了萨摩西南端的坊津,并为船上的船员们治了病。在这艘船启航后,他回到了鹿儿岛,在那儿待了大约四个月。

在德·阿尔梅达的印象中,鹿儿岛对基督教来说绝非不毛之地。的确,这儿的佛教势力强盛,来听说教的人很少,但是与跟沙勿略来往较为密切的僧人接近并就各种话题进行了交谈后发现,双方能互相交流。沙勿略在这儿的时候,没有翻译,无法询问一些比较具体的问题,现在不管怎样的问题都能得到回答。他对领主也说明了基督教的一些事情,领主听后赞道:甚好(殊胜:

---

[1] 萨摩国,在现在的鹿儿岛县的西部。——译者注

Xuxona)[1]。领主的赞语再加上德·阿尔梅达与僧侣们的密切交往，使得人们开始被基督教所吸引。领主的亲信中有两位身份高贵的武士皈依，随后他们的夫人、家臣等三十六人也纷纷皈依成为信徒。后来又有其他人也选择了改宗。德·阿尔梅达在这些信徒的帮助下，终于能在鹿儿岛建设教堂了。

他在鹿儿岛逗留期间，也去了市来的城堡。在那儿的十天，他每天说教两次，还讲授了教义。为非信徒着想，说教的时间选在不用工作的晚上。城中的重要武士中有四五人改了宗，其中的一人能非常巧妙地阐述基督教的要旨，德·阿尔梅达看重他的才能与对基督教的热情，就让他抄写自己带来的日语教义书，还让他在星期天集会的时候朗读了该书的一个章节，然后让他就该章内容发表了一个小时左右的谈话。城主的长子也非常聪明伶俐，在短时间内记住了教义、祈祷、信仰问答等内容，同样，德·阿尔梅达也让他教导别的信徒。这是在没有传教士的地方为了使信仰生活持续下去而做的一种准备。这样，德·阿尔梅达使城内的七十个人成为了信徒。信徒们在城内建起了一座漂亮的教堂，供奉圣母肖像。城主本人虽然没有改宗，但是对基督教非常认同。

做了这些工作以后，德·阿尔梅达被托雷斯召回了丰后。萨摩的信徒们从心底不舍他离去，对他热忱备至。德·阿尔梅达痛感传教士之不足，他深信，如果这儿有传教士的话，信徒将会更多。

---

[1] Xuxona，作者根据其发音将之译为"殊胜"。"殊胜"有"甚好""非常优秀"之意。——译者注

四 建设横濑浦

回到丰后一个多月后，托雷斯命令德·阿尔梅达带着达米昂去平户与横濑浦。

达米昂是一位日本青年，跟维列拉去了京都，一五六一年回到丰后，一五六二年与一位老人一起被派到博多，工作非常勤奋。他二十一岁，非常谦逊，人缘很好，且对周围人有着很强的感化力。在博多的时候，他使约一百个有身份的人成为了信徒。德·阿尔梅达带着达米昂、贝尔肖尔和一位老年信徒，以及受命驻留博多的费尔南德斯一起，于一五六二年七月五日从丰后出发了。

一行人在离博多四里处的一位显贵信徒的家里留宿，这位信徒是由达米昂教化的，是当地信徒中最有势力、身份最高的人，在博多非常受尊重。他的家人都已成为信徒，门前的院子里立着非常漂亮的十字架。德·阿尔梅达一行在这里受到了非常周到的款待。达米昂的人气非常之高，远远超过要驻留博多的费尔南德斯。次日到达博多后情况也是如此，这儿的信徒都是商人，很富裕，因此他们已经重建、修复了此前被破坏的教堂和仓库。一行人在这儿也受到了盛情款待。信徒们听说达米昂要去平户，都热情地挽留他。他们的理由是，达米昂教育新的信徒时能做到因人施教，大家都喜欢他，今后发展新信徒的工作缺他不可。费尔南德斯只好以不能违抗托雷斯的命令为由才使他们平静下来。

德·阿尔梅达一行于七月十二日坐船从博多出发，途中达米昂与同行的老人在平户下船，德·阿尔梅达等人继续前往南方十里外大村湾口的横濑浦。

　　横濑浦此时突然成为传教活动的舞台，这是托雷斯多方考量后做出的决定。平户是托雷斯起初花了一年时间开拓的地方，但是平户的领主在一五五八年驱逐了传教士，由此进入平户港的葡萄牙人与丰后传教士之间的联络变得非常困难。于是，托雷斯多方寻找能代替平户的港口或能保护基督教的领主，他找到了大村领。据说是在京都受洗的近卫家一脉的信徒巴尔托洛梅奥与在山口受洗的信徒内田托美等人按照他的授意说服了大村氏。另一方面，托雷斯联系了葡萄牙的船长们，让他们在平户附近寻找优良港口，于是横濑浦进入了他们的视线。它位于从西面围绕大村湾的西彼杵半岛的突出尖端上，是通往佐世保的门户。一五六一年的夏天，德·阿尔梅达拜访平户及其附近的信徒时，托雷斯的这个计划已经颇有进展。德·阿尔梅达为何不顾平户领主的禁教政策，以建设葡萄牙人的教堂的形式强行开始了平户教堂的再建工作？与这儿的形势相对照来看，就容易理解了。果然，这之后平户发生了一件引起葡萄牙人反感的事件。葡萄牙的商船因此一起起锚离开了平户，转移到了横濑浦。领主大村纯忠来到丰后的托雷斯处，提出了对传教非常有利的条件。其内容如下：派遣一位修道士去横濑浦传播基督教；在数个地方建教堂，将横濑浦港及其周围约二里以内的农民交给教会，如果神父觉得有必要的话，该地区可以禁止非基督教徒居住；对前来贸易的商人免除十年间的一切税收等等。

这一重要提案的提出是在德·阿尔梅达去萨摩旅行期间，为了实现这一提案，一五六二年度来日本的葡萄牙船必须放弃平户改而停靠横濑浦港。托雷斯为了赶上开始的日期，召回了德·阿尔梅达，把他派去了横濑浦。但是德·阿尔梅达经过平户的时候，那儿已经停泊着一艘葡萄牙船。

德·阿尔梅达到达横濑浦的次日，立刻与几个葡萄牙人一起前往大村湾尽头拜访领主大村纯忠，以托雷斯的名义与他开始就上文提到的提议进行协商。大村纯忠盛情款待了德·阿尔梅达一行之后，把协商的重任交给了家老们。这次协商的结果是，大村方承诺按照上文提到的提议内容授予他们各种特权，但是在横濑浦的隶属关系问题上，他们提议由领主与教会各自领有一半。德·阿尔梅达回答说这件事要寻求托雷斯的批示，故两天后回到了横濑浦。但是在等待批示期间他们已经让人开始建造传教士馆，很快一栋房子就建成了，在里面设了祭坛后，德·阿尔梅达就开始了他作为传教士的工作。这时候，托雷斯出人意料地从丰后来到了横濑浦。

托雷斯已经非常衰老了，大家都想不到他能经得起这么艰难的旅行。让托雷斯离开丰后来到这儿的，是去丰后的葡萄牙人。平户的领主为了吸引葡萄牙船去平户，这一年批准建立教堂以纾解基督教信徒的苦恼。数日后，葡萄牙人的帆船进入了港口。这样一来，抵制使用平户港的计划就有破产的危险。当时，在丰后的葡萄牙人中，有一个曾经做过船长、两年前才卸任的贵族，这艘船是他叔父的。他提出，如果托雷斯愿意与他们一起出发的话，就可以驾驶这艘船离开平户港。托雷斯、其他的葡萄牙人以及信徒们都赞成这一想法。大友义镇稍作踌躇后，还是同意了。就这样，托雷斯踏上了艰难的旅程。由此可见，他对横濑浦开港是何等重视。

意外接到托雷斯已来到附近的消息，德·阿尔梅达与十多个葡萄牙人一起出外迎接，在离港口一里远的海上接到了托雷斯所乘的船。托雷斯的船进入横濑浦时，葡萄牙船升旗鸣炮欢迎了他。陆上也立刻开始建造能举行宗教仪式的房子。德·阿尔梅达将与大村领主交涉的结果向托雷斯做了汇报，托雷斯命令他接受大村方的条件，完成这次交涉。德·阿尔梅达立刻前往大村处，在那儿逗留了五天，接受了领主颁发的公文后回到横濑浦。领主还给他们捐赠了森林以供采伐建设教堂所需的木材，并给他们派了很多人手。

听闻托雷斯来到横濑浦，平户的信徒们二十人左右一组陆续前来忏悔。因此这个新的港口总是停泊着三、四艘从平户来的信徒的船，同时，停泊在平户的帆船和中国式帆船[1]上的葡萄牙人也前来忏悔，所以托雷斯能够轻松平和地要求葡萄牙船离开平户港。

---

[1] 中国式帆船，英语称为"junk"，故又称"戎克船"，相传在汉朝时即已出现，至20世纪初仍活跃于中国近海，多用于贸易运输。其特征有采用平衡式梯形斜帆、有水密隔舱、采用前尖后硕的船身等。——译者注

不论是托雷斯离开丰后的时候，还是他到达横濑浦以后，他都没有在这个新港口长久逗留的打算。九月，他还派德·阿尔梅达为代理人前往丰后接受领主对传教士馆的惯例访问，但是十月末葡萄牙船出发后，他决定去巡视平户诸岛，并顺道去一趟博多后就回丰后。因此九月中旬在德·阿尔梅达往返丰后期间，他将平户的达米昂派到了博多，将博多的费尔南德斯带回了横濑浦，集中力量以巩固横濑浦教会的基础。但是，托雷斯的工作并不是只有横濑浦。过去平户诸岛的信徒们因为没有神父而没有机会忏悔、领圣餐，现在为了得到这个机会，他们每二三十人一群，像波浪一样一波一波来到托雷斯身边。横濑浦一时成为了当地信徒们的中心地。信徒们的热心牵动了托雷斯的心。他先派费尔南德斯与德·阿尔梅达前去平户做了准备，自己则在一五六二年十二月初来到了平户。他打算在这儿庆祝圣诞节，巡视各个岛屿后再去博多。平户是他十三年前的播种之地，他对这片土地也怀有特别的感情。托雷斯在这儿受到了笼手田一家热忱的款待，而领主也想恢复与葡萄牙人的关系，所以热情地接待了他。圣诞节活动非常隆重。一五六三年初他从平户出发去了生月岛，在岛上度过的一个月时间里，他沉浸在爱与信仰中。离开生月岛后，他绕道去了度岛，然后回到了平户。当他要出发去博多的时候，却发现前行遇阻，因为统领博多地区的大友氏手下的武士又叛变了。托雷斯无可奈何，只好于二月二十日回到了横濑浦。不过当时他还是打算找别的途径回丰后，但是他终究没能成行，首先是因为他在院子里扭了脚，走不动了；再加上四旬节期间各种事件层出不穷，他脱不开身。

而在横濑浦，看到不可能回来的托雷斯又回来了，德·阿尔梅达大喜过望，他这么写道："主爱在心，热血燃烧。"一五六三年的四旬节是这儿的第一个（后来看来也是唯一一个）四旬节，因此在丰后感动了所有人的少年阿戈什蒂纽、在博多的达米昂也都来了。擅长说教的保罗从去年就已开始在这儿协助德·阿尔梅达的工作。至于信徒呢，平户诸岛自不用说，连博多、丰后等地也有信徒远道而来，大家虔诚地坚持说教、忏悔与鞭身的修行。

在此期间，发生了一些来自外面的事情。首先是四旬节开始的时候，岛原的领主派了使者来请求派遣传教士。这是岛原半岛传教工作的开端。上一年，托雷斯让德·阿尔梅达去拜访了有马的领主有马义直（义贞）。因为这位领主是领有横濑浦的大村纯忠老家的亲哥[1]，大村纯忠也是他的部下，而且也听说他有意倾听基督教的教义。当时有马领主正征战沙场，故德·阿尔梅达和他只是见了一面，但他的家臣之一，也是他的姻亲 —— 岛原的领主说他回来后一定会请求派遣传教士。德·阿尔梅达以为这只是寒暄而已，结果没想到成为了现实。托雷斯回答使者说，马上派人有困难，但七八天之内会派遣的。这样，在四旬节中期，他把

---

[1] 大村纯忠出生于有马家，被大村氏收为嗣子。——译者注

德·阿尔梅达和日本人贝尔肖尔派到了岛原，归期预定在复活节。领主隆重接待了德·阿尔梅达，他与他的夫人——有马领主夫人的姐妹热心地听了说教。家臣中接受洗礼的多达五十人左右。期间，有马义直上阵途中顺便去了一趟岛原，德·阿尔梅达前去拜访，有马领主称将在离有马二里处的口之津建教堂，所以正打算去向托雷斯请求派遣修道士。有马领主的态度使岛原的信徒们更为活跃。岛原的领主也在德·阿尔梅达赶回去参加复活节的前一天，让他给自己的独生女——一个四五岁的小女孩施行了洗礼。德·阿尔梅达充满自豪地报告了这件事，称"这位女子是迄今为止在日本皈依的信徒中，血统最高贵的人里第一个（接受洗礼的人）。"

有马义直的使者真的在复活节前来到了托雷斯面前。有马领主感谢了上一年德·阿尔梅达的到访，并提出希望能在自己的领土内建一座比横濑浦更大的教堂来传教。他自己也会尽力协助。使者之一是口之津的领主，他一再推荐在这个港口建传教士馆，称这样的话自己与领地内的百姓一定会立刻成为信徒，而这也能促进有马的教堂建设。

第二件事是，稍晚于岛原的使者，大村纯忠领主带着已成为信徒的笔头家老的弟弟堂·路易斯以及其他多位重臣也来拜访了托雷斯。他带来的礼物有：酒六桶、鲜鱼、猪一头、钱三千等。托雷斯邀请领主吃了午饭，他们与七八名武士一起享用了西餐。五名有身份的葡萄牙人非常细致周到地为他们服务。饭后，托雷斯另备席位劝说大村纯忠入教，并带他参观了装饰着圣母像的祭坛。因为大村领主希望能立刻听到说教，故费尔南德斯开始为他说教。但是大村领主又告诉费尔南德斯，为了深刻理解教义需要长时间听讲说教，因此从第二天的午餐后直到夜里两点，大村非常认真地听了说教。就这样，在精神上他已经成为一名信徒了。次日，他甚至派了堂·路易斯来请求准许携带十字架和向基督祈祷。

这两件事情之后，横濑浦的第一个复活节周到来了。这是一个在日本迄今为止前所未有的盛大的复活节，除了各地的信徒，船上的葡萄牙人也都参加了。而在复活节周，大村纯忠再次带着堂·路易斯等人来到了横濑浦。他的目的是希望托雷斯允许他在教会的附近建造自己的住宅。这样他就可以与葡萄牙人亲切交往，而且为了发展这个港口，自己必须尽可能长时间地待在这个地方。他还应托雷斯所请，制定了七八条规则以维持这个新设港口的秩序与和平，并将之书于告示牌上交给了托雷斯。其第一条的内容是，要在这个港口生活的人必须听从天主的教诲，如果不想听从的话，最好离开此地。但是大村领主本人还没有做好改宗的心理准备。

五 岛原半岛的开拓

复活节期间，大村的两个高层武士之间发生了纷争，领内一时闹得沸沸扬扬。复活节后德·阿尔梅达马上前往大村，顺便也是为了去当地慰问探望。在当地住了数日后，他带领三位日本修道士（达米昂、保罗、若昂）前往当时有马义直上阵前与部下集合的地方。这里距离岛原两三里。有马领主款待了德·阿尔梅达，与他一起用了晚餐，听了他的说教。翌日，他授予德·阿尔梅达一些文书，其中有交给口之津港的书简，是要求大家听说教的命令；还有一封是交给托雷斯的书简，允许他们在领内传教。德·阿尔梅达在岛原逗留数日后，经海路去了口之津。这个港口汇集了从日本各地来的人，人口众多，住民的悟性也很高。德·阿尔梅达被接到了当地领主家中，向他递交了他的主君有马领主的书信并立刻着手开始传教活动。十五天的传教活动之后，接受洗礼的达到了两百五十人，其中有这个地方的领主及其妻子儿女。见此光景，德·阿尔梅达打算重点经营这个地方，所以计划去岛原探望过信徒后就回到此地。把离开期间的工作事宜委托给日本人保罗后，德·阿尔梅达再次去了岛原。

但是此时在岛原发生了僧人们领导的反抗运动，他们反对将岛原的城堡旧址交给传教士们建教堂，声称葡萄牙人在那儿建了城堡的话，恐怕到时候整个领国会被其侵吞。佛教的僧人们与各地的领主有亲缘关系，政治势力相当强，所以岛原领主的态度也是不冷不热的。德·阿尔梅达抗议说，自己不顾各个地方对传教士的需求，只接受了此地领主的邀请来到这里，如果因为佛教僧人的阻碍而无法传教的话，自己只能离开这里。领主希望他暂时忍耐，然后对其管下的家臣与民众发布了倾听说教的命令。这样一来，听众云集，希望接受洗礼者多达三百人。见此形势，僧人们在德·阿尔梅达到达的十六天后举行了示威活动，比如闯入说教的现场、破坏桌上的十字架等等。次日也有僧人巡街并撕走信徒们贴在门口画着十字架的纸。对此行径，信徒们遵照领主的指示采取了不抵抗的态度。但是第三天，也是圣灵降临节的两天前，发生了一起事件。距离岛原一里的其他领地的两个青年武士前来听说教，其中一人因酒醉而提出了不得体的问题，另一人制止了他并要将他带离现场。那个武士感觉自己受了侮辱，在近百个信徒的面前想要拔剑，信徒们把剑从这个醉鬼手中夺了下来。因为这件事，那个武士的亲戚友人聚集起来，欲前来岛原复仇，目标是德·阿尔梅达逗留并做过说教的信徒的住宅。但是，这一骚动的是非曲直是一目了然的，岛原这边不仅是信徒，非信徒们也拿起了武器保卫德·阿尔梅达所居的住宅。圣灵降临节的前夜，大家严阵以待，气氛非常紧张。如果真的被袭击的话，至少会死五百人吧。这会证实佛教僧人宣传的所谓天主教徒所到之处必然伴随着战争的说法，德·阿尔梅达因此非常难受，幸运的是，袭击没有发生。这一事件反而使得次日的圣灵降临节更为盛大。这一天，有大约两百名已经准备受洗的信徒接受了洗礼。

次日，德·阿尔梅达请求移居领主作为教堂用地授予的城堡旧址。因为那个地方在伸出海面的一个突出的角上，离村落很远，离佛寺也很远。领主同意了，并让他搬到了那个地址附近的信徒家居住。德·阿尔梅达让达米昂留在那儿并承诺自己会回来，随后他出发前往口之津。这样一来，他想把重心移到口之津的计划失败了，他不得不同时兼顾岛原与口之津两个地方。

回到口之津后，日本人保罗报告说来听说教的人只剩寥寥数人了。德·阿尔梅达探究其原因，发现是因为出入领主的家宅让人感到非常拘束。因此他与领主交涉，想要一个人们能够轻松出入的房子。领主让德·阿尔梅达自己挑选，德·阿尔梅达选了一座废寺，在有马领主作为教堂建设用地授予他的一块地皮上。将它打扫之后，造个走廊，铺上草席，就能当作教堂使用。第二天一早，来了约一百个脚夫，他们搬出了里面的佛像，一天之内就把它改造成了一座宏伟的教堂。德·阿尔梅达与保罗在这个教堂中重新开始积极开展宗教活动，二十天左右的时间里使一百七十个人成为了信徒。

六月初，德·阿尔梅达又去了一次岛原，这儿也已经开始在城堡的旧址上建造教堂。领主把旧址附近的七十户人家及其住民都赠给了教会，并为教会的建设捐赠了木材，他还在二十天里每天派两百个民夫前去整地。德·阿尔梅达将建筑用地上的大石运出来在教堂前面让人造了一个埠头，可以让相当数量的船只直接停靠。

六 大村纯忠受洗

正当德·阿尔梅达在岛原半岛的开拓活动开展得如火如荼时，在横濑浦发生了一件大事。

托雷斯在复活节的四十多天后，也就是升天节之后，在大村拜访了领主大村纯忠，劝说他在当地建一个教堂。大村纯忠回答称自己也正有此意。他相信如果建了教堂的话，领内之人都会成为信徒，但是这样一来必然要破坏佛教的寺庙，而僧人的力量不可小觑，所以现在时机还不成熟。当时他们没有谈及受洗之事，但是过了一个星期后，大村纯忠决定受洗，故带了二三十个武士来到横濑浦。他先向托雷斯吐露了自己的想法，为了听听托雷斯的意见，他希望托雷斯能为他找个精通日语的人。托雷斯派了一个日本人去，大村纯忠与他畅谈到了半夜。大村纯忠最担心的是打击佛教的问题。他是自己的兄长有马领主的手下，这位兄长是一位佛教徒，因此他不能焚烧佛像、破坏佛寺，但是他承诺可以断绝与僧人之间的联系，也不给他们补助。如此一来，佛教会自然而然地崩溃。他想知道，做到这样的程度是否可以接受洗礼。对此，托雷斯回答，如果他承诺在时机成熟之时即破坏其管内的异教，或者他有这样的决心的话，就可以为他施以洗礼。大村纯忠大喜，当夜就同家臣一起开始听说教，直至天明。托雷斯认为他受洗的准备已经很充分，欲为他举行一个与其领主身份相称的盛大仪式，但大村纯忠态度非常谦虚，只以一个简朴的仪式受洗成为了一名信徒，教名为堂·贝尔特拉梅。同行的家臣们也接受了洗礼。

这是一五六三年五月下旬，德·阿尔梅达在口之津建造教堂时候的事情。正好在同一时期，在东边的奈良，结城山城守与清原外记接受了洗礼，新的时机已渐成熟。为何不止大村和岛原，连畿内地区也同时开始出现这样的变化呢？原因不得而知。也许是因为这一时期在日本全国，战乱造成的心理上的痛苦达到了顶点吧。同一年稍晚些的时候三河国爆发一向宗一揆，而这成为德川家康一生命运的分界线也绝非偶然。

七 横濑浦的没落

大村纯忠在受洗之际担心佛寺破坏等问题，这绝非小事。掌握一国政权之人想要改宗就不可避免要面对这个问题。传教活动与政治纷争有着密不可分的机缘。大村纯忠在这一点上看起来已经很小心了，但是"嫉妒之神"不会放过他任何一点的纰漏。

大村纯忠是在其家族的有马氏与龙造寺隆信开战前夜接受洗礼的。龙造寺隆信是肥前的少贰氏的部下，但现在已经取代其主家在肥筑地区崛起，并威胁到了有马氏。大村纯忠作为他兄长的手下也上了战场，途中，可能是受到战场气氛的影响，他断然烧了摩利支天像与其佛堂，在其遗址上竖起了十字架并对之进行礼拜。以此为开端，领内的多处佛寺佛像被烧毁。正如他所担心的那样，这一激进的态度使领内的气氛极不安定，也就是从这个时候开始，有人开始谋划叛乱。

横濑浦方面看到领主果敢的举动远远超过了他受洗的时候所承诺的条件，非常高兴。正在这个时候，六月末，从中国来的堂·佩德罗·德·阿尔梅达的船带来了数位神父与修道士，其中之一是神父路易斯·弗洛伊斯。据说托雷斯大喜过望，流着热泪说"我死可矣"。弗洛伊斯立即着手开始工作：每天为大村纯忠的家臣们施行洗礼。

正好七月初的时候，德·阿尔梅达前来横濑浦与新来的传教士们见面，带来了在岛原半岛大有收获的消息。托雷斯立刻派这位有为的骨干代表自己与船长堂·佩德罗·德·阿尔梅达去阵地见大村纯忠。大村纯忠在阵羽织[1]上戴着基督与十字架的家徽，脖子上挂着十字架与数珠，虔诚地听着教诲。这一场景不像是在阵地上，倒像是宗教家的集会。七月中德·阿尔梅达从阵地回来，托雷斯派他陪同新来的神父若昂·包蒂斯塔去丰后。一行于第二天立刻出发，途中德·阿尔梅达一人绕道去了岛原与口之津，随后去往丰后。

到了七月末，大村纯忠来到横濑浦见神父们与葡萄牙人。路易斯·弗洛伊斯和船长堂·佩德罗·德·阿尔梅达盛情接待了他，

---

[1]. 古时在战阵中穿在铠甲外边的无袖外罩。——译者注

并赠送了他镀金的卧榻、丝绸的垫被与被子、天鹅绒的枕头、婆罗洲的精致草席以及其他的织物。大村纯忠虔诚地听了弥撒，学习了关于圣餐的知识。数日后他回到大村后，立刻要求夫人改宗。为了在下一次上阵前建好壮丽的教堂，他还邀请了托雷斯来大村选择建教堂的场所。另外，当时他正考虑废除盂兰盆会，据说他不仅打破了要在上一辈的像（位牌？）之前焚香的惯例，还把上一代的像给烧了。这一系列的动作加速了他手下阴谋造反的行动。

大村纯忠的上一代家主有一个庶子名为后藤贵明，但上一代家主的夫人无视这个庶子，从自己的娘家有马家接来了纯忠作为自己的养子。而这个养子不仅不祭祀祖先，还把上一代家主的牌位烧了，可以想见，对大村的家臣们来说，已经有了足够的理由诛杀养子拥立庶子了。于是，谋反者们反其道而行之，故意以家臣们的意愿为由向大村纯忠提议建设教堂、让夫人改宗、邀请托雷斯等。他们的计划是在托雷斯来大村的时候发动兵变，一举根除这个万恶之源。对这个计划一无所知的堂·路易斯来到横濑浦迎接托雷斯。如果托雷斯就此去了大村，可能他们的计划就成功了。但是在八月五日的圣母祭日上，托雷斯要在新来的神父弗洛伊斯面前进行宣誓，这是他这五年来由于身边没有耶稣会的神父而一直没能实现的夙愿，为此，在日本加入了耶稣会的艾雷斯·桑切斯修道士甚至特地从丰后带着拉中提琴的少年们赶来了。所以去大村一事只能延迟到宣誓仪式之后了。仪式的当天，堂·路易斯第二次来接他，不巧弗洛伊斯和托雷斯都生了病，好不容易勉强举行了仪式，去大村又只能延迟到两三天后了。在此期间，有马的领主表明他有改宗之意的消息传来，堂·路易斯第三次来迎接他，并转达了大村领主想要跟他商量兄长改宗之事的意愿。因此，托雷斯满怀"日本的门户将会开放"的期待，答应他次日（八日）一早就出发。堂·路易斯得到他的承诺后，当天就精神抖擞回去了。但是次日早晨七八点，托雷斯进行了弥撒，向葡萄牙人告了别，马上就要出发时，局势突变。托雷斯派去侦查的日本人发现，堂·路易斯在前一天的归途中被横濑浦对岸的针尾的武士袭击杀害了。大村也在前一天夜里发生了暴动，大村纯忠与堂·路易斯哥哥的家老们一起逃到了附近的城堡里。

事件的具体情况不甚清楚。也许是托雷斯几次推迟了大村之行使得谋反者们以为阴谋已经泄露，故临时发难了；也许是以为托雷斯也乘上了堂·路易斯的船所以发起袭击，当时的人也不太清楚。但是，总而言之，这次暴动手法笨拙，目标人物托雷斯和大村纯忠都逃脱了暗杀。同一天的黄昏，托雷斯转移到停泊着的贡萨罗·巴斯的帆船上，弗洛伊斯和费尔南德斯一起上了堂·佩德罗的帆船。其他人和信徒们也都各携财物逃到这些船上。大村纯忠也总算在约四十日后拿回了他的领主权，回到了大村，他与反叛的各地方上的领主们之间形成了对峙局面。

但是托雷斯寄予厚望的横濑浦 —— 阿茹达的圣母之港 —— 的命运则随着这次内乱而凋落了。横濑浦没有在动乱中被当场烧掉，而是放弃抵抗向谋反者屈服了，而且谋反者们要求葡萄牙船留在那儿。当葡萄牙船接到了大村纯忠回到大村的消息后，当即升起了旗帜，鸣响了礼炮以示祝贺。占领横濑浦的谋反者逃走后，弗洛伊斯也回到陆地上开始工作。但是当商船要启航前往中国时，离横濑浦最近的一股叛军偷袭了横濑浦，将城市与教堂、传教士馆烧了个干净。正在这个时候，有马的武士（可能是岛原的信徒）率领两艘船前来救援。托雷斯见到敌人接近，便登上了船，眼睁睁地看着他曾寄予厚望的教堂和虔诚的信徒们的房子陷入熊熊烈火。这对传教士们来说是一个非常大的打击。看上去发展势头很好的传教事业暂时遭遇了挫折。

大村的内乱给世人留下的印象也是如此。德·阿尔梅达八月下旬在丰后接到报告称大村纯忠已被杀死，有马的领主逃走了，葡萄牙船离开了横濑浦，教堂和城市都被烧毁，而信徒们则尽皆遇害。有传言称这些是大村纯忠烧毁佛像的报应，而有马的领主作为基督教的认同者也将面临同样的命运。这些是与事实不符夸张其辞的谣言，看起来似乎有人在煽动对基督教的反感。急急忙忙要赶回横濑浦的德·阿尔梅达在途中遭受了从未遭受过的侮辱。人们还带着得意的神色跟他打招呼："你往哪儿去？教堂烧了，神父不在横濑浦。"直到他到了岛原对岸的高濑才知道，大村纯忠之死、横濑浦的烧毁、商船的撤退等等，全都是谣言。岛原的信徒们的态度丝毫未变，但是到了口之津，政治形势为之一变。有马领主的父亲有马仙岩（晴纯）断然下令禁止了引起这次内乱的原因——基督教。信徒们的信仰没有崩溃，但是德·阿尔梅达无法登陆。不仅如此，在通过仙岩的领国时，他感到了死亡的威胁。看起来，德·阿尔梅达在岛原半岛的传教事业刚起步就遭遇了挫折。

带有政治意义的大规模打击基督教于此已现端倪。当一个领国之领主改宗并开始打击佛教，立即就引发了这一现象，而这所隐含的意义非常丰富。对跟葡萄牙人进行贸易与汲取欧洲文明的兴趣，并不一定是对基督教的兴趣。前者是当时的日本人差不多共有的，因此其实现过程中没有引起政治上的纷争，后者则立刻点燃了政治斗争的导火线。正是这样的原因使得平户的领主采取了暧昧的态度，使得丰后与有马的领主对改宗一事一直犹豫不决。但是传教士们，为了后者而利用前者，他们想阻止前者单独实现，也就是把开国（与锁国相对）与改宗绑在了一起，这极大地促成了锁国的局势。日本民族走上国际交往的舞台，在世界性视野下努力形成本民族的文化，这与丢弃原有的佛教转向基督教是两件事，前者是伦理上的问题，而后者是宗教上的问题。耶稣会会士将之只视为宗教问题，只关心使异教徒皈依基督教一事，这从耶稣会会士的角度来看也许是理所当然的，但是伦理上的问题因此而被掩盖，这不能不说实在是极大的弊端。而只能通过耶稣会会士才能扩大视野的日本的政治家和知识分子也要承担一半的罪责。因为欠缺无限探求的精神与公共性事业精神，此时已经开始出现严重的后果。

八 口之津与平户

横濑浦被烧毁后，托雷斯与德·阿尔梅达及新来的修道士雅科梅·贡萨尔维斯一起坐着有马的武士的船前往岛原对岸的高濑。那儿是丰后的大友氏的领地，被视为来往丰后的要地。路易斯·弗洛伊斯坐着笼手田派来迎接他的船，早在一个月前就去了费尔南德斯驻在的"天使之岛"——度岛，在这之后的一年间，托雷斯以恢复岛原半岛为目标而努力，而弗洛伊斯则在努力培养自己作为一个日本传教者的能力。

托雷斯在高濑一直住到了一五六四年的夏天。他先将德·阿尔梅达派到了丰后向大友义镇（当时似乎已改名为大友宗麟）请求获得高濑的居留许可。大友授予了他地皮、房屋和传教的许可。过了三个月后，又送过来两块告示牌，上书三条命令：允许领内的所有人改宗、保护传教士、允许在全领内传教。一块立在高濑，另一块立在熊本南边的川尻。丰后的杜阿尔特·达·席尔瓦被派到了川尻。德·阿尔梅达从圣诞节到复活节期间一直待在丰后，在那儿他又能专心干自己已经很久没干的工作——自己开办的医院以及这块故地的教会工作。不过复活节后他不得不去川尻探望生病的席尔瓦。席尔瓦一边热心传教，一边编纂日语的语法书和词典，终于因为过劳而病倒了。德·阿尔梅达遵照他的意愿将这位已经病入膏肓的重病患者送到了高濑的托雷斯的身边，十天后，病人毫无遗憾地离开了人世。

这个时候有马的领主邀请托雷斯去他的领内。托雷斯在岛原的对岸一直等待时机成熟的这一刻，但是他没有马上行动。第二封邀请函送到的时候，他在拿到保护者——丰后领主的许可之前，让德·阿尔梅达作为自己的代理人去了有马领主之地。德·阿尔梅达在岛原受到了热烈的欢迎后，去有马见到了领主有马义贞。前一年的动乱以后，有马义贞已经很大程度上恢复了他的权力。他告诉德·阿尔梅达，托雷斯可以来口之津，并且希望在对敌人的战争取得胜利前，托雷斯能一直住在那儿；地皮和房屋现在就可以直接授予德·阿尔梅达，不用等托雷斯来等等。就这样，口之津恢复了，托雷斯取得了大友宗麟的谅解后，立即移居口之津，开始处理地皮和房屋事宜。这片土地上的信徒在十个月的禁教期间没有丝毫动摇，托雷斯见状非常高兴。在这样的状态下，一五六四年八月中旬，葡萄牙船圣克鲁斯号带来了三位新的神父：贝尔肖尔·德·菲格雷多、巴尔塔萨·达·科斯塔、若昂·卡布拉尔。

这一年，葡萄牙船违背了托雷斯的意愿，进了平户的港口，当时为之交涉的是在度岛的弗洛伊斯。弗洛伊斯自迁居度岛以来，没有出过岛。除了遭遇教堂因过失被烧这件不幸的事情以外，他生活在纯真的信徒中，过着平静的日子。他一边进行说教、安排葬礼，一边花了六七个月看着费尔南德斯编纂日本语法书与词汇书，默默地学会了日语，了解了日本人的性情。就这样，一五六四年的四旬节过去了，复活节也结束了。从那个时候开始，平户的局势渐渐发生了变化。以前将维列拉从平户驱逐出去时的幕后主要推动势力——佛教的僧人在与笼手田氏的斗争中失败而被驱逐出了平户，平户的信徒们也逐渐开始展开活动。正在这个时候，七月中旬，圣卡塔利娜号帆船与贝尔特拉梅德戈维亚号中国式帆船来到平户附近。松浦领主欲迎接它们入港，但船长们回答说没有神父的许可不能入港。松浦领主无可奈何，只能派使者来向弗洛伊斯请求给予入港的许可。当时他作为条件提出将与船长们商议神父们来平户居住之事。弗洛伊斯认为这是必要的，就授予了许可。进了平户港后，船长们向松浦领主请求允许神父来平户居住，建设新的教堂。松浦领主一直没有授予许可，只是顾左右而言他，拖延着时间。这时，三位神父搭乘的司令官（Capitão-mor）所乘的圣克鲁斯号晚了二十七天到达了。弗洛伊斯在度岛听说这个消息后，为了阻止其进入平户港，立即坐着小船去了海上。这也是托雷斯之前的命令。圣克鲁斯号正扬帆驶向平户港，司令官兼船长堂·佩德罗·德·阿尔梅达听了弗洛伊斯的请求后立即准备掉头，但是同船的商人们反对这一做法。圣克鲁斯号从中国出发时只比圣卡塔利娜号晚了两天，但是途中遭遇暴风，航程艰难，比预定时间晚了近一个月到达，因此想尽快停靠熟悉的港口。因而即便他们劝商人们说，如果进平户港会助长基督徒大村纯忠的敌对势力，但商人们丝毫不为之所动。弗洛伊斯就先让船停在离平户二里左右的地方，他与三位神父一起回到了岛上。然后他又回到船上去见船长，让他转告松浦领主，如果不让神父进入平户的话，船就不进入平户港。最后，事情以松浦领主允许弗洛伊斯在平户重建教堂告终。

这是维列拉被驱逐以后消失的平户教会的回归，因此他们极尽所能把弗洛伊斯进入平户的仪式办得非常隆重。圣卡塔利娜号和帆船上挂上了大大小小的国旗，大炮排列整齐，以船长为首，葡萄牙人都盛装在船舷上排成一列。陆上迎接的人也穿着盛装。弗洛伊斯和费尔南德斯坐着的船靠了岸，他们登陆后，圣卡塔利娜号上鸣响了礼炮，信徒们一片欢呼。人们朝着松浦领主府邸的方向游行，弗洛伊斯、船长们以及其他人等拜见了松浦领主，感谢他授予了入国许可。然后他们就去拜访了笼手田氏，并立即就教堂的地基着手制定重建计划。就这样，在横濑浦被毁灭一年后，平户的教会恢复了。

新来的神父之一菲格雷多在到达后的第七、八天就去口之津拜访了托雷斯。卡布拉尔接替弗洛伊斯去了度岛，而科斯塔则留在圣克鲁斯号上，与戈维亚号帆船上的弗洛伊斯一起听葡萄牙人忏悔，举行弥撒。费尔南德斯则住在信徒的家里，致力于教堂建设的工作。因为人手一下子增加了，所以托雷斯考虑在葡萄牙船离开日本后将弗洛伊斯与德·阿尔梅达派到京都地区去。

第六章 /
弗洛伊斯在京都的活动

一 弗洛伊斯与阿尔梅达上京

路易斯·弗洛伊斯遵从托雷斯的命令，从平户出发前去协助京都的维列拉是在一五六四年十一月十日。

弗洛伊斯在来日本后的一年多时间里，经历了横濑浦的没落，还在度岛与日本人一起过过宗教生活，也亲眼见到了葡萄牙船的贸易与传教事业之间微妙的关系，故对在日本的传教士的工作有了一个大致的把握。但是他没有去日本各地旅行过，可能是因为这个原因，德·阿尔梅达去了度岛弗洛伊斯的住所迎接他。德·阿尔梅达也要和弗洛伊斯一起去京都地区，他要调查这个地区的情况并向托雷斯报告。但是在托雷斯制定了这个计划后的短短时间里，德·阿尔梅达的活动却是相当活跃。他先从口之津的托雷斯身边被派到丰后去参加了领主的盛宴，这是每年的惯例。因此十月中旬他还在丰后。后来他回到高濑，从那儿经陆路旅行了四五十里到平户。可能是第一次走这条路线的缘故，他中途去了离博多十一二里的一个信徒所居的城市，又来到海边，在姪之滨、名护屋等信徒所居之地各作停留后，去了平户。当时科斯塔神父在平户，而弗洛伊斯和卡布拉尔神父在度岛，德·阿尔梅达在平户逗留了半个多月后，与弗洛伊斯一起从那儿出发了。

　　一路顺风，他们的船第二天晚上就到了口之津。托雷斯与弗洛伊斯自横濑浦凋落之时分别后一直没见过面，此次重逢，两人都满心欢喜。但是在口之津亦只停留了四天，弗洛伊斯与德·阿尔梅达就又踏上了旅途。一路还是顺风，他们当天就到了岛原。在度岛住了一年后来到岛原这个德·阿尔梅达开拓的地方，弗洛伊斯喜不自禁。城堡旧址向着港口延伸——不仅建教堂用的地皮地理位置非常优越，岛原的市街也是他见过最美的市街。居住在那儿的信徒都是身份高贵的人或富裕的商人，普遍很有教养，对教义的理解能力也非常高。弗洛伊斯看到他们后，觉得非常遗憾：他们迄今都没听过弥撒，只是听过日本人贝尔肖尔和达米昂两三个月的说教。他立刻给托雷斯写了一封信，信中称："如果（把这个工作）交给我的话，就算用日本最好的工作来换，我也宁愿留在这儿。"他还热情地建议托雷斯来岛原访问，他甚至这么说："如果阁下在这个地方待上八天的话，您会承认这儿比您以前待过的任何地方都好。"在岛原逗留的两天竟给弗洛伊斯留下了如此深刻的印象。

　　两个人接着经由高濑去了丰后，他们在臼杵丹生岛上拜访了大友宗麟，然后回到府内，跟船家谈好后正要出发，却为风向所阻，多待了一个月，结果他们在府内过了圣诞节。最后他们从丰后出发是在一五六五年的一月一日，抵达堺市是在一月二十七日。航海途中非常艰苦，特别是天气非常寒冷，德·阿尔梅达因此得了病，在堺市的富豪日比屋的家中卧床不起。

次日弗洛伊斯和五个信徒一起出发前往京都（五个信徒中有一个应该是达米昂）。当天晚上睡在本愿寺的门前町[1] —— 大坂。据说当时大坂的规模已经比科钦还大了。弗洛伊斯当时还不知道这个地方的领主 ——"可以娶妻的和尚"是传教士们最大的敌人。当天晚上他为了散心，去了同船一个异教徒的家里做客，受到了款待。但当天过了半夜以后，突然走了火，大火蔓延，把包括本愿寺在内的九百户人家烧了个干净。弗洛伊斯借宿的人家虽然没有被烧，但是要收容避难者，主人请他们离开了。为了在戒备森严的城市里保护弗洛伊斯等人，信徒们想尽了办法。这个时候他们才深刻地感受到这是本愿寺的城市。不过，他们只是在不见天日的阴暗的二楼躲了一天，第三天的早晨就偷偷从城门出去了。关于这件事，弗洛伊斯是这么记载的："我从来没有像此刻这般觉得路是如此地漫长，我也从没走得像此刻这么快过。人的本性总是想要保全自己，果然如此。"这一天下着罕见的大雪，积了三四尺厚，几乎让人寸步难行。好不容易才在淀川找到了一条船，一

---

[1] 日本称寺庙门前的町为"门前町"。——译者注

月末进了京都。弗洛伊斯见到了维列拉，这位才四十岁就因为辛劳而满头白发如七十岁老人一般的传教者对弗洛伊斯能够逃脱大坂的险境感到非常高兴，比知道他从遥远的印度来日本传教还高兴。

弗洛伊斯为何对上京如此重视呢？一个原因是，他不仅是热心的传教士，还是一个出类拔萃的记者。还有一个原因是，弗洛伊斯到京都后的半年间，京都就好像是一个将战国时代的极端混乱具体展示出来的舞台一样。弗洛伊斯来日本不久就目睹了横濑浦的没落，可以说这一事件象征性地显示了基督教的传教事业在日本的命运。在到了京都半年后，弗洛伊斯又遭遇了最早的公开禁教政策。这两件事都是基督教刚与权力建立起联系的时候发生的。

弗洛伊斯上京后，非常清楚地看到了代表着陈旧传统的事物，而这些事物将在半年后被彻底颠覆。他到达京都的次日是阴历的元旦，维列拉认为，向将军拜年是必要的，因此他和维列拉一起在正月十二日拜谒了将军。为了见将军，他想尽办法把自己打扮得很隆重。弗洛伊斯从丰后带来了一些东西，包括十年前努涅斯带来的少年穿过的装饰着金线织花锦缎的旧长袍、船舱里用的旧毛毡等，维列拉用毛毡做了一套宽袖的衣服，与那条旧长袍一起穿，上面再套上其他的美服。弗洛伊斯则在和服上披了一条葡萄牙的呢绒斗篷。礼物是玻璃的大镜子、琥珀、麝香等。两个人坐上了轿子，由二十个左右的信徒陪伴着前往足利将军的宫殿，宫殿大概在现在的二条城一带。足利义辉将军逐个接见了他们。对当时足利义辉的印象，弗洛伊斯没有任何记录，他只是极力赞美了屋子的美轮美奂。他称自己从没看到过这么美的木造住宅。室内四围装饰以金地花鸟图案的画，榻榻米非常精致，书斋窗户上的隔扇也非常漂亮。在他们要退到邻室的时候，将军突然说道，神父穿的斗篷很少见，可否让我一观。接着拜谒将军夫人时，他们拉开房间的拉门，从邻室向她行了礼。足利义辉的母亲庆寿院尼也住这座房子里。两个人到了她那儿，房间里有多位妇人侍坐于旁，维列拉与弗洛伊斯在众人面前接受了赐酒。弗洛伊斯于此又赞美道，这安静的、简朴的、井井有条的样子，让他感觉像修道院一样。谁也没想到，这些人在半年后会惨遭厄运。

拜年后的第二天，维列拉去了河内的饭盛地区拜访当时掌握了实权的"三好大人"。三好长庆其实在上一年的夏天在其四十二岁时已病死了，但还没发丧。维列拉把堺市的德·阿尔梅达叫来了饭盛。

德·阿尔梅达与弗洛伊斯一起到达堺市后就在日比屋家一病不起。在病中的二十五天时间里，他受到了充满爱心的无微不至的看护，其热心程度让人感觉即使是自己父母家也尚有不及。不仅是日比屋的男主人，他夫人子女也都不分昼夜尽心尽力地照顾他。德·阿尔梅达身体略好后，他就慢慢开始恢复了说教。他还为日比屋家的女儿莫妮卡的婚姻问题提供了意见，为促成正确的婚姻而努力劝说她父亲桑乔。接到维列拉的召唤准备出发去饭盛的前一天晚上，德·阿尔梅达受邀出席了日比屋主人的品茶会，得以看到主人珍藏的茶具。自不必说当时十分昂贵的茶具，茶道的礼仪本身也使得德·阿尔梅达深受感动。当时的客人是德·阿尔梅达与日本修道士（好像不是达米昂）以及承担了一切事务工作的日本信徒们。早上九点，他们从日比屋家旁边的一个小门进去，经过狭窄的走廊，登上桧木的楼梯。台阶非常干净明亮，好像很少有人踏过一样，极其精巧。从那儿进入一个四方形、边长为两间半的院子，经过走廊进了一个房间，房间比那个院子略大，美得"好像不是人造的，倒像是天使造的一般"。房间的一端有一个黑得发亮的炉子，（内有）白灰，上面点着火。炉子上面放着一个形状有趣的锅，这个锅确实是昂贵之物，而让德·阿尔梅达惊讶的是那个炉子和白灰的干净与整洁。不久入了席，开始上菜，食物的美味虽不足以让人惊艳，但他却对上菜时候的秩序井然与极其干净感慨不已，认为这在世界上也是独一无二的。餐后主人桑乔泡的茶和为他们展示的名贵的盖置[1]好像没有给他留下什么印象，但是宴会的氛围让他赞佩不已。通过这样的方式，德·阿尔梅达窥见了日本人的生活。

告别了来送行的信徒们，德·阿尔梅达离开了堺市。在离堺市三里多处乘上了饭盛派来接他的船。据说当时寝屋川是淀川的支流，故可以直接坐船到达饭盛山下。日落时下了船，坐上轿子

---

[1] 盖置是日本茶道用具之一，用来搁水壶盖和舀水的长把勺子。——译者注

走了约半里的山路，快半夜的时候总算到了城堡。维列拉和武士信徒及其家人都满心欢喜地来迎接他。

饭盛山上的这座坚固的城堡，现在是统治畿内的政治势力所在之处。城堡内身份高贵的武士们对维列拉、德·阿尔梅达就如同对他们的主君一样尊重。在这儿的一个星期内，维列拉听了武士们的忏悔。据说在此期间，维列拉和德·阿尔梅达去拜访了"三好大人"，接受赐酒。但三好长庆已于半年前去世，当时究竟见的是谁不得而知。三好长庆的嗣子重存（义重、义继）年龄还很小，如果见的是他的话维列拉等人当然会注意到这一点。也许是"三好三人众"[1]中的某一位吧。据德·阿尔梅达记载，当时三好大人与维列拉、德·阿尔梅达一样一直跪坐着。当两人告辞的时候，三好大人的礼节也非常周到。维列拉造访饭盛山下的三箇后去奈良拜访了松永久秀，这或许说明了他对形势变化的几分理解。

三箇当时是个被大河包围的半里左右的小岛，领主伯耆守是德·阿尔梅达在日本见到的信徒中最虔诚的一个，他希望能在日本全国实现基督教化，曾提出愿意捐五万钱作为堺市的教堂建设费。这位领主的虔诚在半年后帮了大忙。而现在，他非常担心德·阿尔梅达身体上的疼痛，为了能让他接受治疗，伯耆守用轿子把他送到了十里外的京都，在那儿，德·阿尔梅达又卧床达两个月左右。

---

[1] 三好氏一族的三位名将，分别是：三好长逸、三好政康、岩成友通。——译者注

二 对日本文化的观察

　　一般认为，弗洛伊斯到京都后，耶稣会会士对日本的观察变得非常细致。不仅仅是弗洛伊斯本人的报告，德·阿尔梅达的报告中这样的趋势也越来越明显。他们之前只是通过弥次郎、洛伦索或其他九州信徒看到了日本，因此，对他们来说，想要通过自己的眼睛更清楚地认识日本，一定是很强大的动力吧。

　　弗洛伊斯到京都后还不到两个月的时候写了第一封信，虽然开头写是对这个地方的风俗的一个报告，但实际上写得更像是对日本文化的一个概观。首先，他从日本的风土说起，在叙述了衣食住方面详细的特征后强调，在这个日本文化的中枢之地，男女一般都能读会写，有身份的人都彬彬有礼，很有教养，喜欢与外国人见面，对外国的事物不遗巨细都充满了好奇，而且他们生来就明于事理。接着又谈及了日本的政治组织，称，在日本，其首都京都有被称为"公方大人[1]"的主权者曾经统治着整个国家，现在地方上诸侯独立，分为六十六国，公方大人只是名义上受到尊重。掌握实权的各地诸侯相互倾轧，战火不绝。在京都还有一位神圣的君主，他作为日本人的首领被日本人当做神一样尊崇。因为他是神圣的，所以必须脚不沾地。但是他非常贫穷，只能靠贡

---

[1] "公方"一词是前近代日本的一个称呼，指的是一国的统治者。原指天皇或朝廷，镰仓时代末期，幕府的家臣称将军为"公方"，在室町时代公方这一称号成为实际执掌日本政权的足利将军家一族地方势力的一个称号。江户时代以后，"公方"成为幕府将军的称号。——译者注

品支撑自己的生活。为他服务的是公家，十分贪婪。他们调停诸侯之间的纷争，从中可以收到巨额的金钱。与政治上统治者式微的状况相比较，宗教上的统治者力量却非常强大。由此可以察知恶魔是如何竭尽全力欺骗国民的。佛教分十三个宗派，它们的寺院非常壮观，有巨额的收入。僧尼的数量也非常多。特别是高野山势力之盛与奈良寺庙之壮观，着实惊人。但是恶魔的恶行远不止这些。山伏[1]的声势颇大，还有善鬼[2]和养鸽人[3]，恶魔设下了天罗地网。在这个网中，日本人为了埋葬死者，浩浩荡荡，大办丧事。这与山口和丰后的天主教徒们的葬礼根本不能相比。而且，恶魔还教会了日本人活着的时候办葬礼的做法。被葬之人因此而心醉神迷，送葬之人无比羡慕。这是弗洛伊斯在上京都途中在伊予见到的。葬礼尚且如此，对活着的人的说教自然更是发达。说教的人通常都非常雄辩，而且和尚对一般民众的态度很诚恳，也很温和。法利赛人的伪善他们都具备。因此一般人都相信他们的宗旨，将救赎的希望寄托在他们身上。

就这样，弗洛伊斯把日本的宗教都说成是恶魔的行径，这不是弗洛伊斯个人的想法，而是当时基督教传教士们共同的倾向。只是弗洛伊斯开始对这一"恶魔的行径"进行严密的考察，这一点是非常引人注目的。半个月后他写的第二封信中也报告了他在

---

[1] 山伏指为了得到山岳的灵力而入山苦修的修验道的僧人。——译者注

[2] 原文为"エンキ（善鬼）"。——译者注

[3] 当时有骗子以山伏或占卜师的形象到各家以鸽子的饲料钱为名目索取钱财，时人称之为"养鸽人"（鳩の飼い）。——译者注

参观京都寺庙时的见闻。他去看了三十三间堂与东福寺。三十三间堂与现在变化不大，弗洛伊斯看到一千尊观音像上的金箔发出的光在堂内流溢的光景，大为叹服。佛像的姿态如此之美，以至于他觉得，如果这不是异教之物，"会联想到天使们吧"。东福寺与现在不同，当时堂、塔俱在，规模恢宏。弗洛伊斯称，这里和尚的家宅与院子干净整洁，也是值得注目的。

又过了五十天，在他写的第三封信中，有一部分是关于他与维列拉、德·阿尔梅达由人陪同参观游览的记录。他们首先去看了将军的宫殿。其中有一栋为了休养而建的房子，其精巧、清净、优雅、华丽，即使找遍葡萄牙和印度都没有能与之匹敌的。这个房子外面的庭院也非常美丽，有杉树、柏树、柑橘树以及其他各种珍奇的树木；也种着百合、石竹、蔷薇、野菊及其他各种颜色与香气的花草。出了院子，走过一条宽阔的马路，就到了皇宫。那座宫殿是属于君主的，他是"全日本有着最高荣誉的君主，以前是皇帝，现在则是无人服从的君主"。这座宫殿是无法进入的，只能从外眺望一下，不过可以进入院子。他们出了院子后经过了西阵区的繁华街道，去了大德寺。那儿有一个很大的林子，里面与果阿的神学院一般大小、或是其两三倍大小的寺院有五十座。弗洛伊斯他们虽然只去了其中三座寺院走马观花地看了一下，但每一座都是值得花好几天仔细参观的。建筑美观、精巧、干净，庭院也十分讲究，室内的装饰十分华丽，这让弗洛伊斯他们不得不发出惊叹。

次日游览东山时，他们从祇园绕到知恩院，在那儿考察了日本的讲经法师是如何说教的。那位讲经法师是一位年约四十五岁出身高贵的人，容貌极美，说话时的音质、优雅的态度与动作等，都非常引人注目。其说教的技术也值得叹赏。这次考察让维列拉与弗洛伊斯都产生了要改善对日本信徒说教方法的想法。

记录了这些参观的印象后，弗洛伊斯强调：正如沙勿略所说，日本人在文化与风俗习惯上有很多地方远胜西班牙人。来日的葡萄牙人对日本不太尊重是因为他们只接触过九州偏僻地方的商人和民众，这些地方的民众与京城的人其实迥然不同。沙勿略关注日本，委实是圣灵的指示使然。

因为有着这样的想法，所以弗洛伊斯能理解为何日本人在受洗前会提出各种疑难问题。欧洲人在思考事理之前就已成为教徒，日本人却是在异教的环境里长大后才认识到基督教是真正的宗教而改宗的，所以他们要提前对宗教教义有一个彻底的了解才会接受洗礼。因此传教士要研究学习日本的八宗[1]，必须做到能站在对方的立场来进行反驳。而对于那些摆脱了异教影响的人因基督教的教义而产生的疑问，传教士也必须做到能完全释疑解惑。弗洛伊斯将可能产生的疑问罗列如下：（一）恶魔失去了神的恩宠，却比人有更大的自由，他能欺骗人，也能将正义之人带入灭亡的危境，这是为什么呢？（二）神如果是仁爱之神的话，造人的时候

---

[1] 八宗指佛教八大宗派，日本的八宗分别为：天台宗、真言宗、净土宗、净土真宗本愿寺派、真宗大谷派、临济宗、曹洞宗、日莲宗。——译者注

就应该让人不会犯错，不这么做的原因是什么呢？（三）神如果给了人自由，为什么开始恶魔化身为蛇试图诱惑人的时候，天使没有向人揭穿那是恶魔的化身呢？（四）人的精神本质如果是干净的话，为什么会为肉体的原罪所玷污呢？（五）为什么在现世，行善事者无好报，恶人却能活得很风光等等。维列拉称他针对这些问题，给了令提问者满意的答案，但其答案却没有被记录下来，这些答案想来不会简单。除此之外，他们还要面对这样的问题：如果基督教所说的全能的神存在的话，为什么一直以来他要将他的爱隐藏起来不让日本人知道呢？这个问题也是很难回答的。弗洛伊斯也清楚地认识到了要面对的困难。但是日本国内多个宗派各持己见、相互对立的状况对于传播基督教却是很好的条件。如果这些宗教观点一致，形成了一个统一的宗教，那么上文所说的困难就没有解决的出路了。

弗洛伊斯对日本文化的专注态度也影响了德·阿尔梅达。他写的堺市日比屋家的茶会记可能就是受其影响，另外奈良地区的游记等文中也反映了这一点。

在京都，一直卧病在床的德·阿尔梅达到了复活节的时候才康复。他参加了教会的活动后，和维列拉、弗洛伊斯一起游览了京都。然后可能带着洛伦索周游了大和地区。到了奈良后的第二天立即去了松永久秀的信贵山城。在此之前，二月末的时候维列拉在奈良拜访了松永，现在也是首先去了松永所居住的城堡，这应该是与当时的政治形势有关吧。德·阿尔梅达在这篇文章中，清楚地记载了三好大人和将军的臣子松永弹正[1]反而让将军和三好大人听命于他之事。这次访问他们只是受到了松永家臣中的信徒们的款待并参观了松永的城堡，但没有见到松永久秀本人。这座城堡自着手以来已有五年，城堡内重臣们两层或三层漂亮的白色宅邸整齐地排列着，看上去就好像是"世上少有的美丽别墅区"一般。松永的宅邸是桧木建的，约1.8米宽的走廊铺了一整块木板，隔扇以金色为底，上面绘有图画，在德·阿尔梅达眼里，这幢建筑超过他刚在京都看到的各种豪华建筑。德·阿尔梅达夸张地说，"我觉得世上再没别的建筑能像这座城堡一般美轮美奂。"

次日，德·阿尔梅达去参观了几处日本人也会不辞辛苦远道来参观的奈良的寺庙。首先是兴福寺，这是应永年间建的堂宇齐备的大寺庙，其结构之宏伟令他大开眼界。仅是那又粗又高的柱子，就让从没见过这种大树的德·阿尔梅达大为惊异。从那儿出来，一路赞叹着杉树的林荫道之壮观，德·阿尔梅达向春日神社走去。他经过手向山八幡宫，到了大佛殿。这是寿永年间修建的大佛殿，与现在的大佛殿在形状、规模上都有很大的不同。德·阿尔梅达称日本的建筑都是一眼就能看出尺寸的，他在下文中记载：大佛殿宽四十布拉萨[2]（约二百九十尺），深三十布拉萨（约二百一十八尺）。但这个佛堂以天平尺[3]测量长为二百九十尺，深

---

[1] 即松永久秀，弹正是官职。——译者注

[2] 布拉萨（braza）为长度单位。1 braza = 1.67米。——译者注

[3] 奈良时代常用的尺度，与唐大尺相同，一尺约长29.6厘米。——译者注

为一百七十尺，所以长度的数值是精确的，但深度的数值不符。这一错误可能是这么造成的：每个柱间距都为四布拉萨，大堂共十一间七面，正面的柱间为十，但侧面的柱间却错算成了七。不管怎样，这个大堂就好像是把唐招提寺的金堂建成多层再将之扩大后的样子，应该是非常壮观的。德·阿尔梅达特别描写了大堂周围的回廊与中间的庭院之美，这一美丽的印象中自然也包含了他对大佛殿的印象。大佛之大没有使他多惊讶，倒是并立的九十八根粗大的柱子给了他强烈的刺激。他觉得，像日本国民这般思想开放、喜欢思考的人，却也会被恶魔所欺骗，甚至还为之建筑这么宏伟的殿堂，他对此不得不感到惊讶。

德·阿尔梅达在游览奈良后，去拜访了洛伦索教化的十市城的信徒们和泽城的领主堂·弗朗西斯科等人。他们都是松永久秀手下的武士，特别是堂·弗朗西斯科，是德·阿尔梅达所见过的日本人中最伟大的人物。他体格高大，各方面的素质都很完美，优雅、开朗、友爱、谦逊、勇敢，且深思熟虑。在德·阿尔梅达逗留期间，堂·弗朗西斯科还去了四五里以外的地方劝阻了一个企图背叛松永久秀的城主。

德·阿尔梅达在堂·弗朗西斯科手下的护送下出了堺市，五月中旬上了船。除了洛伦索以外，还有一位堺市的名医——一位"舍弃了红尘加入了耶稣会的"学者也与他们同行。

三 将军的暗杀与传教士被驱逐

不久之后，在京都发生了暗杀将军的意外事件。

上一年，三好长庆死了却秘不发丧一事说明了当时的局势存在着各种不安定因素。首先是三好和松永需要保住手中的权力不被敌人抢走。其次是，三好的权力已渐渐转移到家臣松永的手中。洞察了这一局势的维列拉从二月至三月拜访了河内的饭盛城与奈良的松永城堡，但是，对松永的劝说工作可能不太顺利。弗洛伊斯在维列拉离开期间写的书简中称，畿内武士改宗的先驱结城山城守见到自己的主君松永久秀对京都的统治非常专横残暴，吐露了想回老家尾张的想法。这个时候已经出现了某种预兆。而事件真正发生是在三好与松永一万两千人的军队于五月末（永禄八年五月一日）到了京都以后。

弗洛伊斯记录了当时的事件，称三好大人乘将军授予他荣誉之机，为表示感谢，带了他儿子、松永弹正及另一个重臣来到京都。当时京都城里的人也许也是这么想的吧。但是当时来的是三好长庆之子重存（义重）和松永弹正之子久通（义久），重存才十五岁，久通也很年轻。由于是第一次任官，两人都获赐将军足利义辉的"义"字。两人提出设宴答谢将军，但将军畏于他们军队的威严，迟迟没有答应，也有人说他打算从京都逃走。最后，到了预定举行宴会的两天前，即一五六五年六月十七日（永禄八年五月十九日）早晨，三好的军队七十余骑装作去清水寺参拜，途中突然改变方向前往将军府递交了诉状。以将军的夫人、侍女以及其他侍臣诬陷他们为由，要求将这些人引渡给三好方。在双方就此诉状进行谈判之时，三好、松永的军队包围了宫殿，火枪队已经到了庭院。不久开始射击，并放火焚烧宫殿，将军足利义辉和他母亲庆寿院被杀（只有将军夫人侥幸逃脱，但在两三天后也被找到并斩首）。这就是这一年新年拜年时弗洛伊斯见到的贵人们的最后结局。

这一杀伐决断的做法，当然不是出自十五岁的义重和义久的头脑，毫无疑问是在奈良多闻城中指挥的松永久秀策划的。作为下克上的社会趋势的代表人物，松永久秀迫不及待要终结传统的权威。松永久秀的重臣结城山城守当晚派一位老年天主教徒前来传话称，自己是理应了解主君想法的人，但是却全然不知这次的事情。他们连将军都能杀害，实在难以预测接下来会干什么，传教士们必须与信徒们商量对策以求自保。据老人说，松永久秀是法华宗的信徒，法华宗的僧侣尤其憎恨基督教，他们可能会撺掇松永久秀杀戮传教士。第二天，维列拉与数位信徒商议时如此表明了自己的决心：松永弹正或其子如果决定要杀传教士的话，传教士们没有脱身之道，所以逃也没用。京都的教堂如果为异教徒们所占，就无法再恢复了，因此我们要坚决守住教堂，要跪在祭坛前笑着死去。信徒们都持同样想法。三好部下中的天主教武士只来了一百人左右，也都同意这一意见。他们诅咒松永弹正，并承诺一旦探知其对传教士的行动计划就会通知大家。但是他们也说，如果松永方像暗杀将军时那样采用偷袭的方式的话，他们可能来不及出手援救。因此，大家决定将祭器等偷偷转移到堺市和饭盛，然后静观形势的变化。

弗洛伊斯觉得，继将军家之后，基督教的传教士会成为下一个目标，但是将军的家臣、亲属、亲信陆续被捕杀，对基督教教堂的袭击却完全没有发生。这是拜三好部下中的天主教武士们之力，还是因为松永弹正根本不把传教士问题放在心上，不得而知。但是正在这个时候，发生了上文中提到的结城山城守的长子——当时三好的部下安唐左卫门被毒死的事件。而法华宗的僧侣们抓住这个机会强化打击基督教的运动也是事实，结果松永弹正采取了驱逐传教士、禁止传教的政策。但是，最初允许传教的不仅仅是将军和三好长庆，作为京都管理的负责人，松永弹正曾以自己的名义允许传教士们在京都居住。因此他现在不是用自己的名义，而是以权力没有将军大但身份却比将军尊贵的"全日本君主"的名义发布了驱逐令，也就是说，他向皇宫申请，拿到了女房奉书[1]，实行了"对天主教的驱逐"，落款日期是在一五六五年七月三十一日（永禄八年七月五日）三好、松永的军队离开京都的那天，第二天在市内发了布告。布告出来的时候，传教士们都已经不在京都了。

传教士们能够顺利逃出京都，是因为得到了三好部下中天主

---

[1] 天皇或上皇经由身边的女官传达旨意的文书，用假名书写。——译者注

教武士的帮助。听到传言说传教士们会被杀，天主教武士们各自从自己所在的城堡派人来到神父之处，特别是饭盛城来的信徒是武士中的重要人物，他亲自来接维列拉。因为他认为，如果有自己和手下保护维列拉的话，万一危险来临，也可以施展缓兵之计。维列拉却说弗洛伊斯日语还说得不好，自己必须留下来处理事务，因此怎么也不答应离开，后来在武士们的热忱劝说下，还是决定出发。他对弗洛伊斯说，在收到"全日本君主"或松永弹正的命令前，不得放弃教堂及住馆。维列拉是在七月二十七日星期五出发的，出发后的第三天，二十九日的下午，有信徒带来消息说似乎终于发布了驱逐令。的确，在松永弹正的推动下，"全日本君主"发布了驱逐的公文，松永弹正之子松永义久也发布了同样的命令，所以最好放弃教堂立刻撤离。弗洛伊斯将祭器之类交给三个少年，让他们离开了，自己却没有动身。自己没有亲自接到驱逐令，就不能放弃教堂。他把维列拉的命令看得比自己的生命更重。这就是弗洛伊斯的态度。但是到了第二天，三十日的早晨，三好三人众之一三好日向守[1]派遣天主教信徒的家臣来传达了实情：三好日向守极力想要阻止驱逐传教士之类的行动，但是因为有松永弹正的幕后指使，所以没成功。三好、松永的军队预定第二天要撤出京都，神父们留在京都会有危险，因此希望大家能尽快出发前往堺市或维列拉的所在地。途中他会派兵保护。他已经准备好了

---

[1] 三好日向守，即三好长逸。——审校注

两艘船，保护所持物品与免除关税等准备工作也已经完成。除了三好日向守外，还有一位三好义重的监护人也为弗洛伊斯做了同样的安排。即使如此，弗洛伊斯这一天还是没有出发，他觉得第二天（三十一日）命令会传达下来，所以在那儿等候。传达命令的应该是"两个跟我们敌对的异教徒武士"。如果按惯例的话，弗洛伊斯和达米昂会受到侮辱与折磨，然后如字面意思所表示的那样，他们会被驱逐。但是三十一日早晨，担任三好义重秘书官的天主教徒武士没有与他的主君一起出发，他率领部下留了下来。他不仅派部下保护了教堂，还与执行驱逐令的武士们进行了诚恳的谈话，称自己当天就会带着传教士们离开，因此希望在第二天之前不要在市内张贴驱逐令的布告。他们不必把驱逐令拿到教堂，自己一定转交给对方等等。他的请求得到了对方的同意。这样，弗洛伊斯从容地与信徒们道了别，信徒们也得以在异教徒们破坏前将教堂的门、隔扇、榻榻米等拆下运走了。弗洛伊斯等人在下午三点由天主教武士们护卫着，在众多的天主教徒们的簇拥下，离开了京都。在离城一里半左右的野外，达米昂鼓励送行的信徒们要坚持信仰，大家都表示要等待教会的恢复。双方分别后，有三位热情的信徒不忍分别，跟着他们来到了饭盛。其中一人是小西行长的父亲——小西隆佐。

就这样，京都的教会在建成六年即将发展壮大时突然被毁灭了。当初是三好氏帐下的武士们为基督教的兴盛制造了机会，现在也是三好氏帐下的松永久秀开始清楚地表明其反对的立场。松永一方与三好三人众的对峙从此愈演愈烈。基督教一旦与武士的政治权力产生联系，反基督教运动也会从同一个武士阶级内部开始抬头，这里出现了与九州的大村一样的现象。不过在这儿的天主教武士还没到断然破坏佛像佛寺的地步。松永久秀为了独揽政权，利用了打击基督教运动。对以奈良为根据地的松永久秀来说，无疑佛寺的势力是不可忽视的。考虑到这层关系，对佛寺与宗教一揆采取坚决镇压态度的织田信长的出现使日本的基督教进入了全盛时期，其理由就容易理解了吧。

四 恢复京都教会的努力

离开了京都的弗洛伊斯等人从鸟羽坐船，黄昏时分在枚方见到从饭盛前来迎接的武士们，半夜到达饭盛山下砂的结城左卫门所建的小庵。维列拉和信徒们已聚集在那儿。天主教的武士们对基督教被从京都驱逐一事群情激奋，要不顾自己的领地与妻儿，不惧生死为此抗争。维列拉下了很大功夫才平息了他们的怒气。弗洛伊斯去了从这儿再往前一里处的三箇岛住宿。

大约一个星期后，维列拉与弗洛伊斯由人护送转移到了堺市，这儿是当时最安全的地方。他们两人与两个日本修道士一起传教，在鼓励从饭盛前来的武士们的同时，在这个富裕城市里有教养的人群中传播教义。在此期间，他们一直在为京都教会的复兴而不懈地努力着，而饭盛的武士们和京都的信徒们也在配合着他们的行动。驱逐令不是以松永弹正的名义，而是以"全日本的国王、绝对的君主、却无人服从、像偶像一样居住于宫中绝不外出的天皇"的名义发布的，因此回京都的许可也必须出自天皇那儿。京都的信徒们提交了从将军、三好长庆、松永久秀那儿得到的许可证，寻求天皇的理解。一年后一五六六年的六月，天皇之意下达：可以颁发许可证，但是"神父们"须和信徒们一起在佛前发誓"不食人肉"。在佛像前发誓这一条件使得问题变得很棘手。另一个他们寄予希望的是三好长治家掌握实权的篠原长房，他拥护阿波公方——足利义荣，篠原长房是一个卓越的人物，对基督教也抱有认同感。弗洛伊斯等人认为，如果这个人物的势力广至京都，能使足利义荣登上将军之位，那么也就打开了教会恢复的通道。但是这个通道也是不容易打开的。

一五六六年四月末，维列拉遵托雷斯之命移居丰后。他从平户被驱逐后受命去京都传教而初至堺市，到现在已经是第八年了。在此期间他经历了千辛万苦，这位四十多岁的神父已是一位华发早生的老人。现在他又被从京都驱逐，而他所建的圣母教堂的再兴之日还遥遥无期，他就在这种状况下离开了堺市。

弗洛伊斯留了下来。他刚到日本的时候目睹了横濑浦的没落，到了京都不久又经历了京都教会的没落。这意味着他要面临这样的处境：继承最早的开拓者们的业绩，并使之复兴。所以当务之急是必须保住维列拉和洛伦索花了数年时间苦心教化的信徒们。

堺市的信徒很少，也没有像教堂这样的设施。一五六六年圣诞节他借了市会议所，又让城外对峙的军队中的七十名天主教武士参加了圣诞庆典。他为忏悔、圣餐、弥撒等事务勉力操劳。战场上互相敌对的武士们在这儿就好像是同一个主君的家臣一样关系和睦。饭盛方面桑乔带领部下来参加了圣诞活动。一五六七年一月弗洛伊斯接受桑乔的邀请去了三箇，八天之内每天举行两次弥撒。四旬节的时候桑乔从三箇来取圣灰，复活节周堺市与京都的信徒们齐聚三箇，一起过了节。桑乔为了这个复活节庆典可谓是尽心竭力，为了提供交通的便利他准备了船和马，还安排了住宿、紧急扩建了教堂等，为了办好这次活动不惜千金。三年来一直没有机会忏悔的京都的信徒们喜极而泣。正当大家欢聚一堂时，从堺市传来了三好义重起兵的消息。信徒们顿时乱成一团，眼见复活节活动将变得一团糟。这时，桑乔很镇定地告诉大家，这个地方是安全的，十五天、二十天内不会有战争，自己可以保证大家安全返回。为了神的荣光而聚集在一起的人，神也会保佑他等等。这样，大家安下心来，按原计划过完了复活节。

当时让信徒们担惊受怕的这个关于战争的传言与当时三好义重离开三好三人众与松永久秀联手，松永久秀开始招集党羽的局势有关吧。结果正如桑乔所预测的，半个月、一个月之内没有发生战争，但是半年后，那场奈良的大佛殿都被付之一炬的战争爆发了。

三好氏的当主[1]三好义重与三好三人众分道扬镳，是因为从阿波迎来的足利义荣器重三好三人众，对三好义重却不屑一顾。前一年夏天，足利义荣在篠原长房的拥护下登陆兵库，将摄津的越水城当做了据点。三好三人众与篠原长房合力想让足利义荣成为足利将军。篠原长房的宠臣中有一个天主教徒，通过他的介绍，弗洛伊斯也与篠原长房见过两三次，并得到了款待。篠原长房曾受弗洛伊斯所托，向公家之一送信劝说天皇解除对传教士的驱逐令。饭盛的天主教武士们也在这一点上与篠原长房联系密切。有二十五个很有地位的武士在尼崎会合，三箇的桑乔作为代表来到篠原长房和三好三人众的面前阐述了他们的主张。桑乔称，自己在受托管理三好氏所住的饭盛城时，唯一的愿望就是将神父送回京都。三好三人众却不仅没有将之实现，反而横加阻挠。但是让神父回到京都一事事关我们的威信。如今三好的当主与松永联手，我们作为三好的家臣也不得不从命，但是如果篠原长房和三好三人众决定送神父回归京都，我们就听命于你，竭力为你效劳。我们不求名，不求禄，只求神父们能回到京都。篠原长房赞同了他们的想法。三好三人众也差不多被说服了。但是正在这个时候，发生了一件事：三人众的一个亲戚——三箇的一个天主教青年武士在与越水城的青年武士游山时，因为一些言语上的纷争而导致他对佛像做出了不敬的行为。三好三人众态度因此又变得强硬起

---

[1] 当主，（现在的）户主。——译者注

来。篠原长房对此事件也很不快。但是这不是神父的责任，因此约半个月后，篠原长房给公家写了信，也让不太情愿的三好三人众写了同样的信。篠原长房开始逐渐给天皇施加压力之时，突然，在堺市附近的三好义重在松永久秀的拥护下进驻了信贵山城，时间是一五六七年五月初。因此，公家观望着形势，没有轻易答复他们，松永久秀与篠原长房谁能胜出——更不必说这两个人最后谁也没能成功称霸这种事，在当时是没有人知道的。

一五六七年夏天，逼近奈良的三好三人众的军队驻扎在大佛殿，与驻扎在多闻城的松永军对峙。围攻半年之后，大佛殿遭遇夜袭被烧毁，三好三人众军败退，但他们压制京都的势力却没有消亡。篠原长房等人一直在努力使朝廷下旨封足利义荣为征夷大将军，年内没有实现，第二年的三月初终于成功了。堺市的弗洛伊斯那边情况还是没有什么变化。一五六八年的复活节跟上一年一样在三箇举行，桑乔计划建设的教堂已快建成。与上一年不同的是，弗洛伊斯在尼崎和摄津教化了一些有身份的武士。京都的教堂在篠原长房的帮助下回到了信徒们的手中，圣灵降临节后日本修道士去那儿工作了四十天左右。至于神父回到京都这件事，篠原长房终于发出了最后通牒称，没有任何理由支持必须驱逐神父，因此如果不能下令允许神父回归京都的话，自己将动用自己的权力让他们回来。

然而，在事情的进展尚不分明时，织田信长拥护本应成为将军的足利义昭来到了京都。

第七章 /
在九州西北沿岸地区布教成功

一 福田的开港

一五六五年，在京都暗杀将军事件发生前一个月离开堺市的德·阿尔梅达经丰后到岛原与托雷斯汇合，终于能安安静静地吃上自己开辟的葡萄园里的果实了。信徒的两艘大船将他和托雷斯一起从岛原送到了口之津，这儿也是他开拓过的土地。但是他坐席未温，半个月后就又与洛伦索一起被派到了福田的港口。

这一年，在长崎西面不远处，海岸线上面向外海的福田被选中，成为大村领地上代替横濑浦的开放港口。到不久后的一五七〇年长崎港开港之前的四五年间（除了使用口之津的一年之外），福田成了葡萄牙船的寄泊港。但是平户的地位被福田夺走，并非平静无事。上一年，葡萄牙船不顾托雷斯避用平户港的方针而进入了平户港，连葡萄牙国王任命的司令官所乘的圣克鲁斯号也是如此。司令官堂·佩德罗·德·阿尔梅达想按托雷斯的方针行事，但是商人们却不愿听从。因此，当时在度岛的弗洛伊斯与司令官商量，通过与平户的松浦领主交涉，成功地取消了驱逐传教士的指令，并得到了再建教堂的许可。从平户领主这边来说，就算付出这样的牺牲，他也想继续与葡萄牙人进行贸易。就这样，在上一年的十一月，被称为全日本最大最美的教堂建成了。已经熟悉了日本的费尔南德斯和新来的神父巴尔塔萨·达·科斯塔、若昂·卡布拉尔以及稍早前来的修道士贡萨尔维斯等在此逗留，开始大举传教。他们也通过邀请松浦领主来教堂等各种方法来对他施加影响。附近的各个岛屿上，教会的势力有了明显的扩张，从这样的形势来看，平户的领主无疑会认为一五六五年度的葡萄牙船当然也会进平户港。然而一五六五年七月，司令官堂·若昂·佩雷拉所乘的商船到了横濑浦后与平户联系的时候，平户的神父科斯塔阻止佩雷拉进入平户港，并让他绕道新的港口——福田，其理由是，松浦领主的嗣子亵渎了某个天主教少年所持的基督锡像，松浦领主承诺会道歉，但却没有履行。可能在松浦领主看来，跟天主教徒大肆破坏佛像比起来，这位少年的所作所为不过是区区小事罢了。因此他没有想到葡萄牙船会以此为理由拒绝进入平户港。平户领主是为了方便贸易往来才勉强同意传教的，而神父们定下了从平户领主手中取走贸易之利，以支持已经成为天主教徒的大村纯忠的方针。司令官佩雷拉认可了这一方针，开始在大村领地内的福田港进行贸易。平户领主知道这件事后对葡萄牙船"狂妄自大"的行为非常愤怒，派了五十多艘战船去袭击他们。堂·安东尼奥·笼手田当然是反对这一计划的，因此松浦领主瞒着他，只召集了反天主教的武士们参加这一计划。也许是本就与倭寇不无关系的这些人对葡萄牙"商人"的能力过于轻视了，他们的袭击一败涂地。大炮的威力太猛，战船被打散、击毁，最后，他们带着六十余名死者和两百多名伤者回到了岸上。强大的基督教的敌人大批死去，葡萄牙商船与平户港之间的关系就此断绝。

为了听来福田的葡萄牙人的忏悔，举行弥撒，菲格雷多神父受命从丰后来到福田，他比德·阿尔梅达晚到了一步。正当此时，大村纯忠领主派人来请他们去为他七岁的长女治病，德·阿尔梅达带着在畿内教化了很多武士的洛伦索去了大村。大村纯忠在内乱爆发前夕与托雷斯见面以来，两年之间，没有机会见任何一位传教士。在这段时间里，他因为成为了基督教信徒而受到很多攻击，不得不一直忍受。因此现在他最需要的是在与佛教的对决中确立基督教的信仰，而这个工作是洛伦索最擅长的。在德·阿尔梅达给大村纯忠的女儿治病期间，洛伦索举行了数次说教，使武士们非常感动。

德·阿尔梅达回到福田港后立刻奉托雷斯之命回到了口之津，从那儿被派到了丰后。途中，他顺道去了岛原为"全日本最热心的天主教徒们"服务。在丰后，他协助府内的包蒂斯塔工作，为臼杵市内建传教士馆出了力，十月又来到了福田港。

在此期间，大村纯忠来到福田港见菲格雷多神父和堂·若昂·佩雷拉船长。在教堂祈祷后，他上船参加为他举办的盛大宴席。葡萄牙人非常高兴，称愿意为了他做任何事情。作为一位为基督教而战斗的领主，他得到了葡萄牙人的认同，由此也一手包揽了与葡萄牙人的贸易。

二 天主教武士们的努力

一五六五年十月，堂·若昂·佩雷拉的船离开了福田港。这之后，托雷斯让从平户召回福田养病的卡布拉尔与巴斯修道士一起迁到了丰后，圣诞节后又把菲格雷多派到了岛原。因为菲格雷多还不会说日语，所以就由堺市人保罗协助他举办了一五六六年的四旬节与复活节活动。为了听教徒忏悔，托雷斯也从口之津去了岛原。这个德·阿尔梅达打下基础、弗洛伊斯极力称赞的岛原教会一时走向繁盛（但也因此在第二年的一五六七年引起了强烈的反弹）。

见到有马领地的口之津与岛原的这一基督教化趋势，大村纯忠再三恳请他们派传教士去大村，但是托雷斯没有答应。他是这么解释的：现在已不是因为"人手不够"了，连敌人之地平户和比大村更晚的岛原也派了神父常驻，而且大村纯忠是日本最早的天主教大名，不派传教士去他那儿，是为了不给大村纯忠的敌人以造反的机会。托雷斯明确表示，在大村纯忠占领针尾地区以前，他不会派传教士。针尾是横濑浦对面的岛，与平户接壤，是企图暗杀托雷斯势力的根据地。看到托雷斯的态度如此坚决，出于迫切的需要，大村纯忠只得一次次地派家臣去口之津接受洗礼，每次三四人。但为了从根本上解决问题，一五六六年五月的时候，他终于决定对针尾地区，也就是对平户的势力开战。温厚如托雷斯也有十字军的心劲儿。

平户的领主与其手下反基督教的武士对于这一形势不可能没有觉察。但是他们对教会的态度，表面上似乎有情有义，但其行为上却是以之为敌。从福田的港口送到教会的粮食、器具之类屡屡被掠夺，也发生过被夺走的圣母像遭到亵渎的事件。这类事情的发生使天主教武士与反基督教武士之间也产生了冲突。如果不是传教士制止的话，堂·安东尼奥·笼手田与其兄弟堂·若昂等一部分人，早就为了报复对方对圣母的侮辱而拿起武器挺身而出了吧。但是传教士们以异教徒的人数是基督教徒的三倍，报复行为会予异教徒以破坏教会的借口为理由说服并坚决阻止了他们出手。而反基督教阵营的武士们也曾制定过破坏教堂、袭击堂·安东尼奥等计划，但看到天主教徒们拼死一战的防卫态势，领主们也禁止部下出手。平户的教会正是以这样的方式才得以在"和平之中"生存了下来。

一五六四年秋，因平户的教会恢复之机而来日的科斯塔神父在日语的学习中显现了惊人的进步。在第二年一五六五年的圣诞节大约一个月前已经能够听懂忏悔，甚至有人说这位神父在听人告解时，比托雷斯更善于理解沟通。这对于平户及附近各岛屿的信徒来说是件大事。这个地方听取忏悔的人只有托雷斯，但托雷斯住在口之津，因此这儿已经有四年没有忏悔了。之后来的神父们，弗洛伊斯也好，卡布拉尔也好，都没有足够的日语能力听告解。因此，科斯塔开始听告解后，各个岛上的信徒们沸腾了。从一五六六年的一月开始，他去了生月岛、度岛以及平户西岸的各个村庄听信徒告解。熟知此地的费尔南德斯也跟他一起活动。这次巡回活动使各个岛屿的信仰又充满了活力。在这之后在平户的教堂举行从四旬节到复活节的各项活动时，会场展现了前所未有的活力。恢复教会以来，每年的复活节都是到没有敌人的度岛举行的，这一年，在对异教徒的妨碍做好了武装准备的情况下，在平户隆重地举办了复活节活动。在平户诸岛，不管以后受到怎样的迫害也无法使之根绝的顽强信仰就这样培养起来了。

三 阿尔梅达在五岛、天草及长崎的开拓活动

也是在这一年里，托雷斯派德·阿尔梅达去开辟了两块新的土地：五岛与天草。

一五六六年初，菲格雷多被派到岛原的同时，德·阿尔梅达被派到了五岛。原琵琶法师洛伦索与他同行。关于五岛的开拓，德·阿尔梅达写有详细的报告（落款日期为一五六六年十月二十

日，发自岐志）。在这个一个信徒也没有的岛上，他在半年的时间里，教化了众多的信徒，建起了数所教堂。

最初，他到达岛上是在阴历新年前，不久新年到了，岛上身份重要的武士们汇集到领主之处（德·阿尔梅达称领主的住处为オチカ[1]，但是好像不是小值贺岛，一般认为是现在的福江港）。他们都是相当有教养的人。于是在正月十五过后，德·阿尔梅达提出想对这些武士进行七天的说教。领主给他提供了空着的旧邸，并告诉他自己和夫人也想聆听。次日黄昏时分，他到了那幢邸宅，看到大厅中挂着很多灯，有四百个男子列队等待，而妇人们则在相邻的屋子里等待。德·阿尔梅达和洛伦索被请到了领主所在的上段间[2]。大家安静下来后，德·阿尔梅达致辞，称自己的日语能力还不够，所以让洛伦索阐述自己的想法。洛伦索就开始说教，其内容与传教士们在日本各地所说的内容无异，但是说教的方法非常大胆、轻妙且明快，有着让听众不能不信服的力量。特别是他一个人表演了与异教立场的人之间的讨论，非常巧妙。就这样，三个小时的时间里，洛伦索吸引了所有的听众。他的技巧让德·阿尔梅达都不由得发出赞叹。领主和武士们被深深感动，回去的时

---

[1] 原文中此处只有片假名オチカ，没有汉字，从发音来看，与小值贺岛的发音最接近，但是作者后文称"好像不是小值贺岛，一般认为是现在的福江港"。福江港的发音与オカチ并不相同，所以这儿的オチカ也不是福江港。译者经过调查得知，这一带有"小近岛""大近岛"两个古地名，小近岛包括现在以小值贺岛为中心的上五岛地区，大近岛包括以福江岛为中心的下五岛地区。小近岛的发音是オチカ，大近岛的发音是オオチカ，非常接近。后文提到，领主是住在オチカ上的，而领有五岛列岛的福江藩藩主的居城是在福江岛上。综合以上几点，译者认为，这儿的オチカ，应该是オオチカ，也就是包括福江岛在内的大近岛地区。——译者注
[2] 地板高出一层的房间。——译者注

候还是意犹未尽。

就这样，他们有了一个很好的开端。但是次日，领主突发热病，看起来像有生命危险，佛教的僧人们说这是佛的惩罚，武士们心中刚长出的一点萌芽又将枯萎。然而，僧人们为了治愈疾病拼命转读的《大般若经》毫无效果。到了第三天，病情更严重了。这个时候德·阿尔梅达想，领主会恢复健康的，但如果就这样什么都不干，大家都会以为这是《大般若经》奏效了。于是，他通过自己投宿家庭的主人——一位武士向领主提出建议说，自己有药，也有医疗的经验，如果领主允许他把脉验尿的话，就能把病治好。领主大喜，请他去看病。第二天，德·阿尔梅达郑重地为领主检查后，给他开了退烧药。药当天就产生了效果，第二天体温已下降很多。德·阿尔梅达更进一步在心理效果上下了功夫。退烧后，病人头疼的症状还是很严重，需要医生夜里来看病。这时德·阿尔梅达给了他镇痛剂和催眠药。好几天没睡好的领主这才睡了个好觉。这带来了显著的心理效果。第二天德·阿尔梅达去看病的时候，告诉领主他的病已经痊愈了，救了他的是创造了天地的神，而不是《大般若经》。德·阿尔梅达借宿的地方，领主送来猪一头、雉两只、家鸭两只、大的鲜鱼五条、酒两桶、米一袋，加上领主夫人和庶子等人送的，礼物挤了一屋子。德·阿尔梅达用这些东西招待了数名领主的家臣，为领主的痊愈举办了一个庆贺的宴会。德·阿尔梅达赢了。

大约半个月后，四旬节[1]开始的时候再度开始说教，但是第二天突然起火，同时领主的手指开始又肿又痛。涂了药以后，手指无恙了，但是来听说教的人却也寥寥无几了。只有从博多来岛上的两个商人听了说教后成了天主教徒这件事引起了当地人的注意。

但另一方面，德·阿尔梅达作为医生广受信赖。领主拜托他治疗自己伯母的疾病，领主的女儿、庶子、侄子、弟弟等人也接受过他的治疗。他们吃了一些简单的药就都痊愈了，对此，德·阿尔梅达本人也觉得不可思议。他因此与领主及其家人亲戚都非常熟悉，领主把他曾用来说教的那个旧邸送给他了。

这一现象与平户领主为了贸易非常热情却不喜欢基督教这件事很相似。因此德·阿尔梅达又采取了"如果在这儿不能顺利传教的话自己只能离开这儿"的态度。来到岛上三个月后，他出示了托雷斯派使者带来的大友宗麟的邀请信，告诉领主等人自己打算离开这儿。领主流着眼泪挽留他，但是德·阿尔梅达以长老之命不敢不从为由拒绝了。领主无可奈何，只好招来家臣一同为他举办了盛大的饯别宴。但是在他出发的前一天，领主和他一个二十岁的儿子一起来见德·阿尔梅达，再次热情地挽留他。领主说道，请他来到这儿已经过了百日，但是领内尚无一人成为天主教徒，像这样让德·阿尔梅达无功而返，家臣们会怎么评价自己

---

[1] 四旬节，亦称大斋期，是基督教复活节前的一个为期四十天的斋戒期。——译者注

呢？这也是德·阿尔梅达想说的话，现在却出自领主之口。最后德·阿尔梅达同意留在这儿，并让托雷斯的使者回去禀告自己的想法：在下一个指令到达之前，自己会暂时留在这个地方。

领主喜出望外，提出愿意支持德·阿尔梅达开展传教活动。比如：授予建教堂的土地；帮助建教堂；给想成为天主教徒的人颁发许可；不强制要求参加异教的庆典；授予教堂领地，其收入用于慈善事业等等。他又送给托雷斯很多礼物，并写信请求让德·阿尔梅达留在五岛。领主的家人与城中的百姓也欢喜异常。不久领主和五十个武士开始听说教，洛伦索又发挥了他的雄辩之才，连续十四天的说教使包括重臣在内的二十五位武士决定改宗。在接受二十多天的准备教育后，他们将接受洗礼。这期间有僧人的阻挠，也发生了与平户人的纷争，但这丝毫也没有动摇那二十五位武士的决心。于是，德·阿尔梅达在最后提出了一夫一妻的条件，因为武士大多有三妻四妾。武士们也接受了这个条件，决定只要妻子一人。这件事在以领主夫人为首的妇人中颇受好评。领主夫人说，成为天主教徒的妻子是幸福的。在完成这些准备工作后，二十五位武士以极尽庄严的方式接受了洗礼。

以此为开端，传教事业突飞猛进。离领主住宅一里半远的地方（大津）有一座寺庙被改建成了教堂。在附近的奥浦，在一个风景优美的岬角上划定了教堂的建筑用地，德·阿尔梅达在二十天的滞留期间使一百二十三个人接受了洗礼。不久，领主还在那块地上为他们建了一座美丽的教堂。情况如此顺利，因此领主所居的大近岛市里，陆续有人希望接受洗礼。领主将最初洛伦索进行说教的那个大宅给了德·阿尔梅达，见德·阿尔梅达没有使用，领主便让他画了他理想的设计图，开始建设教堂。妇女与孩子的教化不得不延迟到这个教堂落成后举行。

这样，五岛的传教工作走上正轨是在六、七月的时候，但不久，有个武士举兵背叛了五岛的领主，天主教武士们英勇奋战，击退了叛军。但他是平户领主的姻亲，平户领主为了支援他派出了两百艘战船。沿岸的居民都带着粮食躲进了山城，在奥浦的德·阿尔梅达当时在病中，也不得不爬到了陡峭的山上才幸免于难。万幸堂·安东尼奥·笼手田率领的平户大舰队只是烧了五座边缘岛屿海岸上的数个村落，约一个月后就撤退了。其后五岛的领主派了一百艘船组成的舰队去平户领内的岛屿复了仇。

在口之津的托雷斯询问了德·阿尔梅达的病情，为了让他在恢复期保养好身体，就命令他回来，让洛伦索留在那儿。领主非常难过，在得到德·阿尔梅达不久就会回来、或派其他神父来的承诺之后，领主才同意。领主带了各种各样的物资与其他的天主教徒一起来到奥浦的港口送别。

德·阿尔梅达在暴风雨中总算到达了福田的港口，那儿停泊着一艘葡萄牙船。刚从长居的近畿地区回来的维列拉正在船上短暂逗留，从丰后来的若昂·加布拉尔 —— 因为患了吐血症而不得不于这一年的秋天离开日本 —— 跟他在一起。

德·阿尔梅达在托雷斯的身边只待了二十天左右，盂兰盆节后就又被派到天草岛北端的志岐去了。志岐的领主志岐镇经与有马的领主关系很好，他把有马义贞与大村纯忠的弟弟诸经收为了义子。诸经是个文雅的好青年，早就引起了德·阿尔梅达等人的注意。德·阿尔梅达带着日本修道士贝尔肖尔去志岐，受到了领主和诸经的热情款待。大厅里面挤满了有身份的武士，他们希望马上能听到他的说教。为了让那些无法出现在领主前面的普通人也能听到，他开始在旅馆说教。在他坚持说教期间，领主开始考虑改宗成为天主教徒。但他担忧会出现大村领地里那样的内乱，就问德·阿尔梅达能不能给他秘密施行洗礼，德·阿尔梅达拒绝了。但是，如果家臣们陆续成为天主教徒，领主的担心自然也就消散了，因此，促进家臣们改宗成了双方所关心的事情。十月中旬，决定受洗的已有五百多人。一切都很顺利。十月末，领主终于也和众多身份高贵的武士一起接受了洗礼。教堂的建设也差不多要完成了。

德·阿尔梅达必须要回到福田，修道士桑切斯前来代替他的工作。不久，福田港口里停泊的葡萄牙船载着若昂·卡布拉尔离开了，神父维列拉又来到这块德·阿尔梅达开拓的土地来收获成果。经他之手受洗的武士非常之多。不久，维列拉离开，而桑切斯在一五六七年一直留在这个地方，一边在附近的フクロ（袋）[1]和梅岛传教，一边为志岐的教堂扩建工作以及巩固信徒信仰的工

---

[1] 原文只有片假名，且缺少相关资料，无法确定对应汉字。故根据其发音，暂译作"袋"，日语"袋（ふくろ）"有"洲渚"之意。——译者注

作尽心竭力。

如上所述，天草的志岐的工作开始时非常顺利。因此，一五六八年初，老年的托雷斯从口之津远赴志岐。他让巴斯修道士提前出发准备，自己坐着志岐有势力的武士们派来迎接他的船，在盛大的欢迎仪式中进入了志岐。他在志岐举办了四旬节与复活节的活动。到了夏天，从中国来的船将亚历山德罗·瓦拉雷焦送到了福田的港口，托雷斯在志岐迎接了这位新来的神父。当时德·阿尔梅达也来了。据说当看到托雷斯带领修道士们与童男童女的合唱团唱着拉丁语的赞美歌出来迎接他的时候，瓦拉雷焦高兴得有些茫然无措。直到在教堂里与信徒们一起祈祷的时候，他还是觉得难以置信：在这样遥远的地方竟能见到在意大利都见不到的东西。从瓦拉雷焦的印象中我们可以看到，志岐的教会在短时间内发展得非常迅猛。

于是托雷斯乘这个机会将各地的修道士和神父们召集到志岐，讨论日本耶稣会的方针。口之津在托雷斯离开后由维列拉前去驻守，五岛在德·阿尔梅达走后由包蒂斯塔驻守，丰后有菲格雷多。平户则继续由科斯塔驻守，当初陪伴沙勿略来的年老的费尔南德斯已于上一年在这个地方去世了。这些神父们在一五六八年的八月齐聚志岐，召开会议。当时天草的志岐成了日本传教的中心地，虽然只是一时的。在日本的其他地方，不存在这种领主是天主教徒却没有因此而爆发内乱的情况。可以说，从这次志岐的会议就能知道托雷斯对这一情况有多重视。

德·阿尔梅达永远是一个开拓者。一五六七年他开拓了长崎，长崎的领主是大村纯忠的部下，已经成为了天主教徒，德·阿尔梅达去了他的领地后，教化了众多的信徒。当然，他应该是由日本修道士陪伴去的。那个地方他去过多次。据一五六八年秋的报告，当地有身份的人已经都成为了信徒，平民中也有五百个人成了信徒。也有信徒从附近的各个村庄来到长崎的教堂。志岐会议之后，维列拉去了福田的港口，随后移居长崎越冬，在此期间教化了三百个信徒。大概在当时已经有人注意到长崎这个地方比福田的港口更好。葡萄牙船在这之后的两年间仍然使用福田的港口，但是维列拉在这个冬天，也就是一五六八年末以后一直住在长崎，他建了托多斯·奥斯·桑托斯教堂，为长崎的繁荣奠定了基础。

四 托雷斯最后的活动 —— 大村的教堂与北九州的政治形势

与维列拉移居长崎差不多同一时期，大村纯忠多年的愿望终于实现了：大村也有了教堂。日本最早的天主教大名，在改宗五年半后终于能在自己的城堡下听着弥撒庆祝圣诞节了。

大村纯忠两年前热情地请求托雷斯派遣传教士的时候，托雷斯以有内乱的危险为由没有派人。大村纯忠只能在葡萄牙船来到其领内的福田港时，如果有神父往来，就抓住机会去拜访他，以此一解积年的渴望。但是大村纯忠不断地联系托雷斯，一直恳求其派人。在志岐会议三个月前的时候，他也恳请托雷斯来大村为他的儿子施行洗礼。托雷斯确认大村纯忠的领内已经恢复和平后，让他派船来接自己。但是这时，志岐的领主热情地挽留了托雷斯，并为此做了很多事，比如答应托雷斯提出的要求等等，因此托雷斯一直无法成行。不久开了志岐会议，会后，到了九月，托雷斯以去探望长了瘤的德·阿尔梅达为由，离开了志岐。在口之津度过了半个多月，他又以调停葡萄牙人之间的纷争为由去了福田的港口。港口里的帆船和其他船鸣礼炮欢迎了他。不到十天，大村纯忠就来福田探望托雷斯了。到达后他先去教堂听弥撒，然后向托雷斯致以问候后，这之后才去了住宿的地方。这一天的下午，托雷斯率领了约七十名葡萄牙人前来拜访大村纯忠，经过两天协议之后，双方商定了托雷斯去大村巡察之事。在出发前的准备期间，附近的领主们和大村纯忠的家臣们纷纷前来拜访。很快，十月五日，托雷斯带着五个葡萄牙人及日本修道士达米昂、保罗去了大村。第二天晚上，一行在大村纯忠的府邸受到盛宴款待，之后，达米昂为夫人们做了说教。大村纯忠马上召开评议会，将恳请托雷斯留在大村之事与授予托雷斯教堂的建筑用地一事提请讨论。与会者无论天主教徒与否，都持赞成态度。于是大村纯忠代表大家的意愿前来恳请托雷斯。托雷斯多年期盼之事，现在对方自己送上了门。

大村纯忠授予了他相当大的一块土地，教堂的建设当即开始了。在教堂落成之前，托雷斯一直在自己借宿的人家举行弥撒和说教。受洗者层出不穷，三次说教后就有两百四十人左右接受了洗礼。大村纯忠希望自己的孩子也接受洗礼，但托雷斯非常重视大村纯忠夫人受洗之事，提出让孩子与夫人同时受洗，故这件事暂时搁置了。

教堂建成是在一五六八年十二月初，于是在那儿隆重举行了大村的第一个圣诞节庆典。大村纯忠为了使庆典更为盛大，在教堂旁边的土地上建了非常大的舞台，周围设了很多看台，还让人在两千多个观众前表演了宗教剧。大村纯忠的夫人带着侍女们坐在一个很大的看台上，托雷斯也带着两个日本修道士和葡萄牙人坐在另一个看台。可以想象当时托雷斯的满足之情。他投奔大村纯忠，从丰后移居以来已经过去了六年，终于在一个以天主教徒为领主的领国的首府，成功地建立了一个以领主为信徒代表的教会。

托雷斯在一五六九年至一五七〇年的复活节后一直住在大村，在那儿指挥着日本各地的传教工作。可以说他二十年来所奋斗的目标终于开始实现了。将政治权力置于教会之下，他的这一计划在大村取得了很好的成绩。武士们尊崇并服从神父的命令，这"让人感叹，作为一个葡萄牙人，他的所为举世无人能与之比肩。"（无名葡萄牙人信件，一五六九年八月十五日发）托雷斯利用这种服从来解决与异教的对立问题。在大村发生过一起事件，葡萄牙人的仆人被数个僧人杀害，大村纯忠的家臣见此，群情激烈，欲为了被杀的天主教徒复仇。托雷斯要求大村纯忠阻止，大村称，家臣们已经不听从自己的命令了。他请求托雷斯直接向武士们下命令。托雷斯命令已经出发前去烧佛寺杀僧侣的武士立刻返回，结果拒绝听从领主命令的武士却是毫不犹豫就执行了托雷斯的命令。对于这个世界上最看重复仇的武士们来说，不复仇是最大的耻辱，而托雷斯却成功地制止了他们复仇。大村因此避免了一场新的纷争。这件事使尚未改宗的其他有势力的武士非常感动。挑衅的是僧侣，不是神父，神父是值得信赖的，这样的印象反而使得基督教确立了自己的地位。

托雷斯在一五七〇年六月将长老之职让给了新来的神父弗朗西斯科·卡布拉尔，不久后的十月二日，他在志岐去世了，享年七十一岁。所以，在大村的一年半是他最后的活动时期，而这一时期日本的政治也正在逐渐步入新的时代。在东部，织田信长在京都登上了舞台；在九州，大友宗麟的势力大涨，不仅将毛利的势力赶出了北九州，其势力甚至已经压迫到了肥前的龙造寺。为了应对这种情况，托雷斯也通过德·阿尔梅达做了多方面的准备。

位于天草岛东侧本渡城的城主天草氏统治着志岐氏领地面积三倍左右的土地。他以前就对传教士有兴趣，托雷斯初到志岐时，他曾来恳求托雷斯派遣德·阿尔梅达去他的领地。在大村定居下来的托雷斯于一五六九年初派了德·阿尔梅达去了天草氏之处。德·阿尔梅达在那儿显示了他作为一个开拓者的精明能干：如果领主对基督教没有表示出热心的样子，他就表现出马上要离开的态度，领主就上了钩，急急忙忙把传教的许可颁给了他。德·阿尔梅达看到政治实权已经转移到其家臣的手中，首先提出了五个条件。一、要有城主等人署名的表达对领内传教喜悦之情的文书；二、领主和家臣都要听八天的说教；三、若承认基督教为善，就让自己的一个儿子成为天主教徒，并让他成为天主教武士的首领；四、授予建筑教堂的土地；五、允许天草与志岐之间沿岸七里之内的住民们成为天主教徒等等。领主同意了。于是，此前一直在静静观望形势的德·阿尔梅达与两个日本修道士一起开始活动，他们非常活跃。首先，掌握了整个领地行政权的家臣堂·莱昂与他的侍从等约五十人接受了洗礼，接着，他的岳父也同样与五十个人一起接受了洗礼。还有其他的几位重臣也紧随其后。而且，德·阿尔梅达还接受了堂·莱昂的援助，在各个村子间巡回传教，又教化了约四百个信徒。这样，虽然只有短短两个月的时间，却在全领境内开始出现明显的变化。

这一形势立刻引发了政治上的分裂。在佛教僧人们的推动下，由领主的兄弟领头，召集了有势力的武士，企图发动抵制堂·莱昂的运动。某夜，一帮武士大约七百人在寺院集合，欲去袭击堂·莱昂家。出发前，他们向领主请求准许他们的这次行动，但领主拒绝了。他回答，杀堂·莱昂就和杀自己一样。然后，他派人去堂·莱昂的住处通知他这一紧急事件。天主教武士们纷纷来到莱昂的住处，集中到他手下的有六百人之多。有一位地位很高的僧人分别去说服莱昂和领主，他要求莱昂放弃基督教，如若不然就离开这个地方。莱昂回答，他只遵从领主的命令。领主最终还是被说服了，他命令莱昂为了和平暂时离开这个地方。莱昂别无他法，只得与妻儿家臣共五十人一起乘船去了口之津。

这件事情发生在五月，德·阿尔梅达在天草一直待到了八月，他多方努力，想恢复攻势。他先拜托大友宗麟发函给天草的领主表示希望基督教传播的意愿。当时大友宗麟的势力直压肥前的龙造寺，他施加的压力在天草产生了足够的效果。领主向家臣们出示了大友宗麟的书简，这使得德·阿尔梅达的传教活动得以继续下去。于是反对派也说服了三个很有势力的领主，让他们向天草的领主提出抵制基督教之事。领主向德·阿尔梅达说明自己不得不暂时屈服的原因，并希望德·阿尔梅达能暂时忍让。于是，德·阿尔梅达与领主签订了协议后，回到了大村的托雷斯身边。协议的内容是，德·阿尔梅达再次来到天草时，要让领主的长子与两位重臣成为天主教徒，并将德·阿尔梅达选中的十六个村子作为天主教村交付给德·阿尔梅达等。

德·阿尔梅达离开后，天草领内内乱激化、领主一时不得不躲在一个城堡内才勉强保住了性命。但不久后领主开始反攻，将反叛的兄弟包围在另一个城堡中。在此期间，经德·阿尔梅达斡旋而得到的大友宗麟的助力发挥了相当大的作用。第二年，也就是一五七〇年的二月，德·阿尔梅达遵托雷斯之命去筑紫国国境的日田拜访大友宗麟，让他写了九封信，其中的三封是与天草的领主有关的。一封是给岛津氏的书简，希望他不要支援天草的叛军；第二封给大友宗麟手下的一个领主，是希望他帮助天草的领主平定内乱的；第三份给天草的领主，承诺支援他收复全境。天草领主在这样的助力下镇压了基督教排斥派，不久后就由新来的神父卡布拉尔为他施行了洗礼。就这样，有名的天主教地区天草领地，作为托雷斯最后的工作之一，由德·阿尔梅达开拓成功了。

但是托雷斯并不只是在天草领地利用大友宗麟的势力。大友宗麟称霸北九州的事业进展得很顺利，一五六九年的夏天至秋天这半年间他完成了将毛利的军队赶出北九州这一大功业，当时最早想到恢复山口教会的是托雷斯。托雷斯在一五六九年十一月派德·阿尔梅达去日田的阵营中拜访大友宗麟，感谢他支援天草传教事业的同时，又跟其商量了与"山口正统的领主チロヒロ[1]"联络的事情。接着德·阿尔梅达就去了チロヒロ的阵营，チロヒロ计划乘毛利军进攻筑紫时袭击山口，且自己的部下中就有山口的天主教武士。他在给托雷斯的回信中说，他将应德·阿尔梅达之要求，在夺回山口后，让领地内的居民全都成为天主教徒。所谓的チロヒロ进攻山口领地之事，应当指的是大友宗麟派大内四郎左卫门辉弘[2]偷袭军力空虚的长府一带的事情吧。当时驻扎在博多东面立花山上的毛利大军因为这次偷袭而惊慌失措，退出了北九州。

看到毛利军离开后大友宗麟的军力开始向西逼近自己的领地，

---

[1] チロヒロ当指后文中出现的大内辉弘。大内辉弘的父亲大内高弘为大内义兴之弟。大内氏为毛利氏所灭后，辉弘借助大友宗麟之力复兴大内氏，但最后为毛利军所败。——译者注

[2] 即大内辉弘，四郎左卫门为其小名。——译者注

大村纯忠感到了几分危险。他拜托托雷斯为他斡旋以与大友宗麟建立良好的关系。不管托雷斯有何种提议，大友宗麟从未拒绝过。这次他也听从了托雷斯的话，对大村氏和有马氏曾向毛利氏示好之事一概不再过问。现在，托雷斯已经拥有了能够左右大名命运的地位。

不过，一五七〇年五月，大友宗麟的军队逼近肥前龙造寺的领地时，大村纯忠无法保持冷静了。想到大村可能会遭受池鱼之灾，他请求托雷斯转移到长崎的教堂。德·阿尔梅达留在了大村。八个月后，托雷斯召来德·阿尔梅达，把他派到了大友宗麟及其部将们的阵营，以请求他们在战争中保护教堂与信徒们。

德·阿尔梅达拜访了当时大概已行进到久留米附近的大友宗麟，说明了自己的来意。大友宗麟亲切地回信给托雷斯，让他不必担心。大友宗麟还给要去见其部将们的德·阿尔梅达提供了各种保护措施。在阵营中见到主将后德·阿尔梅达受到了款待，他为大村纯忠说了很多好话，也从每个部将那儿得到了保护教堂的承诺。

在这样的形势下，弗朗西斯科·卡布拉尔作为日本耶稣会会士们的长老来赴任了。六月卡布拉尔在志岐召开了第二次会议，除了京都的弗洛伊斯外，所有的神父都到场了。日本传教活动的指挥权就从这一刻开始转移到了卡布拉尔的手中。

第八章 /

路易斯·弗洛伊斯 — 和田惟政 — 织田信长

一 弗洛伊斯见到织田信长

托雷斯在天草岛上召开志岐会议后不久，一五六八年秋，织田信长拥护足利义辉之弟足利义昭上京，松永久秀立刻投降，三好党与篠原长房拥立的将军足利义荣逃到阿波，不久后死亡。京都霸权之争，就此忽然形势大变。

三好、松永发动政变时，足利义昭尚为奈良兴福寺一乘院的院主，三好党立刻将他幽禁了起来。是长冈藤孝（细川幽斋）、和田秀盛、明智光秀等人出手将他偷偷地救了出来，让他还俗，又为他与织田信长牵线搭桥。这些人是为了维护室町时代高贵的传统，并不是为了效忠于新贵织田信长，但是，结果是他们反而被他们想利用的新兴势力利用了。

弗洛伊斯与织田信长拉上关系是通过足利义昭的心腹势力。他们中的长冈藤孝与明智光秀的态度当时尚不明了，不过，考虑到后来非常有名的细川格拉西亚夫人是明智光秀的女儿，也是长冈藤孝的妻子，那么想来他们对基督教也不会是毫无关心的吧。而与和田秀盛同族的和田惟政与基督教的关系特别深。和田惟政是与长冈藤孝等人一起追随足利义昭，尽心竭力拥立他为将军的人之一。与他关系密切的高山达里奥图书头[1]（两人或为兄弟）是畿内天主教武士的先驱者，故他很久以前就对天主教有着很深的认同感。织田信长上京后，他在平定摄津、大和的过程中建立功勋。作为京都南边的镇守之人，他先后入驻了高槻旁边的芥川城和高槻城。弗洛伊斯曾游说过和田惟政，称非天主教徒的领主中没有第二个像和田惟政这样怀着对基督教发自内心的爱来保护天主教的人。

在惟政的尽力帮助下，织田信长第二次上京时下令允许弗洛伊斯回到京都。一五六九年三月末，和田惟政命令高山达里奥派人马到堺市迎接。高山等人在途中高槻附近接到弗洛伊斯一行，他们在高山守卫的芥川城住了一晚，三月二十八日，在信徒们的热烈欢迎中，弗洛伊斯回到了阔别五年之久的京都。在此期间，在九州大展身手的原琵琶法师洛伦索也和贝尔肖尔、安东尼奥、科斯莫等日本修道士跟随弗洛伊斯一同前来。

在弗洛伊斯上京两周前（永禄十二年二月二十七日），织田信长在京都举行了二条城建设的开工仪式，这之后，这个规模巨大

---

[1] 图书头为官职名，意为图书寮的长官，从五位上。——译者注
　　高山达里奥，即高山友照。——审校注

的土木工程以惊人的速度进行着。为什么织田信长突然动工了呢？这是因为上一年年末织田信长撤回岐阜时，三好三人众乘他不在，新年伊始就偷袭了京都，使新将军一时陷入危境。当时在将军的心腹长冈藤孝等人的守卫和和田惟政的驰援下，好不容易才击溃了三好党，但是京都防卫上的弱点却是暴露无遗。织田信长因此立刻来到了京都，他想出了迄今为止没有一个武将尝试过的在京都筑城的方法。而且这个城和当时比较流行的山城[1]不一样，是在京都市内平地上用很深的护城河和坚固的城墙来构筑比山城更严密的防守。用弗洛伊斯的话来说，这是"在日本前所未有的石造建筑"。织田信长为了这个巨大的土木工程动员了近畿十四国的诸将，让他们率领部下的武士和脚夫从事劳役。总指挥是织田信长本人，他每天都亲临建筑工地，工地上通常有两万五千人，人少的日子也有一万五千人在他的指挥下工作。现场以敲钟为号，各个地方的领主和武士们各自率领部下，携带铁锹，推着板车汇集来挖河运土。建造石墙的时候需要用到大量的石头，这些石头或从近郊的山里运来，或从市中搜集而来。有个领主率领部下在各个寺庙巡查，每天都从那儿运出一定数量的石头。石头的佛像或台座等被分开装上车，也有在石像的脖子上系上绳子后将之一直拖到工地的。用这样的石头垒砌成了高七八间，厚也为七八间，有时甚至是十间的巨大的城墙。弗洛伊斯见到这个光景，不由联

---

[1] 山上建的城堡。——译者注

想到了所罗门王的"耶路撒冷的圣殿"与"狄多的迦太基城市建筑工程"。

一般认为需要四五年才能完成的巨大工程，织田信长只用了七十天的时间就完成了。这使得弗洛伊斯非常惊讶，他有了一种预感，一个新的时期将从此开始，这从他积极地对织田信长施加影响这件事中就能发现。这一预感不久就在织田信长激烈的灭佛运动中成为现实。

但是要接近织田信长，一开始并不容易。听说弗洛伊斯要入京，松永久秀就先他一步去拜见了织田信长，以天主教神父所在之处必有社会混乱与破坏之事为由，恳请织田信长将之驱逐。据说信长对此是这样回答的：这么大一个城市里，区区一人能成为社会混乱的原因？你的胆子太小了。但是，入京后的第三天，弗洛伊斯去城堡拜见织田信长的时候，吃了闭门羹。信长的理由有两点，一是不知道接待千里之外远道而来的外国人该用什么礼仪好，二是有人会担心私下见面是神父来给自己施行洗礼。也就是说，他顾虑到了基督教排斥运动。天皇发布的传教士驱逐令还没被取消，所以常被排斥派用作论据。弗洛伊斯去拜见织田信长的当晚，就有传言到处流传，称天皇与将军交涉，要他命令织田信长，让他驱逐传教士。第三天早晨，有人急急忙忙来报告称天皇已派人来破坏弗洛伊斯借宿的人家。弗洛伊斯立刻将洛伦索派到和田、佐久间、高山等人之处，自己则逃到别的信徒家藏了一整天。只是因为织田信长没有见传教士，就造成了这么大的不安。

在和田和佐久间的保证下打消了这一疑虑后，弗洛伊斯又回到了之前的信徒家举行了复活节周的各种祭礼。在复活节的一周后，也就是他到京都来的第二十天，他去六条的本圀寺拜访了足利将军。这次拜访是织田信长指示的，也有和田惟政居中斡旋，但是将军没有见他们。织田信长与足利义昭都没有接见神父，这对天主教徒们是一个相当大的打击。事关颜面，和田惟政努力劝说织田信长，终于，在弗洛伊斯去拜见将军的数日后，和田惟政得到了织田信长的同意，突然率领二三十名骑士前来迎接弗洛伊斯。织田信长跟平时一样在工地指挥，并没有迎接远客的姿态。弗洛伊斯坐着轿子到达工地的时候，织田信长正站在护城河的桥上，旁边有六七千个人在劳动。工程已经完成了一半。弗洛伊斯等人从远处向他行礼，织田信长让他到自己身边来。就这样，织田信长与弗洛伊斯的第一次见面，是在一座能一览这前所未有的巨大工程的桥上，在众人环视之中进行的。

织田信长首先想知道的是这个奇特的外国人的个人经历。对弗洛伊斯来说这不过是一段毫不重要的开场白而已，但是织田信长显然不是这么看的。他想要了解的是为了传教而离开父母，甘冒艰险，从遥远的国家来到这里的心境——其中包含了可以说是欧洲文化的最先进的部分，而对弗洛伊斯当作中心论题的传教，信长也是从这个视角来看的。他问弗洛伊斯，如果基督教无法传播的话，你会回印度吗？这个问题也是从那个视角出发的。弗洛伊斯回答说，就算信徒只剩一个人，神父也会一生留在这个地方。

接着信长又问，基督教在京都无法繁荣的原因是什么？对这个问题弗洛伊斯是这样回答的：欲种稻，先须除掉田里的草。这是暗示他们受到了佛教僧侣的迫害。信长赞同他的说法，并开始滔滔不绝地讲述僧侣们的堕落，称和尚们都已陷于情色。弗洛伊斯趁机让洛伦索作了如下的陈述：传教士们所追求的，不是名、利、赞誉等所有世俗之物，而只是为了弘扬基督教。因此，为了将基督教的教义与日本宗教的教义做个比较，请集中佛教各派的最杰出的学僧，在信长的面前与基督教方面的人进行辩论，如果输了的话，他甘愿被驱逐。但如果赢了的话，希望能让僧侣们也来听基督教的教义。若不这么做，恐怕以后也将有各种阴谋层出不穷。信长听后，高兴地笑道：果然大国出大胆的学者。然后，他回答弗洛伊斯，日本的学者会否答应不清楚，但或许他会举办这样一个活动。但弗洛伊斯最关心的事情 —— 关于信长的传教许可状一事 —— 据说并没有得到明确的答复。弗洛伊斯告诉信长，这个许可状对传教士们来说是最大的恩惠，信长会因施予这一恩惠而在基督教国民中美名远扬。信长闻此喜形于色，但是还是没说什么。

这次会谈用了一个半至两个小时。之后信长命令和田惟政带他们参观工地。信长的态度清清楚楚地表明，他的心里都被一件事占据了，那就是这个工程。

信长见过了弗洛伊斯，因此将军也在两天后接见了他。但是传教许可状却并不是那么容易拿的。为此担心的信徒们想，是不是需要向信长献金呢。因为堺市和大坂等各处的寺庙为了得到信长的简易许可状而向他献上了巨额金钱。所以，信徒们拿了三条银子去了和田惟政那儿。惟政又加了七条银子，在织田信长心情愉悦之际献给了他，称是贫穷的神父所赠。信长笑着拒绝了，说"不必从神父那儿收受金银等物。神父是外国人，为了许可证收了他这些东西，传出去很难听。他不必做这样的事就能拿到许可证。你来写草案，问明神父是否可以后，再拿来就可以了。我会在上面签名。"原来信长一心扑在工程上，无心写文案，所以一直放置没办。

事情弄清楚以后，和田惟政立刻着手处理。信长授予的朱印状[1]表明了以下几点内容：允许神父住在京都；免除对教堂的征用和收税；在领内对之实行保护等等。落款日期是永禄十二年四月八日（一五六九年四月二十四日）。和田惟政让高山达里奥将这个许可状送去，第二天为了表示感谢，他陪弗洛伊斯去了信长之处。信长还是兴致勃勃地在工地上工作。他又让和田惟政带领参观了工地。惟政带着弗洛伊斯参观了城堡的内部，一边走，一边把怎么跟信长相处的方法告诉了弗洛伊斯：要赞美这个建筑的壮丽宏伟，要告诉信长你打算把许可状的译文送到印度和葡萄牙以彰显信长的恩宠。弗洛伊斯感谢了和田惟政的热心相助，并劝他改宗信教。惟政笑着说，在心里自己已是个天主教徒，等信长回到岐阜后就有时间去聆听教义了。

---

[1] 朱印状，盖上朱印的命令文书。——译者注

足利义昭将军的许可状也在一周后送到了手上。这也是和田惟政努力的结果。接着，为了给信长看时钟，和田惟政又带着弗洛伊斯前去拜访。第三次见面是在室内，信长见到时钟，大为惊叹。但他没有接受，说太复杂，自己拿着也用不了。他请弗洛伊斯喝茶，并赐了他美浓的柿干。这次见面也用了约两个小时，谈话中，信长一再追问关于印度和欧洲的事情。告别的时候，信长告诉弗洛伊斯自己马上要回尾张，出发前希望他再来一次，到时候希望他能穿着之前拜见将军之时穿的葡萄牙风格的衣服。那是一件用霍尔木兹的缎子做的宽大短雨衣，上面有金线织花的装饰，还有一块黑色的头巾。

二 弗洛伊斯与朝山日乘的冲突

在出发的前一天，也就是一五六九年五月六日（永禄十二年四月二十日），弗洛伊斯带着洛伦索等人，拿着一捆中国的巨幅红纸和一包蜡烛去送别织田信长。当时是黄昏，很多人等着信长接见。听说他来了后，信长立刻接见了他，亲自把他送来的蜡烛点上火拿在手里，问他，怎么没穿那件葡萄牙衣服？弗洛伊斯回答，没想到能得到如此厚遇，所以服装没有穿来，但是为了慎重起见，还是带来了。信长让弗洛伊斯在自己的面前穿上了那件衣服。他一再仔细观赏，对其样子连连称好。因担心信长出发前非常繁忙，弗洛伊斯正要告辞，却被信长执意留了下来。

在宴席上，弗洛伊斯与朝山日乘发生了冲突。据传，这位朝山日乘是法华宗的日乘上人。不清楚他究竟是否为法华宗的僧人，不过，他是一个非同寻常的骗子，是一个非常少见的雄辩家，这是可以肯定的。他出身于出云的豪门，在备后有领地，在战乱期间失去自己的领地后就在各国流浪。据弗洛伊斯记载，在背叛尼子依附山口的毛利时，朝山日乘自称是佛祖显灵以推动佛教改革、皇室复兴的使者。他还干过这样的事情：把八九年前在京都买的一块金线织花的锦缎说成是天皇赏赐给他的衣服，他将它分成小片，交给捐了大笔钱的人。通过这种手段募到的钱居然能让他建起山口的寺院。后来他为了在毛利氏与松永弹正之间建立联系而东上，结果被三好三人众逮捕，经篠原长房裁决后，被关进西宫的监狱中。但是他巧妙地与天皇取得联系，得到了朝廷的赦免。据说他的日乘上人的称号来自后来奈良天皇的敕令，再考虑到他所标榜的复兴皇室，他与朝廷的关系应该相当密切吧。正是这个时候，织田信长上京，并开始计划建造皇宫与恢复御膳。日乘出人头地的时机成熟了。他成了信长与朝廷之间的中间人，他的这一地位与精于算计的能力使得织田信长非常倚重他。

日乘于信长出发前一天拜访了信长，一再劝说他驱逐传教士。五年前，朝廷发布了传教士驱逐令，所以日乘的这一主张是有据可依的。但是日乘却没有从法律上来论证，而是以传教士所至之处必有混乱与破坏这一当时的陈词滥调为理由。信长嘲笑了他的心胸狭窄，并干脆地告诉他，许可状已经颁发了，所以无法驱逐。这实际上表明了信长的态度：不承认五年前的女房奉书有效。信长与日乘之间的这一幕由和田惟政通过洛伦索传达给了弗洛伊斯。因此，被信长留下来的弗洛伊斯——他不知道日乘就坐在身边——向信长请求不要全然相信和尚们的反对意见，并希望在信长离开后将保护神父的任务交给和田惟政。信长于是问道，为何和尚们这么厌恶基督教？洛伦索回答，这两者就如同热与寒、道德与不道德一样完全不同。信长又问道，你们尊崇神佛吗？答案是，被称为神也好，被称为佛也好，他们其实都是跟我们一样的人，不能拯救人类，因此不能受到尊崇。这时信长指名日乘上人说，你对这个答案一定有意见吧，可以向他们提问。这时候弗洛伊斯和洛伦索才知道日乘就在身边。日乘装腔作势地问道，那么你们崇拜的是什么呢？回答是：三位一体的上帝Deus、创造天地之主。"那么给我看看。""不可见。""比释迦牟尼与阿弥陀还早吗？""当然。无始无终，永远存在。"在这样的问答之后，洛伦索开始详细地阐述其含义。日乘好似完全没能理解，只是说，这很粗暴，这是欺骗民众的东西，快驱逐他们等等。信长笑了，说道，你胆怯了吗？有不懂的地方可以继续提问。但日乘却已哑口无言。这时，洛伦索反问他，创造了生命的是谁，你知道吗？日乘回答不知道。洛伦索连问了各个方面的问题，日乘的回答还是：不知道。日乘气势汹汹地对洛伦索说，那这些问题你来说明一下。于是，洛伦索开始心平气和地进行说明。日乘在旁边插嘴说，这个上帝和禅宗所说的"本分"是一样的。这句话被洛伦索听到了，他又对两者的区别做了一个清晰的系统阐述。就这样，这场辩论持续了两个小时。日乘好似已经火冒三丈，说道，天色已经晚了，应该马上驱逐他们。因为他们在京都，所以上一任将军被杀，现在他们又来了京都。但是"织田信长本来就不敬神佛，所以对这种事情并不在乎。他神情严肃地看向日乘"，弗洛伊斯在一五六九年六月一日（永禄十二年五月十七日）的报告中这么写道。当时信长还没有对佛教采取强硬的政策，但是在弗洛伊斯看来，他的态度已经很明显了。

但日乘不会就这样认输。接着双方就灵魂不灭的问题起了更大的冲突。事情源于织田信长的一个提问：上帝惩恶扬善吗？对此，洛伦索回答：当然，但是赏罚有今生的，也有来生永久性的。日乘大声嘲笑了来生接受赏罚的灵魂，也就是有永恒不灭之物存在这个想法。这时，弗洛伊斯代替因病体虚的洛伦索，亲自与日乘就灵魂不灭问题展开辩论。虽然难以理解当时的佛教徒中竟没有关于来世的信仰与灵魂不灭的思想，但是从佛教哲学中"空"的思想原理出发，必然会否定这些思想。针对这种否定的观点，弗洛伊斯试图从各个角度来证明独立于肉体的灵魂的存在。听着弗洛伊斯冷静的论辩，日乘变了脸色，咬牙切齿，显得异乎寻常的狂暴。他一边说，"好，那么我把你的弟子（洛伦索）的脑袋砍掉，你来显示灵魂的存在"，一边跑向室内一隅立着的信长的长刀，想把它拔出来。信长立刻起身，从身后将他制住，和田、佐久间等其他高级武士从其他方向将他压住，将长刀从他手中夺走。信长笑道："在我的面前太过失礼了吧？坐回去！"别的高级武士也斥责他无礼。和田惟政等人说，如果不是在信长面前的话，他们早就砍人了。过了一会儿，众人安静下来后，弗洛伊斯对信长说："日乘上人的暴行并非是由我的挑衅行为引起的，我只是阐述了真理。"日乘又怒上心头，将弗洛伊斯撞倒在地。信长又严厉地责备了他，但是他毫不胆怯，还是大骂基督教，坚持主张要驱逐传教士。

以上描写基于弗洛伊斯的记述，因此朝山日乘的态度可以说没有任何值得同情的地方。但即使如此，信长对日乘的狂暴行为却是睁一只眼闭一只眼。当时弗洛伊斯听说信长采取这样的态度是"为了天皇"。他在前一天为了皇宫的工程托日乘向天皇献了金。但不管是什么原因，信长没有压制日乘上人排斥基督教的主张，也就是说不管是基督教还是反基督教，他都给了同等的自由。因此，信长在宽恕日乘狂暴行为的同时，向弗洛伊斯亲切地告别，并对他说下次会再听他细讲。次日，信长在与送他的和田惟政中道离别之际，托惟政告诉弗洛伊斯不用担心。

三 驱逐谕旨的效力问题 —— 朝山日乘与和田惟政的对立

但是，信长一离开京都，日乘打击基督教的运动突然势力大涨。据弗洛伊斯的报告说，信长出发后的第五天，即五月十二日，据说是资深天主教徒结城山城守通过洛伦索知会了他们最早的情报：日乘已得到了新的驱逐传教士的圣旨，正要逼将军执行，神父必须马上防备。与这个情报差不多同时，贝尔肖尔也带回来了从别的途径听到的传言，据说日乘将在天皇的庇护下率领武装士兵袭击神父并杀光所有的天主教徒。所传的五月十二日（永禄十二年四月二十五日）的确有圣旨颁布，《御汤殿上日记》中有这样的记载为证："四月二十五日，（关于如今的）伴天连[1]一事，向室町将军颁布圣旨。"但是，只是这段文字的话，也有人解释为是许可传教的指示。很难想象在信长颁布传教许可的十七天后，在将军的传教许可发布十天后，就发布了内容完全相反的驱逐谕旨。但是传到弗洛伊斯耳里的的确是上面的内容。

弗洛伊斯立即派洛伦索前往和田惟政之处，将此消息告诉了他。惟政回答，自己会去查明其真实与否，不过请相信自己会保护好他们的。和田惟政打听后才知道原来是这么回事：当天日乘与一个公家一起拜访了将军，提出，"被天皇驱逐出京都的神父又回到了京都。他是日本的诸教之敌，应该将他驱逐。"对此，将军回答说："朝廷不应干预他人进城，也不应驱逐。这应该是他自主的行为。本人已经把许可状给了传教士们，织田信长也给了他们许可状，现在断无驱逐之理。"如此看来，日乘所奉之圣旨，也

---

[1] 伴天连，为葡萄牙语"Padre"的日语汉字翻译，意为"神父"或"传教士"。——审校注

许是对没有遵守五年前驱逐谕旨的抗议。

次日，洛伦索来见正在巡视筑城工程的惟政，惟政将将军的态度转告他后，让弗洛伊斯下午拿着将军与信长的许可状来城堡。这一天下午，日乘又与公家一起去与将军交涉，希望将军能派急使去见信长以求取消许可。将军没有答应。那个公家在弗洛伊斯到的时候还留在那儿。惟政当着弗洛伊斯的面对那个公家断言：自己为了天皇一直尽心竭力，为了天皇的利益与将军和信长交涉之事亦不少。作为报酬，自己只想要给神父的许可状，其他别无所求。而不给神父许可，或下令驱逐神父，是剥夺自己名誉的不公正的操作，如果天皇决定做这样的事情的话，自己将不再为天皇效力，也不再庇护公家。将军和信长对神父的态度正如这个许可状所示。说完后，惟政将弗洛伊斯拿来的许可状当场让人抄写后交给了那个公家。这件事也显示了朝廷并没有发布新的决定性的驱逐令。

当天，将军没有接见弗洛伊斯，只是派了人去告诉他们有自己的庇护，不用担心天皇之事。但是惟政认为这个时候将军不见弗洛伊斯不太高明。故以进呈时钟为由，将弗洛伊斯带到了将军跟前。将军见到时钟非常高兴，盛赞了欧洲人的造诣与才智。

综上可见，日乘大肆宣扬的是五年前的驱逐谕旨，他主张，谕旨比武将们的许可状更为重要。因此在这之后，日乘奉旨驱逐或诛杀传教士的传言才一直甚嚣尘上。所以惟政派了很多士兵去教堂，表明了自己要以武力来压制日乘阴谋活动的态度，以此来消除谣言。大约半个月后，一切恢复平静，教会的日常活动也得以重开。

而日乘呢，利用其在修复皇居和复兴京都经济的工作中大显身手而深得信长的信任之机，执着地就驱逐传教士问题与信长交涉，终于使他写了回信称驱逐传教士一事全部交由天皇决定。这对日乘来说意味着可以有效地执行五年前的驱逐谕旨，而信长应该是把它看做是留待今后决定的问题。和田惟政知道事情的原委后，采取了不受理朝廷文书的态度来进行对抗，在与公家们进行了三天的谈判之后，他说："可以认为日乘的行为即公家们的所为。如果天皇决定驱逐传教士，那么即使放弃山城摄津守护的地位我也会坚持保护神父的。"

日乘与惟政的对立日益尖锐，到了五月末，惟政出巡摄津诸城，有传言称日乘将趁他不在时起事，天主教徒们感到危险已迫在眉睫。弗洛伊斯派洛伦索去追惟政，洛伦索在高槻城中见到了惟政，请他写了两封信。一封写给将军身边的三位重臣，是拜托他们保护神父的；另一封写给日乘，是制止他轻举妄动的。第二封信中这么写道："神父得到了将军与信长的许可状住在京都，我听说有驱逐神父的动向，便托公家去询问朝廷的意向，答复称朝廷没有任何行动。如果是朝廷以外的人的举动的话，这不是值得介意的事情。如果对神父有什么意见希望能告知我，我会为之解释。"

这封信于六月一日送到日乘处，日乘大怒，连夜回信给惟政，其主旨如下："朝廷的传教士驱逐令颁布于五年之前，天子一言，驷马难追，驱逐令是无法撤销的，而阁下的行动违反了驱逐令，不得不说这是前所未有的不正之事，将军与信长都明白这个道理，因而现在在驱逐一事上一切以朝廷的意向为准。阁下是即使背叛朝廷、将军、信长也要庇护基督教吗？本来基督教是恶魔之教，所以朝廷与公家们才下令诛杀传教士，破坏教堂。想来天下没有人能违抗朝廷的命令。阁下作为山城摄津的守护而不遵守驱逐令，公开支持庇护基督教，信长一定会很遗憾吧。阁下应该反躬静思，中止庇护行为。"

从这封回信来看，我不认为日乘收到了新的驱逐谕旨。因为他强调的是五年前的谕旨的有效性，而不是像弗洛伊斯等人所担心的那样，他接受了新的驱逐传教士的谕旨。但是让弗洛伊斯等人产生了那样的感觉，可以说日乘的恐吓行为成功了。弗洛伊斯在给惟政转交回信之前看了信件的内容，立即召集了重要的信徒一起商量对策。信徒们的意见是一致的：去岐阜向信长请求帮助。于是弗洛伊斯次日凌晨就离开京都，去坂本等候洛伦索，洛伦索当时带着日乘的回信去和田惟政处取写给信长身边的重臣的介绍信。

次日凌晨，在小西隆佐与其一子的陪伴下，弗洛伊斯从京都出发了。在坂本他借宿在熟人的家里。那个孩子在洛伦索到达前一直陪伴在旁。洛伦索在越水城见到了惟政，将日乘的信给他看了。惟政微笑着说，我会替你砍掉这个吹牛的家伙的。谈到弗洛伊斯要去岐阜这件事，他说本来想亲自带弗洛伊斯去的，但事件紧急，自己赶不上，所以感到很遗憾。他给了弗洛伊斯两封介绍信。一封写给丰臣秀吉，托他为弗洛伊斯斡旋；另一封是给岐阜的一个旅馆的老板的，托其照料弗洛伊斯一行，并称各种费用都由自己承担。他还托当时要去美浓的柴田胜家保护神父。洛伦索带着上面的介绍信与小西隆佐一同在六月三日到达了坂本。于是，弗洛伊斯一行于夜里三点坐船从坂本出发了。

四　弗洛伊斯在岐阜拜见织田信长

岐阜当时的人口只有一万左右，作为一个新兴的城下町，城中到处是商人与商品，让人联想起"巴比伦的喧闹"。弗洛伊斯到达的时候，秀吉去尾张了，佐久间信盛与柴田胜家也还没到，因此在那儿干等了两天。先到的是佐久间和柴田两人，弗洛伊斯与他们见了面。两人把弗洛伊斯来了的消息告诉了信长，据说，信长说了这样的话："朝廷驱逐诛杀传教士的谕旨真让人困扰。有神父之处必有破坏什么的，都不过是迷信。神父是外国人，我同情他们，也会庇护他们，不能把他们从京都驱逐出去。"这之后，信长在出发去新建的宫殿的路上，遇到了弗洛伊斯。信长心情很好，笑脸相迎，并对他说，你没有必要来这么远的地方。信长带着柴田、佐久间、其他七八个人以及弗洛伊斯去了新建的宫殿。这座宏伟的宫殿，建在岐阜城所在的稻叶山脚下的山坡上，共分四层。信长对弗洛伊斯说："跟欧洲和印度的比起来可能小了点，但是，阁下是远来的稀客，我要亲自带你看看。"弗洛伊斯是这么描述这座宫殿的："我见过的葡萄牙、印度、日本的各种宫殿建筑中，如这般精巧、美丽、干净的，只此一处。"

过了两三天，秀吉从尾张回来了。弗洛伊斯与洛伦索一起带着和田惟政的介绍信前去拜访。秀吉款待了他们，请他们吃了午餐，又让人写信给弗洛伊斯投宿的旅馆的主人，要他好好招待弗洛伊斯等人。秀吉还告诉弗洛伊斯，所托之事一定能办得让他满意，让他们好好休息。当时弗洛伊斯和洛伦索两人合计后写了一个四五行字的备忘录，交给了秀吉。秀吉将它带到了信长之处，等候指示。信长看了后说，这太简单了。他让人写了一封更长的信请求朝廷与将军庇护传教士，并在上面签了名交给了秀吉。秀吉又附上了自己所写的给惟政与日乘的书简，交给弗洛伊斯后，迅速回到了战场。弗洛伊斯想去向信长答谢，又不得不请求柴田胜家为他引见。

柴田胜家陪着弗洛伊斯来到信长的跟前，信长当着众多京都武士的面对弗洛伊斯说，不用在意朝廷和将军，这一切都在信长的权限之内，所以只须按信长之言行动，想住哪儿就可以住哪儿。他将弗洛伊斯的出发日期从第二天的早上推迟到了两天后，并在第二天与京都的武士七八人一起宴请了弗洛伊斯。餐后安排弗洛伊斯去参观了城堡。信长对他的礼遇是前所未有的，这给人们留下了强烈的印象。

第二天，盛宴之后，柴田胜家带着弗洛伊斯与洛伦索登上了城堡所在的山上。信长住在城堡里。城堡的外殿有重臣们的儿子——近百名青年武士候着，内殿是侍女们工作的地方，谁也不得进入。弗洛伊斯等人被请入信长所在的房间，信长的儿子——十三岁的信忠和十一岁的信雄（实际上是十二岁）也来接待。信长令信雄上茶，信雄先给弗洛伊斯上了茶，然后是信长，接着是洛伦索。他们一边喝茶，一边极目眺望美浓尾张的平野。信长问道，印度也有这样建着城堡的山吗？接下来的两个半小时至三个小时的时间里，他先后问了日月星辰、寒地与暖地的区别、各个国家的风俗等问题。期间，他叫来信雄，让其去吩咐人准备晚餐。这件事于信长而言据说是非常罕见的。不大会儿，他站了起来，走了下去，然后亲自端着弗洛伊斯的饭菜，让信雄拿着洛伦索的饭菜出来了。他客气地说：仓促之间，没什么可以招待的。餐后，信长送给弗洛伊斯和洛伦索华美的衣服，并立刻让他们穿上了，衣服非常合身。最后信长还邀请他们下次再来。

就这样，这次的拜访是非常成功的。将之记录下来的弗洛伊斯还用了很多篇幅去为自己——一个应该蔑视现世的耶稣会士为何会如此重视异教的掌权者的款待做了辩护：那是因为在这个国家，不了解实权人物的想法，就无法在这儿传教。而这时，织田信长作为一个新时代的创造者形象还未明确。东方、北方、西方都有他的竞争者，信长战胜这些竞争者的时代，即元龟天正的时代，正要拉开序幕。而在这一时期即注目于信长，尽力想要掌握其想法的弗洛伊斯的慧眼，不得不让人叹服。

五 日乘排斥惟政的运动以及日乘的倒台

但是弗洛伊斯的预测并没有马上实现。到日乘失势、排斥基督教运动中止为止，也还要经过一年多的时间。

弗洛伊斯拿到信长与秀吉的书简后回到京都。他与和田惟政协商后决定阻止日乘排斥基督教运动，而日乘的态度还是没有什么变化。惟政给日乘的信中强调，信长采取了庇护传教士的态度，而天皇和将军都没有排斥传教士的想法。惟政平静地告诉他，自己庇护传教士的理由只是因为他们是远道而来的外国人，没有其他的用意。但日乘不仅没有撤回自己之前的主张，反而更露骨地表现出了一个狂热的信徒对信仰斗争的态度。连信长和秀吉的信他也是根本不放在眼里的样子。不仅如此，他为了见到信长，在谈判的五六天后就出发前去岐阜。一般认为他这次去主要是为了皇宫的修复问题与公家领地的处置问题，但弗洛伊斯推测是为了驱逐传教士一事，因此他向惟政求助，采取了对策。日乘在岐阜当然也没能改变信长对传教士的态度。他对惟政的敌对心理更为高涨，甚至看上去好似从排斥基督教运动转向了排斥惟政运动。

异教徒惟政在坚持庇护弗洛伊德的过程中，渐渐地对基督教产生了好感。弗洛伊斯从岐阜回来的时候，他正考虑在高槻建一座教堂让传教士们可以自由住宿。他考虑的是，这样一来万一朝廷决定驱逐传教士的话，可以让高槻接收传教士。而自己去京都的时候每次可以让传教士同行，可以让其逗留一两个月。但是对于和田惟政为了庇护传教士如此用心用力之事，山城摄津的武士中心怀不满之人也不少。日乘着眼于这一点，他煽动有势力的武士中看上去较受信长信任又对惟政不满的人，让他们攻击惟政的政务。然后再把这些证据收集起来，巧妙地灌输给信长。就这样，信长对惟政的信赖终于被他击破了。

一五六九年的秋天惟政去岐阜拜访信长时，信长没让他进入岐阜，将他赶回去了，然后派人破坏了高槻旁边的要塞芥川城，并没收了他一部分的领地。惟政与部下两百人一起剃发以示反省之意。日乘等人嘲笑他，将他的失势说成是庇护传教士所受之惩罚。但惟政对传教士的态度没有丝毫改变。自己命运的不幸于他而言并不值得介意，传教士能平安无事地留在京都才是头等大事。他甚至扬言，如果传教士被驱逐的话，就算是印度，他也会追随而去。

一五七〇年是以信长为中心的争霸战即将开始的一年。这一年三、四月的时候信长与家康一起上京，夏天，与北方的朝仓、浅井势力爆发冲突。在信长入京之际，和田惟政从高槻城来见信长。日乘等人期盼着信长将惟政斩首，但是信长突然将惟政叫过去，当着众多诸侯之面，对他关怀备至，并赐给他华美的衣服，扩大了他的领地。这出乎日乘等人的意料。五六天后，日乘被其他人控以重罪，并激怒了信长。信长在众多重臣的面前大骂日乘，说，把这家伙踢出去。这之后，日乘只能紧紧抓住修复皇宫的工作不放，但他却再也得不到信长的青睐。以日乘为中心发动的排斥基督教的运动至此也基本上宣告终结。

六 弗洛伊斯应对战乱的方针与他对和田惟政的赞美

日乘排斥基督教的运动就这样终结了，但是紧接着一场战争匆匆忙忙地打响了。夏天与浅井、朝仓之间的战争以信长方在姊川的快胜而结束，但是这引发了秋天的另一场规模更大的战争。三好三人众又卷土重来，回到摄津与信长对抗。石山的本愿寺亦起兵与之遥相呼应。信长为讨伐叛军而西下，惟政也作为信长手下的强将转战摄津。这对信长一方来说是一场相当艰苦的战争。北方的浅井、朝仓与三好三人众相呼应再次起兵，攻陷了近江的坂本城后侵入京都的郊外，直逼信长的后方。这时，信长以柴田胜家与和田惟政为殿后部队，让他们与三好军对阵，自己则急速回到京都，瞬间出现在坂本，断绝了浅井、朝仓军队的退路。浅井朝仓的军队只得逃上叡山。信长想让叡山的众僧帮自己降伏敌军，但僧人们没有回应他。于是他从东西两面包围了叡山，想让山上的军队自取灭亡。包围开始于寒意初袭的十月末。

据弗洛伊斯在包围开始一个月后写的信（一五七〇年十二月

一日发自京都）所记，当时市内的混乱与不安已达极点，简直好像是看到了世界末日一样。因为没有人知道胜利究竟会属于谁。如果信长败了，那么京都市内就会惨遭焚烧蹂躏。因此市民们在山上挖洞，在街道上设置鹿砦[1]、藏匿家财，将妻儿疏散到市外避难。在市外，抢劫杀人的行为随处可见。而在市内，夜巡、喊叫、警钟、突击等等，也是一片惨状。弗洛伊斯也将重要的祭器送到了爱宕山，别的家财则放到几个信徒的家中保管，教堂里只留下旧祭器。在这种情况下他还是坚持以之进行弥撒与说教。被包围后，粮食非常匮乏，但还是在好心的信徒的帮助下得以储存一些大米、萝卜干和干粮，这使他在持续的包围中看到了能坚持到底的曙光。必须要说，像这样在混乱之中还能把教堂维持下去并坚持传教，可见在市民大众中并没有积极主动打击基督教的运动。

但是，这一年，也就是一五七〇年的夏天，布教长弗朗西斯科·卡布拉尔到达岐阜，坐镇指挥日本的耶稣会。在信长开始讨伐三好三人众的十月初，托雷斯在志岐去世了。差不多同一时间，跟随卡布拉尔前来的奥尔冈蒂诺抵达堺市，因为战争无法来京都，就这样与前往迎接的洛伦索一起留在了堺市。洛伦索向弗洛伊斯报告了三好三人众的反基督教倾向，他们声称：庇护传教士的领主或重臣必将没落，如果这次获得胜利的话，就立即将传教士从京都驱逐。接到此报后，曾经考虑过万一信长与惟政失败的话就

---

[1] 鹿砦，指用树木设置的形似鹿角的障碍物。——译者注

依靠篠原长房的弗洛伊斯终于下定决心，只依靠织田信长。就算信长失败了，只要他活着，就去他的领内传教；信长不久之后取得胜利的话，可以再回京都。这是弗洛伊斯在胜负未决的时候的想法。

之后，包围又持续了约一个半月，山上的军队已经非常困疲，更疲惫不堪的是被切断了物资供给的京都市民。于是将军开始出马调停，正亲町天皇也派出了敕使，最后双方协商达成一致，包围解除了。在此期间将南部三好三人众的压力挡回去的，正是和田惟政与木下秀吉[1]两人。

弗洛伊斯将奥尔冈蒂诺迎进京都是在一五七一年一月一日（元龟元年十二月六日），信长解除包围的八天前。奥尔冈蒂诺完全接受了弗洛伊斯的决策与方针，他与信长时代基督教的隆盛密切相关。

弗洛伊斯的功绩不在于增加了众多的新信徒上。其实由于有人死亡，信徒的数量还减少了。他所努力的方向是深化信徒的信仰，以防止出现退转。特别是在这样的战乱期间更是如此。经过长期的布植，佛教势力已经根深蒂固，而且，京都集中了各个宗派的精锐，在京都要使一个日本人改宗比在别的领国上使两百个人改宗还要难。但是弗洛伊斯在这样的情况下仍然坚持把教会办下去，培育了像不顾亲人的强烈反对始终坚持自己信仰的少年科

---

[1] 木下秀吉，指丰臣秀吉。——审校注

斯莫、为追求纯洁理想不婚而死的可爱少女保拉等可歌可叹的信徒，而弗洛伊斯比这更值得注目的功绩是，为了教会在京都存在的权利而坚持奋斗，终于通过掌握了和田惟政与织田信长的想法而确立了教会的政治或公共地位。

异教徒和田惟政为了这个工作而为弗洛伊斯提供帮助，他的态度中，有着惊人的一贯性与强韧性。他与高山达里奥关系很好，无疑对基督教徒是认同的，但是他没有任何地方像一个狂热的信徒，也就是说他的态度并不是出于他对信仰的热情。据弗洛伊斯记载，和田惟政是一个情深意切的人，一旦允诺要保护一个人的话，就算因此失去领地或遭到其他的打击，他也不会中止保护。他是个不喜欢轻易变卦的人。他与家臣之间的关系也非常密切，在外人看来，几乎没有君臣之别。这正是镰仓武士所具有的"士为知己者死"的献身精神，可以说惟政是具有古典武士气质的人。但是他坚持保护弗洛伊斯的态度中又有着与因袭守旧的保守主义倾向完全相反的一面，他接受外国人，满怀热情地保护他们，虚心坦怀地倾听他们的说教。因此，如果不是战争的阻碍，他也许已经皈依了基督教。惟政将弗洛伊斯和洛伦索接到高槻城时，与他的妻儿听了洛伦索两个小时左右的说教，非常感兴趣，所以就留下了洛伦索，又听了他四天的说教，并为灵魂不灭的说法深深地感动了。但是当时因为战乱被迫中断，而这之后却再也没有机会能继续听下去了。惟政打算在完全理解教义的基础上，完全扫清成为天主教徒的阻碍后再接受洗礼，但是他还没来得及这么做就战死沙场了。惟政的这种不为新旧思想所束缚的自由态度，是当时武士中的某一类型的代表，这是应当充分加以重视的。

一五七一年九月，惟政战死后不久，弗洛伊斯为了惟政给印度地区区长写了一封充满感情的书信。弗洛伊斯以此来永远地纪念这位异教领主的护教功绩。惟政战死，是因为一时大意，这不像是他会犯的错误。当时的敌人是惟政以前的伙伴——摄津池田的城主的家臣们。这是一群没有远见的一勇之夫，他们赶走了城主并掌握了池田的实权，以反抗新兴的信长的势力。而惟政因为这种下克上的做法而蔑视他们，结果因警戒松懈而被偷袭，遭到了他们的暗算。

弗洛伊斯那一天在河内的三箇接到了讣闻。他为了回京都，派人去向惟政请求派护卫兵，结果派去的人带回来了这个噩耗。在京都的教会内，奥尔冈蒂诺和洛伦索开始就这位庇护者战死后应该会发生的迫害进行协商，想方设法要将弗洛伊斯立刻接到京都来。教会里的人感到了极深的不安与悲痛。洛伦索为了向来到近江之国的信长求助，于一五七一年九月二十八日从京都出发了。

谁知次日发生了一件非常意外的事件，把教会里的人的不安吹得一干二净。

那就是信长火烧比叡山事件。这种对传统的彻底的破坏，别说是战国时代极其蛮横的武士们，就算对衷心希望打倒佛教的传教士们来说，也是完全出乎意料的事情。

第九章 /
织田信长对传统的破坏

一 与本愿寺的对立、火烧比叡山

　　织田信长开始对佛教表现出明显镇压的态度，是从一五七一年开始的。其直接的原因是上一年的秋季发生在畿内的那场苦战。在摄津，大坂石山的本愿寺与三好三人众联手起兵，不仅妨碍了他控制摄津的计划，而且伊势尾张的门徒以木曾川下游右岸的长岛为据点，从背后威胁到了信长的安全。在京都，叡山的僧侣协助浅井、朝仓军使信长对京都的掌控陷入危机。结果，他既不能给本愿寺以痛击，也不能压制浅井、朝仓，只能暂时与浅井、朝仓讲和，回到岐阜。恐怕那个时候，他已经产生了一定要打倒本愿寺和叡山的想法吧。

　　他首先着手打倒本愿寺的势力。一五七一年的初夏，信长亲自率领诸将逼近伊势的长岛。但是一向一揆的势力之强超过他的预想。因此当时信长担心会损兵折将，就草草收兵了。长岛征伐就成为这之后三年间悬而未决之事。到了一五七四年的夏天，信长强攻三个月，且使出杀光两万人这样的威胁手段，也没有使石山的本愿寺屈服。第二年讨伐越前的本愿寺一揆，本愿寺的反抗更是激烈，对石山的围攻结果也是五年还没能攻下。最后到了一五八〇年，信长请皇室居中斡旋讲和，总算将本愿寺从石山排挤到了纪州的杂贺。观其过程，可以说信长霸权时代的大部分时间是在与本愿寺的敌对状态中度过的，信长反佛教的态度如此根深蒂固，应当是因为这个缘故。

与信长跟本愿寺的长期关系比起来，叡山与信长之间的关系极为单纯。叡山反抗信长，使得浅井、朝仓的军队得以在叡山固守。叡山之围的第二年，细川藤孝去岐阜给信长拜年的时候，信长透露了他想火攻叡山的意图，藤孝假装没听到，就这样回去了。细川藤孝是武士，也是一个精通王朝文艺的学者。对他来说，即使僧人们的堕落让人无法容忍，他也绝对想不到这一传统的圣地会被破坏。因此即使是听到这样的话，他也没想到这会被付诸实施吧。但是，信长是一个偶像破坏者，"在日本被认为是不可能的事情"，他就偏要去实行。一五七一年夏，浅井的军队进入了近江，以此为契机，这一年的秋季，信长也指挥大军进入近江，压着浅井的军队从三井寺往北行进到了东坂本。这时，信长突然下令攻打叡山。这让部下也为之惊讶，想要劝阻他，但是信长决心已定。仅靠叡山的僧人到底是无法抵抗信长军队的。叡山的势力在于承载了八百年传统的教权及其象征山王的神舆。但是对于对此毫不畏惧的人来说，这些东西都不值一提。信长满不在乎地将山王二十一社与其神舆都付之一炬，将包括根本中堂[1]在内的山上的堂塔四百余座烧了个一干二净。他还将一千五百个僧人和差不多人数的追随他们的世俗民众（据说里面包括很多好看的童仆和打扮成童仆的美女）杀得一个不剩。

在毫不犹豫地干出了这种前所未有的破坏传统之事后，信长毫不在意。当天就到京都与将军见面，治理国政去了。把米借给京都的市民，用收取的利息来补贴公家的生活这一措施也是在这个时期实施的。他还加快了皇宫的修复工作，想在这一年的秋天把工事完成。弗洛伊斯和奥尔冈蒂诺也把叡山的覆没当成了传播基督教的好机会而欢欣不已，他们去拜访了信长，受到了信长的款待，宾主长谈甚欢。之后，让两人更加喜上眉梢的是，排击基督教的原动力——竹内三位[2]由于在将军的面前预言了信长的没落，犯了信长的大忌，故在信长离开京都的途中被斩首。

形势有了这样的变化，本来一直威胁着传教士们的驱逐问题也就在不知不觉中不成为问题了。

火攻叡山使得具有悠久传统的佛教教权崩塌了，人们感觉到基督教传播之路已被打开。不久，布教长弗朗西斯科·卡布拉尔开始巡视各地。

卡布拉尔于一五七〇年夏抵达天草岛的志岐，代替托雷斯开

---

[1] 根本中堂指日本比叡山延历寺的本堂。位于东塔，为根本、中心之堂，故称根本中堂。——译者注
[2] 竹内季治，官位正三位。——译者注

始指挥日本耶稣会的工作。在志岐的第二届传教士会议开过后，他首先开始去九州的各个地方巡视，结束后来到堺市，时间大约是在一五七一年末。一五七二年初，他带领弗洛伊斯和洛伦索去岐阜拜访信长，在宴席上，信长向传教士们问了肉食的事情，卡布拉尔坦率地回答了对吃肉的见解，信长夸赞了他的态度，据说信长当时说："和尚们偷偷地吃肉呢。"他对僧人的反感表现在各种事情上。在京都，奥尔冈蒂诺也拜谒了将军，受到了盛情的接待。之后，卡布拉尔与弗洛伊斯一起去河内与摄津走访了信徒。这些是维列拉开拓的地方，使那儿的天主教武士将信仰坚定地保持下去，是当时的京都教会最主要的工作。因此，卡布拉尔在三箇举办了圣诞节。一五七二年的夏天，他回到了九州，他特别写道，在他这次整个巡视旅行期间，没有遇到人们所害怕的危险，他也受到了将军、信长以及其他重要武士们足以震惊旁人的优待。不管怎样，反基督教的势头已经平息了下来。

二 织田信长的危机、京都的围攻战

但是，时势却不适合和平地传教。元龟天正时代的兵乱终于进入了白热化状态。从东、西、北压境而来的诸方势力正好在这个时期联手意图打倒信长。一五七二、七三年对信长来说应该是最大的危机吧。反信长势力的中心人物是从东边逼近的武田信玄。他利用将军足利义昭对信长的权力所持的不满而使其加入了自己的阵营。在西方，他与石山的本愿寺、松永久秀、叡山的残党等取得了联系。在北方，他与浅井、朝仓结盟。对这一形势已有察觉的信长于一五七二年晚秋对足利义昭发出了共十七条的问责书。而与此同时，信玄已经率领数万兵士从甲府出发了。信长与义昭之间已经不能像以前那样简单地通过交涉解决问题了。使者频繁往返于两人之间，义昭的态度很明确：他为了防备信长的突袭而加固了二条城的防卫，但信长还是坚持安抚政策，按兵不动。一五七三年初，信玄的军队在三方原打败德川家康的军队，信长还是坚持要与信玄和亲，对义昭那边则是派了态度温和的使者，甚至想把自己的女儿送去当人质。当时态度强硬的反而是信玄与义昭一方。信玄给义昭发的意见书中，力数信长的五大罪状，其中，消灭叡山是其罪之大者。因此，一般认为复兴叡山才是信玄的主要目的。据弗洛伊斯记载，信玄在给信长的信中，自署"天台座主沙门信玄"，信长在回信中则自署"第六天魔王信长"。这不过是两位英雄之间语带谐谑的相互应答，但是其背后显示了两人对佛教的态度。弗洛伊斯敏锐地感觉到了这一点，他对信长深陷困境不能轻易上京之事很担心，甚至开始为可能出现的信玄上京复兴叡山后基督教将面临的迫害做心理准备。

担心的不只是弗洛伊斯一人。整个京都的市民都陷入了不安，手忙脚乱地准备避难。有人把家财打包送到市外，却成为士兵们掠夺的目标。这样的混乱每天都在持续。弗洛伊斯也把祭器和书籍送到了醍醐、八幡。不久，妇女儿童们开始避难。当时奥尔冈蒂诺与洛伦索在三箇，三箇的领主来劝弗洛伊斯去避难。摄津的高山达里奥和丹波的内藤如安也来劝他去他们居住的城堡，京都的信徒们也都持同样意见，因为一旦京都市陷入战火，救助弗洛伊斯就会变得非常困难。

但是弗洛伊斯不为所动。他坚定地说，自己的任务是把基督教信仰带给日本人，而信长是自己的至交，一直庇护着基督教，所以即使他的军队侵入京都，也不会加害于信徒和教堂的。如果信长的军队来了，自己就去市外迎接，将卡布拉尔的礼物——盾和书信交给他。他似乎看得很清楚，市内的骚乱主要是由心理上的不安引起的。有一天，一群盗贼为了制造掠夺的机会，传播谣言称信长袭来，二条城起火，一时间京都市内陷入了如"最后的审判日"那样的混乱之中。而弗洛伊斯一直在观察市民的这种心理状态。

义昭在春天彼岸节[1]的时候终于起兵。对此，信长当下采取的对策只是派柴田、明智等部将攻陷石山和今坚田城以确保去京都的道路。信长率领大军来到京都是这之后一个月左右的事情。当时在京都的人们相信，信长是不可能上京的。因为东边来自信玄的压力与北边来自浅井、朝仓的攻击将信长逼进了险境。京都的义昭将摄津的三好党与本愿寺的势力收为己用，现在，他的地

---

[1] 日本的传统节日，是扫墓祭祀祖先的日子，一年有两次，分别为"春彼岸"与"秋彼岸"，"彼岸节"有七天，中间的那天称为"中日"，"春彼岸"的"中日"为春分，"秋彼岸"的中日为秋分。——译者注

位看似已经非常稳固了。

这时，天主教武士内藤如安在弗洛伊斯面前隆重登场，他是丹波八木之城的城主。如安上一年在京都与卡布拉尔会面时据说还是处于"值得同情的穷困状态"，仅仅一年后，他就率领了两千士兵火速赶来支援足利义昭将军。他高举十字架的旗帜，头盔上金色的"ゼウス（上帝）"的文字闪闪发光。义昭大喜，将他迎入城内。如安在这一天的午后率领天主教武士去教堂拜访了弗洛伊斯，并热心地开始为告解做准备。他热心、谦虚、温顺的态度给弗洛伊斯留下了非常好的印象。这之后，如安将教会和信徒保护得非常周到。他和高山右近等人一样，始终保持了一个天主教武士的操守。

高山右近也正是在这个时候脱颖而出的。他与他父亲高山达里奥一同作为和田惟政的部下守卫着高槻城。惟政战死后，继承他成为城主的惟长因统率力不足而造成了一起悲剧性事件。事件起因是惟长的家臣中有一伙人妒忌高山父子的声望与势力而欲除掉他们。惟长不可能与这些人同流合污，但也没能压制住他们。故惟长想杀高山父子的话传到了高山父子的耳中。高山父子得到了和田惟政后掌握实权的荒木村重的理解，突然袭击了惟长。当时还是一名十九岁青年的右近与跟他差不多年龄的惟长交手，最后两人都负了伤。后来是桂川以西之地的领主细川藤孝为双方调停，其结果是，惟长离开高槻回到伊贺，高山达里奥留下成为高槻城主。不久，惟长因伤死于伏见城中。基督教的外护者和田惟政一脉从此断绝。代之而起的天主教武士高山右近由此开始活跃起来。

但是，在惟长殁后十天左右，被认为不可能上京的信长突然出现在近江国，时间是一五七三年的四月末。接到此报后，义昭立即将援军的军队布置到二条城，将护城河上的桥拉了起来。内藤如安也与部下的士兵一起进了城堡。市民再次陷入一片混乱。弗洛伊斯又开始将家财打包准备送走。内藤如安派了护卫兵、马、脚夫帮他把行李送到了丹波，并热忱地劝他去丹波避难。但是弗洛伊斯没有抛下教堂和信徒。正是在这个时候，细川藤孝与荒木村重去逢坂迎接了信长的军队。如果内藤如安属于信长阵营的话，也许弗洛伊斯也能去迎接信长了。

信长在四月三十日（天正元年三月二十九日）上午进入了京都的东郊，在知恩院与祇园之间扎营。弗洛伊斯在那一天的下午带着卡布拉尔给信长的书简与礼物（盾牌）拜访了小西隆佐家，目的可能是与隆佐商量如何接近信长吧。隆佐的家人都已经避难，只有隆佐与儿子行长拿着武器留在家中。但是就算是有隆佐的头脑，弗洛伊斯的计划也很难实现。弗洛伊斯将信与盾交给隆佐，请他伺机交给信长。然后弗洛伊斯本人去了有十名左右信徒的九条村避难。有十多个信徒与他同行。正是麦将抽穗的时候，掠夺者藏身于麦田中，而他们也能躲藏在麦田里。在九条村，他们在信徒的亲戚或知己的家中辗转躲藏。一次，当他们面对来掠夺的荒木的士兵和与之里应外合的村民时，有一个父亲是天主教徒的异教徒不顾危险保护了他们。这一风波过去后，信徒们来到弗洛伊斯藏身的地方商量，然后乘着夜色把他带到了东寺的村庄。但是由于迫害者告密，东寺的和尚们已经贴出布告禁止窝藏弗洛伊斯，这个时候，奋不顾身把他藏了起来的是老信徒梅奥桑的一个异教徒亲戚。弗洛伊斯在他家藏了八天。

在那八天里，弗洛伊斯把京都的事情基本上处理好后，就急速撤离了京都。因此弗洛伊斯没能与信长见面。但是信长最初扎营东山时，命令手下的士兵不得进入京都市内，对义昭也依然继续采取安抚政策，弗洛伊斯只要没逃到九条村，就能在第二天见到信长。小西隆佐于次日，也就是五月一日带着卡布拉尔的书简与盾牌去见信长，并将受托之物交给了他。信长非常高兴，问了他弗洛伊斯和奥尔冈蒂诺的情况，并赞美了葡萄牙的盾牌。这件事似乎马上就报告给了弗洛伊斯，两三天后，一个装着金米糖的瓶子交给了隆佐，他受托再次前去拜访信长。

就这样，信长在开始的四天里没有动兵，而是向义昭提议和解。他还是拥护义昭为将军，只是在战争与政治方面希望义昭做出让步。义昭如果不答应的话，他也可以以武力强行执行，但是这样的话，京都的市民与郊外的农民将备受灾殃。要设法避免这种情况，这是信长的想法。但是义昭周围的"年轻人们"气焰非常嚣张，好像已经抓住了信长的弱点一样。因此义昭没有答应和解的提议。无可奈何的信长于五月三日让人放火烧了京都周围二里至四里范围内的九十余个村镇，那是京都市民安置避难的妻儿与家财的地方，因此在那儿进行的掠夺与暴行实质上与在京都进行的是一回事。弗洛伊斯最初避难的九条村也是在这一天被焚毁的。

这场大破坏之后，信长再次试图说服义昭，但义昭还是没有回应。上京和下京[1]的市民纷纷向信长请愿，希望他不要对市内出手，信长写下纸条交给他们表示不会烧下京，对于上京，他没有回答。但是，五月三日晚上上京的失火事件却不是信长下令造成的。这是一个由约三十个人组成的掠夺队干的。信长为了表示不是自己手下的士兵纵火烧的京都，当天夜里他一直按兵不动。五月四日早上，上京三分之一以上毁于火灾。这时信长挥师入京，为了方便包围二条城，他把剩下的部分也放火烧毁了。上京被焚毁，其中被烧毁的寺庙众多，损失尤其惨重。有人认为，信长不放过上京，也许正是因为上京寺庙多的原因吧。

信长没有打算攻下这个自己建起来的坚固的二条城，这个由三条护城河及多个棱堡包围起来的要塞。他在其周围建了四座城，堵塞了通道，断绝了粮道，一个包围圈就此形成了。信长命令当地人细川藤孝等人镇守。义昭见形势不妙，便改变了态度，答应和解。五月八日（天正元年四月七日）敕使见了义昭与信长，信长即日离开京都，当天在近江守山扎了营。

当时的和解只是暂时的，这在弗洛伊斯于事件二十天后写的信中有明确的记录。义昭指望着浅井、朝仓和三好三人众的救援，

---

[1] 当时京都二条通以北被称为上京，以南为下京。——译者注

故采取了权宜之策，信长对此也心知肚明，他预料到义昭会重整旗鼓，故在琵琶湖紧急造了十几艘一百支橹的大船，以备突袭京都之用。

可是，在东方牵制信长进退的武田信玄在三河野田的阵营中得了病，撤军至信浓后，于五月十三日去世。他的去世没有马上公布于众，但是东面的压力因此解除了，信玄之死对信长来说也许实际上是一个命运转折点。因此在形式上，信长在京的九天时间决定了他的地位。据说，这个时候的信长给了京都市民这样的印象："他心胸宽大，深思熟虑。关键时刻能屈能伸。"（弗洛伊斯一五七三年五月二十七日发自京都的书简）将军已完全被架空。

三 将军的没落，浅井、朝仓的灭亡，传统破坏者的胜利

战乱之中，高山达里奥担心弗洛伊斯的人身安全，派了数位家臣在各个村子搜索，八日之后才发现他在东寺。那也是信长退出京都的日子。那天，也有信徒从京都来接他，弗洛伊斯回到了教堂。次日，在京都的信徒们聚集而来，见到弗洛伊斯后大家都喜极而泣。

内藤如安出了城堡，差不多每天都来教堂。他的兄长玄蕃、家老内藤土佐以及其他的家臣也一起来听说教。不久之后这两人也接受了洗礼，玄蕃成为堂·朱利安，土佐成为堂·托马斯。丹

波的教堂建设与洛伦索去那儿说教的事等等也逐步有了进展。

据弗洛伊斯记载，内藤如安与义昭看上去关系非常好。信长离开京都六天后，义昭觉得在二条城中很不安，就向如安提出借用他的城堡。当时制定的计划是这样的：义昭住进八木城，如安驻守二条城。对此，如安陈述了自己的意见，称：自己非常乐意遵从将军的想法，但是身为将军，逃出这座坚固的二条城，再次与信长为敌，实为不宜。于是，将军改变了最初的计划，决定移居宇治的槙之岛，并开始转移妇女儿童与家财。京都的市民见此，再次陷入恐慌，也都忙着转移妇女儿童和家财，当时病中的如安听说此事后赶忙飞奔至二条城，截住了正要骑马出发的义昭。他当着在场重臣们的面劝阻将军说，京都的市民爱戴将军，才遭遇了这样巨大的灾祸，现在将军如果抛弃京都城，将失去名誉与人们的尊敬。自己将以生命来保卫这座城堡，所以请一定要留下来。他的意见甚至得到了将军的随行重臣们的赞同。于是义昭放弃了移居的想法。市内的人心也安定了下来。如安劝阻将军之举在京都的市民中颇受好评。

同一时期，三好三人众与本愿寺等的联合军进入了大坂与京都之间，高山达里奥担心弗洛伊斯的安危，派人马到京都来接弗洛伊斯去高槻城避难。正好这个时候，三好氏的军中也有使者带着天主教武士们的书简而来。信中道：三好的军队还没决定是否进入京都。如果进城的话，天主教武士将负责保护教堂所在的町，故无需避难。弗洛伊斯对这个提议非常满意，就让高山的士兵们回去了。

在这样的状态下，弗洛伊斯在京都一直活动到了三月。除了内藤如安一族外，摄津池田的士兵们也听从了内藤玄蕃的建议，前来听说教。六七月的时候，弗洛伊斯坚持每天从中午到黄昏对池田的人进行说教。在池田的领地传播基督教是弗洛伊斯多年来的梦想。

义昭在六七月的时候再次想离开京都，但又放弃了，到了八月初，终于下定决心在宇治的槙之岛上闭门不出了。二条城由手下的武士或公家担任大将守卫。三好三人众与本愿寺的军队到了京都的南边。他应该是这么想的：浅井和朝仓会切断信长到京都的通道，这次可以让信长因后顾之忧而痛苦。但是这一切都毫无用处。信长接到义昭起兵的通报后，率领大军从岐阜出发，仅用了一天一夜就进入了京都。京都的市民目瞪口呆，都小声议论着：信长简直就像妖怪一样神出鬼没，将军怎么可能打赢他。其中在琵琶湖里准备的一百支橹的船队立了大功。二条城被包围后不久就投降了。到了第十天，信长已经开始进攻槙之岛，一天之内，城堡眼看就要被攻下，义昭只得求和。信长到底还是没有杀他，只是说了一句"把他送走吧"，就把他交给秀吉等人处置了。于是秀吉等人将他送到了将军阵营的三好义继的居城 —— 河内的若江去了。义昭在这之后也依靠本愿寺、毛利的势力继续反抗信长，但是信长早已不把他放在眼里了。传统意义上的足利将军至此已经覆灭了。

在京都，足利将军失势的形势已经很明朗了。上京毁于兵火，这不是信长的责任，而是将军的责任。信长只是同情市民的不幸而帮助他们复兴罢了。为此，他公布：免除地子钱[1]与各种杂税，照顾鳏寡孤独，保护各行各业里因技术高超而被称为"名人"的人，奖励儒学等等。与肩负着旧传统的将军比起来，京都的市民更欢迎这位实力在握的新英雄。

就像是为了完成这一新局面一样，信长在次月即征讨并歼灭了浅井、朝仓的势力，只用了二十天左右。信长先包围江北浅井的居城，然后对朝仓的援军施以重压，在近江至越前之间连绵不断的险峻山地中追击朝仓军，将朝仓军赶出了其据点一乘谷，最终将之彻底击溃。接着信长就迅速回头，强攻江北的虎姬山之城，浅井父子被逼自尽。至此，长年压迫信长的北方势力被清除了。

就这样，一五七三年，五月东面的信玄去世，八月京都的将军义昭被驱逐，九月，北方的浅井、朝仓势力被歼灭。这一年是决定信长命运的一年。弗洛伊斯一直提心吊胆地关注着信长的命运，最后终于如他所愿，运势好转了。他在战乱中的五月末这么写道：日本的异教徒们，不管是和尚还是俗人，都期待着神佛能对信长施加严惩，但是做出破坏寺院神社、将它们的领地分配给武士们等暴行的信长之后却变得日益强大、战果辉煌，且任何事都能随心所欲，异教徒们见此不由感叹，神也好佛也罢，都靠不

---

[1] 地子钱，指地租。——译者注

住。甚至还有人相信，信长已经暗中成了天主教徒。若非如此，不可能那么大胆地冒渎神佛。在这些记录中回荡着弗洛伊斯对信长的殷切期待之意。

第十章 /

京都新教堂"升天圣母"的建立

一 新教堂的计划与其主导者们

一五七三年后，信长的地位已非常稳固，但是，曾经包围他的敌对势力还有残存。东边，信玄殁后，其嗣子胜赖对信长虎视眈眈。西边，本愿寺又纠合了反信长的各方势力，这使得北方越前的一向一揆势力非常活跃。一五七四、一五七五年的时候，信长一直忙于解决这些敌对势力。一五七四年，他全歼了伊势长岛的一向一揆。一五七五年他在长篠合战中巧妙地利用火枪战术，不仅消灭了武田的精锐部队，还向北进攻了越前的本愿寺，平定了本愿寺一揆。这样，到了一五七六年后，讨伐歼灭石山的本愿寺及其党羽，就成了唯一要解决的问题了。

在一五七六年初，信长在近江的安土筑城，并迁到了那儿。与此同时，一个从中世各种特权组织下解放出来的近代城市的建设开始了。信长作为政治家的才能于此崭露头角。后来秀吉经营大坂、家康经营江户，都学习了信长经营安土之术。

　　而这一时代机运在京都的教会中也有反映，那就是一五七五年开始的新教堂的建设。

　　由于长年战乱，京都的信徒在人数上没有增加，但是受到维列拉的教化以来，坚定地守护自己信仰的人很多，除了总在困难时期伸出援手的小西隆佐父子外，弗洛伊斯特别提到的还有老安唐、科斯莫、安唐的兄弟本托、贾斯蒂诺·梅奥桑及其子亚历山大、清水莱昂等人。梅奥桑与其妻子都是京都最早成为信徒的老人，对教会的事情非常热心，他的妻子莫妮卡也是品德高洁之人，在弗洛伊斯躲到九条村的时候，梅奥桑也携子跟随同往，让弗洛伊斯在东寺自己的侄子家藏了八天。而莱昂是个相当富裕的人，他五十岁左右，很有才智，深思熟虑，讷于言而敏于行。他的父亲是热心的法华信徒，对莱昂成为天主教徒之事深恶痛绝。他死于一个不幸的意外。莱昂的妻子与孩子也一直不愿改宗，但在莱昂的热心劝说下终于成为了信徒。莱昂是非常虔诚的信徒，他常为了教会与慈善慷慨解囊。他是京都信徒中建设新教堂的主导人，在教堂的建设工作上最热心的就是莱昂和梅奥桑两人，莱昂不仅为了建设教堂捐了大笔的钱，还为了这个计划献计献策。弗洛伊斯称，在所有的事情上几乎都听从了莱昂的意见。梅奥桑也额外捐了钱，还为了购买木材在天寒地冻的时候去了四十多里外的山中。据说这位善良的老人晚上睡不着的时候把京都当作天主教城市，以思考其城市计划为乐，比如把京都众多的佛寺改建为基督教的大教堂、贫民医院、受洗志愿者之家、学校等等。

为新教堂建设尽力的不仅有京都的信徒，摄津河内的天主教武士们也热情地参与了建设。

首先要说一下高槻城的高山达里奥、茹斯托[1]父子。一五七三年春，赶走和田惟长成为高槻城主的高山达里奥已经五十多岁了，战场上负的旧伤时时发作，所以就将高槻城交给了茹斯托·右近统治，自己开始专心忙基督教的事情。他首先着手的是教堂的建设。他在一个神社的旧址上——一个种着大树的宽阔的广场上建了教堂，周围建了很大的庭院。教堂的旁边又建了一栋传教士们住宿用的美丽的住宅，前面用很多石头建了一个漂亮的院子。在这个新教堂中听到第一次弥撒的时候，达里奥伏身在地板上喜极而泣。据说他当时说道，人世的愿望已经实现，我将听从您的旨意，任何时候都可以召唤我去您的身边。信徒们每天早上在钟声响起时来到这个教堂祈祷，黄昏唱圣母颂时亦是如此。达里奥与其子总是最早到。礼拜天或节日的时候达里奥有时候说教，有时候给大家读书。有时候从京都请来传教士，听他们做弥撒和说教。这样，在这之后两年左右的时间里，城内的武士、士兵与他们的妻子孩子都成了天主教徒。

达里奥把这些信徒组织起来，让他们从事教化和慈善的工作。如果客人是天主教徒的话，就算是全然陌生的人，也像对亲戚一

---

[1] 茹斯托，茹斯托·右近，指高山右近。——审校注

样地款待他。对待穷人就给他衣食，对待战死者的遗属就像亲人一样照顾他。即便是穷人的葬礼，信徒也一同参加，隆重地为他送葬。

达里奥的这些努力渐收成效，这时，京都方面提出了新建教堂的提案。达里奥也来到京都，与传教士和木匠一起制图，并答应提供主要的木材。为此，他自己与两三个骑马的武士一同率领木工、锯木工一起进入六七里深的山中采伐木材。他们先把木材运到高槻，然后用船运到京都附近，最后用货车运一里左右送到工场，这些工作全都是自费的。工程开始后达里奥又承担了提供民夫等各种工作。就算是拜托他做相当困难的事，他总是说一句"小事一桩"，就高高兴兴地接了过去。

工程还在进行中时，一五七六年的复活节，达里奥恳请并迎接奥尔冈蒂诺来到了高槻，他为节日作了各种准备，以非同寻常的热情和奉献的态度为圣周的各种活动帮忙。圣餐之后，达里奥设宴招待了六百多名会众，人们都为他的慈爱之心感叹。奥尔冈蒂诺感慨道，这是他在日本见过的最庄严的复活节。几个月后，奥尔冈蒂诺在京都的教堂举行献堂式[1]时，达里奥夫妇、儿子茹斯托带着两百多名士兵也来参加了。附近的市民看到这么多坐着肩舆骑着马来的人进入教堂，非常惊讶。仪式结束后，达里奥用自己运来的大量食物举办了盛大的宴会招待四面八方赶来的参加者。

---

[1] 献堂式，基督教的仪式之一，是将新建成的教堂献给神的仪式。——译者注

高山父子之后要说的是河内饭盛山下冈山城的家老若热·结城弥平治。若热这个时候大约三十三岁，接受洗礼是在十四五年前，据说他是维列拉教化的第一个天主教武士结城山城守的侄子。若热的母亲是非常虔诚的法华宗信徒，他的两个兄弟都遵母命成了僧侣。但是若热不辞辛苦，使他们都成了虔诚的天主教徒。来冈山城前，他作为三箇的天主教武士非常活跃，还曾有因为成了天主教徒而免于战死的经历。冈山城主是他的侄子，他深受信赖，成为城主的辅佐，掌管一家之政务。城主在他的劝说下也和家人一起接受了洗礼，被称为若昂。城主以外，还有冈山的住民一千多人被他的热心感化，全都成了天主教徒。那儿建起了教堂和传教士馆。弗洛伊斯和洛伦索也经常过去。

京都的新教堂开始建设后，若热立即在教堂附近租了一个房子供四五十个士兵居住，让他们每天去工地帮忙。他还一手揽下了搬运与安置教堂巨大基石的工作，并且身先士卒，埋头工作，以至于两肩都肿了起来。作为家老，他不能经常来京都，如果遇到节日，他就带着一两个人连夜驰马十里来京都，上午做完忏悔、领了圣餐后，下午立即回去，且表现得非常平静，好像只是从一二里远的地方来了一趟一般，为的是不想让人知道自己的辛苦。他总是率先捐款，所捐也多于旁人，却从不宣之于口。还发生过这样一件事：有一次上京时，他见到工地上木匠的人数很少，便知道建筑费不足，就在传教士馆的角落悄悄将自己配刀上的金饰拆下，包在纸中，交给了日本修道士。他谦恭的做法让传教士们深为感动。

冈山附近三箇的信徒们当然也为新教堂的建设出了力，其中三箇城主的姐妹——费莉帕特别引人注目，她是一个叫キタ（木田）[1]的武士的妻子。这位已过五十的老夫人被称为是天主教女子的模范。她虽然并不十分富裕，但她从事慈善活动，为了教堂和穷人从不吝惜钱财。她探望病人，鼓励意志薄弱的人坚定信仰，唤醒浑浑噩噩的人，调停纷争，对教化异教徒的事情也非常热心。另外，在圣诞节和复活节的时候，从外地来到冈山的天主教徒中的贫穷妇女们都是由她来照顾。其他时间来到冈山的天主教徒们也总是受到她的关照。到了冬天，费莉帕与侍女们孜孜不倦地织布裁衣，送给京都的传教士们。新教堂的建设开始的时候，她为了支援工地的建设，带了很多布帛来到京都。弗洛伊斯称，她的行为完全和初期教会内的妇女们一样。

河内若江的部将——西梅昂·池田丹后也为了新教堂的建设尽心竭力。若江的城堡在信长驱逐将军义昭后成为三好义继的居城。义昭最后也被从宇治的槙之岛送到了这个若江的城堡，那一年的冬天城堡被信长的军队围攻时，池田丹后与其他的部将一起与信长军里应外合，义继被迫自杀。这之后城堡由这些部将共同把守。这些人中只有池田丹后一人是天主教徒，但是部下的武士们在维列拉于饭盛山下传教时皈依了天主教。因此他们不仅在若

---

[1] 原文只有片假名，且缺少相关资料，无法确定对应汉字。故根据其发音，暂译作"木田"。——译者注

江的城内建了宏伟的教堂，也为京都的教堂建设出了大力。这之后的一五七七年信长攻打纪伊的杂贺时，西梅昂亦随军焚烧了很多寺庙，在战争中，他还把一个抢来的大吊钟运到了京都献给了圣母教堂。

以上列举的是特别引人注目的几个人，当然还有无数的信徒与他们一样热心地帮忙。从河内山里采伐的木材通过淀川运到伏见时，若江、三箇与甲贺等地的天主教武士们汇集而来，其家臣、亲戚、友人等共有一千五百人出动。通过高槻附近时高山达里奥让士兵出去帮忙。其他人里，富人出大钱，而穷人除了自己的份额外，还额外捐献了金银米等其他各种物品。有人拿来绳子，有人带来一大捧钉子，有人为木匠们带来鱼，有人带来手织的棉布，有人带着自己的铁锅来帮忙做菜，有母亲捐献战死的孩子的武器与衣服，还有一个年老的寡妇捐献了一百张榻榻米，惊呆了众人。这样，在无数人诚挚的帮助下，新教堂顺利竣工。因此，这不单是一个建筑工程，它也是京都地区信徒们的集体感情与意志的象征。

二 建筑工事与村井贞胜的外护

那么这个建筑工作是怎么进行的呢？

一五七五年以前的那个狭小简陋的教堂已经颓败不堪，大风的日子里无法居住。很久以前传教士和信徒们就考虑解决这个问题。终于，一五七五年上半年（众人）商议建造新教堂。当时的计划是购买在售的寺庙以利用其木材，结果价格不划算，只好放弃这个计划。但是这反而成为一种刺激，信徒们因此热情高涨，到了夏季的时候，有关新教堂的建设事宜就已商定了。传教士向丰后的卡布拉尔报告，决定从耶稣会的日常费用中划出一部分钱来建设。有能力的信徒们汇集起来制图、决定分担的工作等等。人们各自分工，承担了购买木材、购买工地上用的米、征集木匠与脚夫等工作。这样，大概在一五七五年末，施工开始了。

在上文所述的热心信徒的帮助下，施工进行得很顺利。对这次施工来说特别有利的一点是，在一五七三年足利将军失势后，村井贞胜长门守[1]成了京都所司代。贞胜在那之前就与朝山日乘一起参与皇宫的建造，从事京都的行政工作，与日乘不同的是，他没有任何宗教倾向，能将信长对天主教的态度直接反映在施政上。弗洛伊斯也称呼他为"值得尊敬的老年异教徒"、"天生的善人"。这位贞胜就和前面提到的和田惟政一样，虽为异教徒，却非常热心地保护天主教徒。所司代，其地位可以被称为是"京都的总督"，在权势上也是可以与惟政匹敌的。

最初教会向所司代提出建设新教堂的申请时，贞胜给了他们特别的恩典。当时在京都，除了修复皇宫所需的建筑资材外，木材与其他资材的运入是被禁止的，但是贞胜允许他们自由搬运教

---

[1] 长门守，武家官职之一，为正六位下。——译者注

堂所需木材和其他建筑材料，而且为他们免了税。接着是上梁的时候，推测大概需要七百个人以上的帮手，而贞胜提出，要多少人只管说，一千个人也能送去。到了上梁的那天，两名武士作为代表率领众人带着贺仪前来。这些人在工地上一直待到了晚上，以此来周告市民们所司代对这个教堂很有好感。当天还有其他从各个地方来的天主教大人物，与此配合，这位所司代的措施非常有效。在此之前对教堂没有好感的市民们也都突然改变了态度，开始为工程帮忙。上梁仪式的数日后，贞胜本人来到工地，赠送了两万硬币以示好意。不仅如此，当时为了建造安土城而征募木匠，贞胜也指出，此次征募不适用于为教堂做木匠的人。

　　贞胜所提供的最大庇护措施是他压下了京都市民对建新教堂的反对意见。反对的理由是，教堂之上还有二楼的高层建筑（日本式住宅的话就是三层楼的建筑吧）凌驾于寺院与住宅之上，俯视京都市民；或云，礼拜堂之上有住宅，这不符合日本的习惯，等等。对此，贞胜以极其合理的观点反驳了他们：外国人来京都建房子，是给京都增添了名胜。市民更应该尊重他们。教堂上建住宅，这是因为土地狭小没有余地，是无奈之举。还有，如果说造很高的两层房子不好的话，那么应当不问外国人还是日本人都一律禁止，如果京都现存建筑的二楼都拆掉的话，我就下令把天主教堂的二楼拆掉。

　　知道所司代不赞同反对建新教堂的想法后，代表京都的町自治组织的老人们以自己手中的权力，命令将教堂上的二楼拆掉。

这看上去好似只是对教堂的构造挑刺儿，而不是反对建新教堂，但是在建设过程中下令需作如此更改，差不多就是想让工程无法进行下去的意思。传教士们察觉他们的意图后做了以下抗辩：不允许建二层的住宅的话，就应该在施工开始前通知我们。建筑结构上，楼上与楼下是紧密相连的，拆掉楼上的部分，会对下面的构造造成危害，或者要增加巨额的费用。这个建筑在施工前已向信长及所司代提出申请，传教士是在他们的保护下居住于京都的，所以在这件事情上也将遵从他们的命令。

这样，京都的町自治当局与教会之间形成了鲜明的对立。町的老人们为何如此毫不讲理极力刁难他们，不得而知，弗洛伊斯解释为是受到了和尚们的教唆。町自治组织意气用事，派了四十个左右有身份的人带着很多礼物去安土向信长请愿。他们认为，如果是京都市民的愿望的话，重视民情的信长一定会有所行动的。这对于京都这座城市来说是一个相当大的事件。见此形势，教会先行一步，派了日本修道士科斯莫去安土向几个有势力的武士报告了这件事。这些人告诉他，可以继续施工，不用在意；请愿的人来了以后，会看情况帮忙处理的。所司代村井贞胜也听说了请愿团已经出发的事情，他觉得，京都为难信长及自己庇护下的外国人，事关他的尊严，因此他当即不顾年老体弱，冒着严寒飞驰到安土。请愿团到了安土后，意外地看到了反对他们的京都所司代，而且信长身边的武士没有人愿意为他们斡旋，结果他们一事无成，偃旗息鼓回到了京都。

如上所述，除了有所司代的保护外，天主教武士们也都出奇地热心。一五七六年五月，信长对石山本愿寺的大规模攻击开始后，高槻、若江、三箇、冈山四城的天主教武士们也不得不参加战争，但即使在战事繁忙之中，他们也坚持派一定的人数去京都的施工现场帮忙。这是通过各个部门之间互相代替、轮流派出人员实现的。

工程的进展状况使弗洛伊斯与奥尔冈蒂诺非常满意。这儿是充满了神社佛阁的神像之都，在这样的地方，仅仅两个外国人，逆众敌之意志而建设美丽的教堂。为了便于欧洲人想象这一美好的状况，弗洛伊斯是这么描述的：这种情况，就好像是两个阿拉伯人来到罗马或里斯本，在基督教教堂的旁边建了伊斯兰教的清真寺一样。这样的心情恐怕当时的日本人是不会明白的。但是对于在与伊斯兰教徒的对抗中受到刺激而来到了印度甚至日本的欧洲人来说，这一表达实在是意味深长。

一五七六年的夏天，教堂还没有落成，奥尔冈蒂诺选择沙勿略抵达日本的八月十五日，也就是圣母升天节的这一天在这个教堂献上了最初的弥撒。教堂的名字也被称为"升天的圣母"。当时弗洛伊斯和洛伦索都去了河内，不在京都，不过有众多信徒从各地汇集而来，大家一起举办了一个盛大的庆典。

这一年年末圣诞节的时候，教堂的大部分已经建成了。开工以来差不多过了一年。各地的信徒齐聚教堂，打算热热闹闹地过一个圣诞节。这时候，两年前到长崎的新神父若昂·弗朗西斯科也到了京都，喜上加喜，新教堂的第一个圣诞节非常隆重。

　　教堂还有一部分尚未完工。弗朗西斯科半年后写的信中亦称，新教堂已经大致建好，还是没有说完全建成。又过了一年后，奥尔冈蒂诺写的信中才初次提到新教堂已经落成。但是就是那个时候，也还没完成壁画。

三　新教堂的效果

　　教堂虽然不算宏伟，但是还是很壮丽。京都的石工与木工技术都很精湛，监督施工的奥尔冈蒂诺又是懂建筑的意大利人，建筑时用了各种手法，足以使日本人大开眼界。以信长为首的日本人都对这个教堂所展示的西洋人的知识大为赞叹，由此看来，教堂应该加入了相当多的欧洲风格。不仅信长等人觉得满意，连曾经想阻碍建设的人看到建成后的教堂也大加赞赏。

　　此前引发争论的二楼，位于教堂之上，有六个美丽的房间。从那儿不仅可以一览市内，还能眺望郊外的各个寺院和田园。这样高的建筑对日本人来说又是很稀奇的。

　　这个新建的教堂使京都的天主教成了令人瞩目的存在。在各地来京都观光的人的眼中新教堂也变得非常醒目。这不管是对传教士们还是日本信徒们来说，都有着重大的意义。天主教徒们在日本中央的都城里有一座壮丽的教堂，屋顶上十字架作为胜利的旗帜与荣耀的徽章闪闪发亮。在那儿公开说着福音——这件事连全日本的异教徒与领主们都广为知晓。这让人感觉好像是显示了主基督的胜利。这种感觉，在日本各地崛起的英雄们都以上洛为目标而奋斗的时代，在占领京都就意味着成就了霸权的时代，有了现实的证据。

其证据就是，新的教堂在建设时及建成后，教会势力急剧高涨。据说，截至奥尔冈蒂诺举行新教堂献堂式之前两年间的教化之收获比之前的二十五年还要大。而且，到了据称这座教堂大部分已建成的一五七六年圣诞节以后，仅仅三四个月的时间里摄津河内就有四千个人皈依了天主教。一五七七年七月时统计达到了六千三百人，主要集中在高槻、三箇、冈山等地，甚至还发生了两百位一向宗的信徒同时改宗的事情。

一五七七年九月，奥尔冈蒂诺给当时在印度的巡察使范礼安写的报告中说，这一年四旬节的第一天以来他已经给七千人以上施行了洗礼，看样子还会有改宗者陆续出现。他记述这一形势时将它与京都新教堂的建设联系了起来。另外，他还写道：为了建设这个"升天的圣母"教堂劳心劳力，但是它可以成为基督扬名之基。现在其巨大的效果已经显现了。京都全市改变了对教会的态度，刚开始施工的时候厌恶教会的人，现在对教会很尊敬，不再口出恶言。这种变化不限于京都，关于京都教会的传言已经散播到了全国的各个角落。现在，不管去哪儿都可以说教了。不仅如此，京都新教堂的建设也影响到了天主教领主们，激起了他们在各自领内建大教堂的势头。一五七七年秋天以前开始动工的有三箇与冈山的教堂。如果再能准备两块大毛毯，几件金线织花的锦缎或天鹅绒法衣和几幅精美的画像来装饰教堂，那将是莫大的荣幸。

就这样，一五七七年京都地区的受洗者达到了一万一千人。

四 织田信长一族的认同

在同一年里，信长不仅加大了对大坂本愿寺所施加的压力，为了切断它背后的势力，信长春季亲自讨伐了纪伊的杂贺一揆，秋季让秀吉开始了对播磨的征伐。

信长行动前，大概是在阴历的新年吧，奥尔冈蒂诺由洛伦索与其他日本人陪伴去安土向信长拜年。安土城的施工稍晚于京都的教堂，但信长以手中的权力征收畿内地区的木材，征集木匠和其他的工匠，加快了施工进度，因此当时已经建得相当有规模了吧，奥尔冈蒂诺称其为"即便是基督教国家中也没有的宏伟建筑"。位于中央的塔是各边长二十间的正方形，高十五间，有五层屋顶（据《信长记》记载，安土的天守阁有两重石壁，高十二间，上面的大小是南北二十间，东西十七间，石壁内有仓库，上面有七层）。信长愉快地迎接并热情接待了传教士们。他耐心地听了很多关于基督教的知识，并且不厌其烦地持续提问。而且当着列席的诸国领主们称赞基督教及传教士们在生活中洁身自好，大骂日本的僧人们生活堕落。甚至还说过这样的话：自己想把和尚们消灭干净，奈何因此会引起各方纷争，故一直隐忍。对于现在把大坂的本愿寺当作正面之敌的信长来说，这可能不仅仅是信口开河了。

奥尔冈蒂诺顺道就去岐阜拜见了信长的长子信忠。听说这位青年以前曾流露过想成为基督徒的想法，奥尔冈蒂诺非常热心地想要说动他，信忠也热心地接待了他，两人谈了很长时间。

奥尔冈帝诺等人回京后，过了十天，一五七七年的三月，信长在远征杂贺的途中，由三个儿子陪伴顺便来了京都。当时奥尔冈蒂诺也在新来的弗朗西斯科与日本人洛伦索、科斯莫等人的陪伴下，去拜访了借宿在妙觉寺的信长。当时有很多有势力的武士与公家来见信长，但是信长谁都没见，只把"两个贫穷的外国人"与洛伦索、科斯莫叫到了起居室，闲谈了一个小时左右。当时弗洛伊斯多病，那天也没有同行，信长立刻询问了他的状况，并问道：听说弗洛伊斯要去丰后，洛伦索也一起去吗？接着又问了新来的弗朗西斯科的名字与出生地。都是一些琐碎的话题，但是信长对传教士们的另眼相看让在场的人都震惊不已。据说传教士们回去后，信长还是一如既往地骂佛教，赞美基督教。出于以上原因，有人猜测信长有想皈依天主教的想法，而这也是传教士们实际上所期待的。

这样的猜测与信长对大坂本愿寺的强烈敌意不无关系。信长从京都出发直指纪州的一向一揆时，据说传教士们也在教会的附近观看。当时信长面色阴暗，让人望之生畏。京都的市民们纷纷传言称信长即将放手干一件大事。因为火攻叡山还鲜明地留在大家的记忆里，而且，信长对本愿寺的宏大战略在京都市民中已经无人不晓。弗朗西斯科在上面所述信长出京都两个星期后所写的书简中明确记载：信长现在进行的杂贺征伐结束后，接下来就要进攻毛利氏的两个领国（播磨和淡路吧），并在堺市建城堡以绝大坂本愿寺的后援了吧。信长为打倒本愿寺所作的努力，现在成为了世人关注的焦点。

纪伊的一向一揆一个多月就被铲除了，信长与儿子们凯旋回到京都。其时，奥尔冈蒂诺热心地向信长的三个儿子——信忠、信雄、信孝传教。八年前弗洛伊斯初次访问岐阜时，他们几个还是可爱的少年，接待弗洛伊斯时非常周到，现在他们已经是二十岁、二十一岁左右的青年，各自指挥着自己的军队。最先来到教堂的是信雄。他与传教士谈了约两个小时，称欧洲人比日本人优秀。他还感叹，来自遥远国家的外国人在一个遍地是敌人的国家的首都，而且是在市中心建立了一个这么壮丽的教堂，这是充满了勇气的壮举。他告辞后，派人送来礼物，其所附的手写谢函上称，他想知道更多关于天主教的事情，想成为天主教徒，但是眼下正是战时，无法实现，只能等待机会云云。奥尔冈蒂诺等人对信雄抱以非常大的期待。信雄是信长的三个儿子中最像信长的，意志坚定，行事果断，他曾经为了给手下的士兵发钱，抢了某个有余粮的高级武士六千俵[1]米。信长将他叫来训斥，他回答说，我是你的孩子中最穷的，没有东西给部下，因此就从有富余的人那儿稍微取了一些。信长对那个武士说，这家伙训斥了也不听，你用武力拿回来吧。那个武士的一万个部下与信雄的七百个部下形成对峙之时，信雄说了一句：谁都别动，就只身一人进入对方的军中搜寻敌将。他是信长之子，自然谁也不敢出手，对方的武士都不现身，这场纠纷就这样落了幕。明知道信雄行事如此，奥尔冈蒂诺和弗朗西斯科还是偏袒了他。

信雄来之后的第二天，长子信忠也来到了教堂。他对传教士们也是惊人地亲切。在他的要求下，他和挤满了教堂内外的武士部下一起听了说教。信忠让传教士们到岐阜建设教堂传教，称自己希望部下都能成为天主教徒。

第三天，信长的第三个儿子信孝也来拜访了。他在传教士那儿逗留了很长时间，询问了有关基督教的各种各样的事情，洛伦索给出了让他满意的答案。当他听到九州传教士的数量时，不解地问道，京都是日本的文化中心，为什么传教士这么少呢？他也希望能带一名传教士去他的领国伊势。

大门打开了！奥尔冈蒂诺的心中燃起了斗志。

---

[1] 俵，本意为草袋，也可用作量词，用于草袋装盛之物，一俵米一般为四斗。——译者注

五　部将们的认同、佐久间信盛与荒木村重

不是只有信长一家如此，他的部将中认同基督教的人也较多。其中特别引人注目的是佐久间信盛。

信盛自一五七四年以来作为压制大坂本愿寺的力量而驻守在天王寺城。他很早就是天主教的认同者，正好在这个时候，为了从反基督教的人那儿救出河内老天主教中心三箇的城主与其子，信盛费尽了心力。这对父子是被人陷害的，与西梅昂·池田丹后一起守护若江城的多罗尾右近想要破坏这个天主教中心并借此消灭河内的天主教徒，除掉京都天主教徒们的根，他把三箇城主谋划反叛信长的谣言传播到四面八方。信盛相信三箇的城主，故早早识破了多罗尾的奸计，让城主去了近江佐久间自己的城堡，当时三箇城主的孙子作为人质住在那儿。尽管信盛对他们多有照顾，但是最终右近的谗言还是奏效了，信长命令信盛抓捕三箇城主的嗣子曼西奥，信盛无奈，只得与若江城的池田丹后一起带着曼西奥去了京都。他在信长的面前陈述了曼西奥父子的功绩，并为他们鸣冤，在他的热情帮助下信长的误解暂时解除了。

但是事情并没有就此结束。多罗尾右近看到这样的结果后，无法容忍，就说服了六个武士站在自己一方，将他们作为证人派到信长那儿表示抗议，多罗尾甚至说可以提交有三箇城主本人署名的文件来证实其叛逆行为。六个证人也为之做了保证。于是信长推翻了之前的决定，将已踏上归途的信盛与曼西奥召回，下令

处死曼西奥。信盛回来后大怒，走进信长住宿的地方，但多罗尾已经离开，不在那儿，只有那六个共谋者还留在休息室中。信盛将他们一个一个叫来，问道：我是三箇父子的庇护者，你们知道吗？他还逼他们拿出证明三箇城主谋叛的文书来。结果，谁都答不上来，他们回答：除了从多罗尾那儿听到的一点东西，其他的毫不知情。信盛于是去拜谒信长，恳请他在处死曼西奥前先派两位心腹重臣讯问曼西奥。信长接受了这个建议，让人对父子两人的各项嫌疑进行了讯问。当时信盛也在场。曼西奥已经做了祈祷，做好了赴死的准备，但对讯问还是非常严实明晰地做了辩解，让人们惊叹不已。最后，他是这么陈述的：叛逆是违背天主教教义的，接受这样的污名，使天主教的名字蒙羞，这是比死更让人难受的事情。信长对他的解释非常满意，当即宣布他无罪。但是由于正是战时，故决定让曼西奥和他父亲一起住在信盛的城堡里。

城主父子的冤罪已雪，但他们没有回三箇，故三箇城屡屡陷入危境。这一年屡发洪水，大坂本愿寺的船队如果乘从三箇流经大坂的河流涨水之机就能攻击并占领三箇。三箇作为天主教的根据地，其危险尤甚。而在这一危机中保卫了三箇的是以勇猛闻名的丹后西梅昂。但是这一危险过去后，依附信长的天主教之敌们就想用阴谋使丹后离开三箇城，他们想自己占领三箇。这个计划的百分之九十已经差不多成功了，但是在最后阶段让西梅昂紧急回到三箇，奇迹一般地拯救了三箇天主教徒的，是远赴播磨作战的佐久间信盛。

三箇的城主父子于一五七八年初终于回到了三箇，三箇城也安全了。之后，父亲将一切移交给了曼西奥，自己一心扑在了教堂的事情上。教堂非常宏伟，结构也很好。他还计划在墙上画上壁画。他对教化之事也非常热心，星期天与节日的时候，他会亲自说教。据说他还有一边说教，一边去各处游历的想法。丹后·西梅昂守卫了三箇的若江城，其功绩受到了信长的肯定，获得了加禄的赏赐，他将其全都用在了救济贫民上。想来这些事都是在信盛的庇护下进行的。

佐久间信盛之外，还有一个值得注目的人 —— 荒木村重。村重是摄津武库郡的乡士[1]，他的主君池田城主无能，他乘机与同僚结党，夺了池田城的实权。偷袭并杀死和田惟政的就是这些人。当时，村重在反信长的阵营，但后来他逐渐靠近信长，到他支持高山达里奥成为高槻城主的时候，他已经与信长联手了。那是一五七三年四月，信长突然上京欲与足利将军对决之时。信长重视村重，让他担任和田惟政曾经做过的工作 —— 统治摄津。京都的教会与池田的士兵之间本就有几分关系，池田地区与基督教建立非常密切的联系则是从高山父子成了村重的手下以后开始的。

村重刚开始与高山父子接触的时候，曾用自己手中的权力强制领内的民众皈依一向宗，如有不服者则将受到惩罚。这么做不是因为村重是个狂热的一向宗教徒，而是因为一向宗的僧侣巧妙

---

[1]　乡居的武士或者是获得武士待遇的农民。——译者注

地笼络了村重。一向宗的教徒必须遵从宗派的命令向领主缴纳特殊的年贡，这对村重很有吸引力。

村重的这一举措极大地刺激了高山达里奥，但他没有直接反对，而是在自己的领内示范施行了完全相反的自由的做法：他标榜自由选择，对天主教徒的妻儿中还没有受洗的人，以及农民与工匠等人中尚未信仰的人，则推荐他们听说教。总之，先让他们来教堂听说教，听了后如果不喜欢就不必成为信徒。如果成为信徒，没有义务缴纳特别的年贡，同样，没有成为信徒的话也不会施加惩罚。不管怎样，没有听过说教，也就不知好坏。正好在这个时候，弗洛伊斯来到高槻举行了说教，开始来听的两百人都下定决心成了天主教徒。他们又向自己的亲戚朋友们推荐、劝说，希望听说教的人越来越多，以至于教堂里都坐不下了。没有使用强制的手段，其效果却远超强制，教会的势力逐渐隆盛起来。

这样一来，村重就能将天主教的这种做法与一向宗僧侣们的策略性的做法进行对照，再加上，在他之上的信长对天主教和一向宗的态度等也以各种形式对他产生了影响吧，一五七七年村重访问高槻城时，开始推动基督教的传播。他给了高山达里奥一纸公文，命令一向宗信徒改宗成为天主教徒，受这条命令约束的信徒约有五万多名。而对一向宗以外的宗派，村重也命令他们必须听基督教的说教。奥尔冈蒂诺为了表示对这一措施的感谢去村重的居城拜访了他，见面时，村重说道，他希望自己领内的民众全都成为天主教徒。这与之前强制领内的民众必须皈依一向宗的村重简直判若两人。

村重去拜见信长的时候，曾有数位法华宗的大人物主张驱逐传教士，信长问了村重的意见。村重回答，自己对基督教之事不太了解，但是部下的天主教徒们非常忠实、重道义。很多人都赞同他的意见，信长也称自己与他的看法是一致的。

路易斯·弗洛伊斯在一五七七年的最后一天从京都出发去了丰后，他与送他上船的洛伦索一起先在高槻城中与从各地赶来的信徒们依依惜别，第二天高山达里奥与他们同行，前往伊丹之城拜访了荒木村重。村重盛情款待了他们，并对他们说，如果在京都有什么事需要信长庇护的话，他将尽力援助。第二天，村重的士兵们将他们送到了村重统治下的兵库，并在村重的指示下借宿在法华寺。这儿也有信徒从各地赶来送别。堺市的信徒是坐船前来的，而像这样被允许使用兵库的港口一般认为是村重对基督教的庇护所产生的结果。

但是，从强制民众皈依一向宗到强制一向宗信徒改宗成为天主教徒，做出这一重大转变的荒木村重在一五七八年末再度与一向宗的教徒勾结，背叛了信长，高山父子因此受了很多苦。所以说，村重为基督教势力的扩张出力，只有较短的一段时间。

总而言之，一五七八年，京都的教堂除了壁画以外已经全部完成，他们邀请了此前一直多方照顾的京都所司代村井贞胜来到教堂听了洛伦索的说教。这一年，信徒的数量猛增，信长一家的庇护本就很周到，现在连异教徒的大名们也对基督教表现出了善意，日本耶稣会的事业逐渐进入鼎盛期。

第十一章 /
天主教运动的鼎盛期

一 信长的火枪队和舰队

信长对天主教传教士们的庇护不是出于对新宗教的需求，而是出于对欧洲文明的需求。他的态度自最初见到弗洛伊斯以来一直贯彻始终，没有改变。他在通过与弗洛伊斯的交往接触到欧洲最先进文明的同时，也被这个人物所具有的象征意义所吸引。因此，信长喜欢这个人物，努力想去了解他，保护他所开展的事业。他将自己的这种态度表达为对外国人的庇护。他动辄痛斥佛僧的堕落，后来断然开始以武力镇压佛教，而与此形成对照的是，他时常赞扬天主教传教士们认真的态度，对他们特别优待，如此一来，也有人将他的这一态度与他信仰上的需求结合起来加以解释，但是他并没有什么信仰上的需求。佛僧的堕落与传教士踏实的传教活动在当时是显而易见的客观事实，承认这一点也并不能将之当作他主观上有什么需求的证据。每次与传教士们会谈，信长都想获得关于这个世界的新知识，却并没有表露过想获得救赎的态度。他认为即使基督教取代佛教在日本传播，基督教也是在他的庇护下才得以繁荣，因此基督教徒绝不会反对他。在这样的展望下，他应该对基督教的兴起喜闻乐见吧，但是即使是这个时候，他本人是否已经有了宗教信仰的需求也还是个问题。

信长最感兴趣的是欧洲的新知识，而在这个战乱的时代，这首先表现为对与武器有关的知识的兴趣。与欧洲人接触的标志性事件是种子岛事件，这也是与火枪知识的初次接触。这一知识迅速扩散，在九州西北沿岸，很早以前就已经开始对战争产生影响了。但将其引进战术，将之具体化为一种在战场上能决定胜负的阵形的，不是别人，正是信长。他在一五七五年的长篠大捷中就运用了这一战术。这次战争使全国受到了强烈的震动。从弗朗西斯科一五七八年写的信件可知当时大坂的本愿寺境内有八千支枪。信长在长篠所使用的战术，已经为信长的敌人所用。

不仅如此，支持本愿寺的毛利氏当时已经先信长一步创建起了一支强有力的海军。一五七六年夏，毛利氏派出的数百艘兵粮船逼近大坂，信长方的战船上前迎击，却为毛利方的"焙烙火矢"所创，损失惨重。而毛利氏的兵粮船队悠悠然进入大坂港，将兵粮送进大坂城，又悠悠然回去了。淡路的岩屋城是毛利海军的根据地。大概是受到这一局势的刺激吧，信长命令志摩之国鸟羽的城主九鬼嘉隆建造大型军舰。嘉隆造了六艘，泷川一益造了一艘，都是围着铁甲的战船，长十二三间，宽七间。一五七八年夏，九鬼嘉隆率领这七艘战舰从伊势湾出发来到大坂港，据说乘员有五千人。途中遭到杂贺等地一揆的数百艘战船的袭击，九鬼的舰队诱敌靠近后，突然放出"焙烙火矢"——也就是大炮——将敌人击退。据说当时俘虏了三十多艘敌船。舰队于盂兰盆节时抵达堺市，第二天开始封锁大坂港。这一骄人的战绩使信长心情大好，大约两个月后，他特意来大坂视察舰队，并让舰队在住吉的海上进行了演习。

这支舰队抵达堺市时，奥尔冈蒂诺正好在场，他为此写了报告，称：这些船是日本最大的，也是最威武的，与葡萄牙船相似，在日本能建造这样的东西，不能不让人感到吃惊。信长造这些船是为了封锁大坂港，因此大坂市只有灭亡一途了吧。每艘船上载有三门大炮，不知从何而来。除了丰后的大友铸造过几门小炮外，日本应该是没有大炮的。我还去船上看了大炮及其装置。除了大炮以外还配备了无数精巧的体型较大的长铳。

这些大炮来自何处，奥尔冈蒂诺不知道，日本的历史学家也不知道。不过，据《国友铁炮记》记载，信长在元龟二年（一五七一年）通过秀吉在国友锻冶[1]下注，制造了二百目玉大筒[2]，由此看来，一五七七、七八年时日本的锻冶工能造大炮，也

---

[1] 国友指近江国坂田郡国友村，自战国时代直至江户时代末期，国友一直是火器的著名产地。——译者注

[2] 大筒是大炮的意思。二百目玉是指使用的炮弹的重量为二百匁，一匁为3.75克，二百匁即750克。——译者注

并非不可思议之事。奥尔冈蒂诺应该是熟知当时的贸易关系的，因此可以确定葡萄牙人没有向日本出口大炮。传教士们一直坚信日本没有大炮，却不料在他们的目光未及之处，不知从何时开始，在毛利的领国和信长的领国中已经开始制造大炮。这恐怕也给筑城方式带来了很大的变化吧。毛利氏率先使用装备大炮的军舰，但信长以其铁甲大船压制了毛利的舰队。

信长的这支舰队展现了当时日本努力吸收欧洲知识的最先进的姿态。信长对"外国人"的关心与庇护绝不是出于好奇心。他心中有着将视野向更广泛的世界扩大的欲望，而不是仅仅局限于这样的实用范围内。这主要表现在他与传教士们会谈时的话题上。那些传教士们视为次要的、不太重要的而没有详细加以记录的事情，对信长来说却是比信仰更重要的事情吧。不幸的是，信长周围的读书人却没有像信长那样想要扩大视野的需求，因此，身为政治家和军人的信长不得不站在了求知欲的前沿。然而向信长传播欧洲知识的耶稣会会士们都是过于偏重信仰与传教的人，即使是兴趣范围较广的弗洛伊斯，其作为耶稣会会士的狂热程度以今天的目光来看也是不可思议的。考虑到这些因素，我认为，信长这个人物，作为一个先驱者，其身上还有相当多的方面是我们必须重新认识的。

二 荒木村重的背叛与高山右近的去留

一五七八年末，在信长的舰队封锁了大坂港，他的陆军开始一步步逼近播磨毛利氏的势力时，摄津的领主荒木村重再次变脸，与一向宗徒结为了盟友。这件事为本愿寺与毛利氏的势力注入了活力。村重何出此举，据说信长也觉得难以理解，他派了秘书松井友闲、明智光秀等人前去与村重恳谈，事情看上去暂时得到了解决，但是村重的部将们群情激动，将他拖走了。这恐怕是本愿寺拼命鼓动的结果。信长立刻来到京都讨伐，但村重却相当顽强，到第二年——一五七九年秋之间的十个月中，他一直据守伊丹有冈城，坚持反抗。

这场战争中首先成为问题的是天主教之城高槻。高槻的城主高山父子因村重的支持而得享其位，因此不可能背叛村重。不仅如此，高山达里奥之女（即右近之妹）与达里奥之孙（即右近之独子）都作为人质被扣在村重的手中。因此，信长要攻入摄津之时，高山父子据高槻城严守。城堡为宽阔的护城河所围，有坚固的城墙，极难攻下。于是信长想到让奥尔冈蒂诺去劝说高山右近。奥尔冈蒂诺去了高槻城，却没能说服对方。这时，信长将传教士与信徒们都叫到了山崎的阵营。天主教徒们看形势，预感到若事不顺遂，可能会有杀身之祸。信长的秘书松井友闲对这些人传达了信长之意：你们天主教徒应当劝说高槻城主高山右近立即归附信长，右近也许会因此失去自己的孩子与妹妹，但却能帮助信长领内的神父与信徒们。如若不然，信长将在右近面前将天主教徒们一起钉上十字架。听到此宣言，天主教徒们不由泣下。他们知道信长非常重视村重的谋反所造成的形势逆转，但也知道让茹斯托·右近投降的困难。因此不得不想到，夹在两者中间的传教士们一定会首先罹难。

据说当时佐久间信盛、羽柴秀吉[1]、松井友闲等人也随同奥尔冈蒂诺等人前去参加了与右近的谈判。茹斯托·右近得知信长的决心后，毫无二话，立刻献城投降了。他召集了部下中的天主教武士，陈述了自己投降的理由：自己开城投降，不是想以此获利，而是因为觉得用自己的孩子与妹妹的生命来赎回众多的神父与天主教徒的性命这种行为是对天主的奉献。为了对神父与天主教徒们的爱，自己所有的一切都能放弃，甚至不惜献上自己的生命。就这样，右近决定在舍弃自己的城堡的同时，也舍弃世俗，他决定作为一名修道士去神父那儿工作。

信长的阵营与天主教信徒之间都欣然接受了右近的举措。这不仅使信长的战略地位变得有利，也成为了基督教的一次"活生生的说教"。为了救素不相识的外国人而舍弃自己所爱的亲人，是基督教使他做出了这样的慈悲行为，这件事传遍了天下。信长也是大喜过望，再次颁发保护基督教的朱印状[2]，并选了两个城市，授予那儿的天主教徒免税的特权。以信忠为首的不少高级武士许

[1] 羽柴秀吉，指丰臣秀吉。——审校注
[2] 朱印状指日本战国时代到江户时代古文书史料中盖上朱印的命令文书。——译者注

诺要成为天主教徒。

这一事件如解剖般清楚地展示了信长对基督教真正的想法。用"如果不投降的话，就杀掉你所看重的神父们"来威胁右近的这一态度，毫无疑问是把基督教用作了战争的工具。据《信长公记》记载，信长当时威胁神父说，你接下这个任务去劝降右近，若不接受，我将断绝天主（Deus）之宗派。这一说法更是露骨。从神父弗朗西斯科在其书信中承认信长所采取的策略"对我们来说非常痛苦"来看，这一记载应该是事实。但是尽管如此，弗朗西斯科的报告中还是没有对信长的批判：信长了解右近的心情，但是，事关自己领土全境的安危，所以还是对着道理闭上了眼睛。他的这段记述多少可以理解为对信长的辩护。"杀小鸟、救大鸟"，右近的这一决断，使得信长与传教士之间可能会出现的阴影在成形前就烟消云散了。

右近牺牲自己亲人的决定，为基督教做出了极大的贡献，不过，牺牲的对象最后却逃过了被牺牲的命运。因为右近的父亲达里奥救了他的女儿和孙子。达里奥无法放弃自己的女儿与孙子，所以出了高槻城，直奔伊丹村重的城堡。他想，如果女儿和孙子不能幸存的话，那自己也将与他们同生共死。他在伊丹城内的众多亲戚也带领部下来到了他的身边。这样做的意思是，虽然儿子右近背叛了村重，但是父亲达里奥没有背叛，这样人质被处分的理由也就差不多消失了。因此村重也没把事情闹大，睁一只眼闭一只眼，放过了他。

但是，这样一来，事情就成了高山达里奥背叛信长而选择了荒木村重的阵营。他将不得不承受信长方的报复。一年后，伊丹的有冈城陷落，信长残酷地处死了很多人。一般人当然以为，达里奥也包括在那些人之内，因此敬爱他的天主教徒们虔诚地为他祷告。然而幸运的是，信长的报复措施却相当宽大，他听取了为达里奥乞命的人的声音，体恤为了自己而不惜牺牲亲人的右近，将达里奥从死刑改为禁闭。不久，他派人去右近处传达了释放达里奥之令，其内容如下：达里奥论罪当处死刑，但是因其行为是出于对右近的爱护，故免其刑罚，现下准许他从幽闭之牢中出来与其妻一起生活，给予两人生活的物资。赦免状可由其妻带给他。于是高山达里奥被交给越前的柴田胜家监管，他在当地立即就开始从事福音传道的工作。

高山右近不仅恢复了他高槻城主的身份，还赐予他两倍于前的封地。他的儿子与妹妹也安然无恙。一五八〇年，他领内的天主教徒达到了一万四千人，高山家反而繁荣兴旺了起来。

三 安土宗论

在对荒木村重的长期攻围战发生的一五七九年，还发生了另一起举国震惊的事件。这就是被称为安土宗论的事件。事件开始只是法华宗与净土宗之间的一次争吵，信长却巧妙地加以利用并断然实行了一场针对法华宗的无情迫害。

这次宗义辩论发生于一五七九年六月二十一日（天正七年五月二十七日），当月内奥尔冈蒂诺就给弗洛伊斯详细地报告了这一事件。因此，可以说这封书信是现存的有关安土宗论最早的记录。其内容与流传甚广的《信长记》中的记载几乎完全一致，问答的条目也一样。

事情的发端是坂东净土宗僧人连续数日在安土进行了说教，其间，安土的一个法华宗信徒去了现场，并在说教途中开始提问。对此，正进行说教的讲经法师回答：与俗人辩论教义于事无补，如果有人能把法华宗有学问的僧侣带来，我就与那位僧侣答辩。法华宗的信徒闻此大怒，说道：你若不能回答我的问题就下来。他把讲经法师从讲坛上一把扯下，在众人面前加以羞辱。净土宗教徒向信长投诉了这一暴行，于是，这次吵架事件上升到了两个宗派之间的公开纷争。法华宗教徒要求在两个宗派之间进行讨论，净土宗教徒没有拒绝，但是信长却想以从远方召集学者之不易为由劝止他们。但是法华宗教徒态度强硬，坚持主张讨论，称：不必从远方召集有学问的僧人，京都就有很多这样的人。他们拿出了一张字据，表示如果输了的话，甘愿被斩首。

于是信长定下了日期，任命了四个奉行、判者[1]。还从京都召

---

[1] 奉行是日本存在于平安时代至江户时代期间的一种官职，本来是奉主君之命执行政务或执掌某个仪式的临时职役，镰仓幕府成立以后逐渐成为掌理政务的常设职位。判者：调停、仲裁的人。——译者注

来了法华宗的高僧，有众多的檀徒[1]与他们一同前来。净土宗一方只来了知恩院的一位僧人，问答的重任由安土的净土宗僧人承担。

问答围绕着法华经的权威与念佛的权利展开。最后净土宗一方问道："如果法华经以前的经都看作是未显真实的话，那么是否要舍弃方座第四之妙呢？"法华宗一方无以应对。见此，净土宗的僧侣就说明了第四之妙的意思。话音刚落，判者、观众都哄堂大笑，法华宗的僧侣们被褫去袈裟，遭到鞭打，然后被捆绑了起来。也有几个富裕的檀徒遭到逮捕。群众陷入一片混乱。不久，信长来到现场，命人将没参加讨论的法华宗的僧人普传与这场纷争的始作俑者——那个法华宗的信徒斩首。当时在场的马兹和小西隆佐的一个儿子向奥尔冈蒂诺作证称，这一天法华宗教徒的败北是前所未有的惊天大事。

这一消息传遍安土城，立刻，一场针对法华宗寺庙与檀徒家宅的破坏开始了。满怀信心从京都来看热闹的法华宗教徒们因害怕被抓，连饭都没吃就逃走了。隆佐的儿子就是其中一人。这场骚乱当天就蔓延到了京都，伊势、尾张、美浓、近江四国的法华寺院尽皆遭到掠夺。据说法华宗教徒前后被掠走之物其价值可能超过一万两黄金。

数日后，信长派人去京都的法华宗各寺庙收缴巨额的罚金。

---

[1] 檀徒，隶属特定寺院的信徒。——译者注

被捕的三个僧人与五个檀徒更是被关了十多天都没被释放。由村井贞胜所司代公布了法华宗一方提交的誓愿书，其内容是，法华宗承认在宗义辩论中败北，并发誓今后不再对其他宗派进行问难攻击。

十多年来在迫害基督教这件事上一直最积极的法华宗现在已经被逼到了摇摇欲坠的境地。奥尔冈蒂诺大喜过望，立即为此写了报告。

《信长记》中详细记载了信长命人砍掉普传等人首级时所说的话。他首先指责挑起事端的那个男的没有规矩，又历数普传各种吹牛、欺诈的性格缺陷与恶行。将两人处刑后，他对着法华宗的僧人们说了这么一番话：你们不事劳作也有人供吃供喝，却荒废学问，以至于在辩论中败北，这是极不应该的。并且法华宗的僧人们有吹牛之癖，一定会说没有输了辩论这样的话，因此你们必须提交字据，承认在这次宗义辩论中失败，并发誓以后不再对其他宗派进行问难攻击。

奥尔冈蒂诺为何没有记载信长的这些话，原因不得而知。隆佐的儿子等人可能是因为自顾不暇，没法静心去听，因此没有告诉奥尔冈蒂诺吧。但是据说村井贞胜向他展示过与信长的这番话相对应的誓愿书，他将其复本寄给了弗洛伊斯。

但是，关于这次的安土宗论，其内幕却被认为存在很大的问题。有人认为这次宗义辩论是信长的策略。京都的法华宗僧侣们在毫不知情的情况下突然被叫到安土，说要与净土宗进行宗义辩论，接着就被奉行强行要求回答这样一个两难的问题：参加宗义辩论的话，就要在参加前提交字据，如果输了，京都以及信长领国内的各个寺庙应被毁坏；如果觉得为难，可以不参加问答直接回去。参加宗论，或不参加宗论，二选一。法华宗的僧侣们拒绝回答这个问题。他们认为自己是接到命令来到这儿的，参加宗论与否自己没有发言权，参加也好，不参加也好，都只是服从命令。这样来看，所谓法华宗教徒坚决主张进行宗义辩论是一个谎言，他们也没有提交什么输了可以毁寺这样的字据。宗论是信长下令举行的。

那天的辩论中，法华宗败北也是由于信长耍了些手段。根据因果居士的评论，辩论的成绩净土宗方劣于法华宗，他坦称是自己受信长之意而做了手脚，让净土宗赢了这场辩论。

如此说来，安土宗论就是信长出于打击法华宗的目的而策划的一场闹剧，并非公平的宗义辩论。或许果真如此。但是发起宗论的不是京都学僧，这一点并不能证明法华宗不是这场纷争的始作俑者。安土的法华宗信徒先对净土宗信徒发起攻击，这是事件的发端，而这是一个与信长没有关系的偶发事件。净土宗方只是回答称，如果你带着学者来，我就回答你，归根结底，这可以说是一种被动的方式，法华宗信徒若对此加以侮辱，那么这种侮辱的行为是应当受到惩罚，还是应该认为是理所当然的呢，这是争论的焦点。被告的法华宗信徒要证明自己的行为是正当的，就必须让学僧参加辩论。因此，归根结底，主张进行宗义辩论的是安土的法华宗信徒。而提交字据称宗义辩论中失败的话情愿被斩首的也是安土的法华宗信徒。京都的法华宗僧人们是在一切已成定局之后才被叫来的。我觉得这一关系通过奥尔冈蒂诺的报告就能明白。如果是这样的话，逼迫京都的学问僧选择参加宗论与否，也就非常容易理解了。他们也可以在为引起争端的法华宗信徒的鲁莽行为道歉后，不参加宗论而回到京都，但是这就意味着法华宗的败北，因此他们做不到。如此一来，他们就应该承担挑起争端的法华宗信徒的责任，主张宗义辩论，然而这样的话，他们也不得不承担已发誓愿被斩首的法华宗信徒的责任，并不得不发誓若宗论失败，可以毁坏法华宗的寺院。这也是他们做不到的。信长巧妙地利用了法华宗信徒挑起的争端，将法华宗逼到了绝境，倒未必是用了什么黑暗的策略吧。

关于最后让双方进行宗义辩论之事，信长从一开始就策划要让法华宗败北，这一点恐怕是真的。因为佛教的辩论以包含了各种学说的大乘经典中的句子作为论证时的有力依据，这一点比较容易加以利用，也因此因果居士才接受了信长之托。辩论的结果是，净土宗一方以"方座第四之妙"这样不知出自哪部经典的句子让法华宗一方哑口无言，而因果居士认同了这一说法，宣判法华宗败北，这是充满了戏剧性效果的一幕。这件事奥尔冈蒂诺是从马兹或隆佐之子或其他的在场人士那儿听到的，应该是值得相信的。对于最后以判者为首的观众们哄然大笑的那个瞬间，奥尔冈蒂诺的书信和《信长传》中的记载出奇地一致。

如此想来，有关安土宗论一些广为人知的经过与历史事实是非常接近的。这次对法华宗的镇压是信长镇压佛教之策的一个表现。法华宗对基督教所施加的压力有多大，这一事件给天主教徒带来的喜悦就有多大。对他们来说，信长只就这些行为而言就应该被赞美。

四　巡察使范礼安来日

除了荒木村重的谋反与安土宗论之外，一五七九年还发生了一件大事，那就是巡察使亚历山德罗·范礼安来日。

一五七〇年托雷斯之后拿到日本耶稣会指挥权的是卡布拉尔，他与托雷斯性格迥异。托雷斯与沙勿略一样，相信日本人，一心融入日本人的生活。因此他们忍受煎熬，努力让自己适应日本衣食住行的方式。风土习惯的不同在灵魂救赎这样的大事之前不过是一些细枝末节的小事罢了。他致力于将日本人培养成为传教士，如洛伦索、达米昂、贝尔肖尔、安东尼奥、科斯莫等二十六个杰出的日本人，这些日本传教士在积极教化日本人方面实绩斐然。然而卡布拉尔却不像托雷斯那般心思灵活，他心胸偏狭，坚持主观的判断。他害怕日本神职人员的持续成长会使他们蔑视欧洲的神职人员，所以采取了阻止他们成长的态度。他传教的态度也不是像托雷斯那样有着广阔的政治视野，而是横冲直撞式的蛮干，比如狂热地煽动殉教之类。从这一点上来说，卡布拉尔的指挥是远不及托雷斯的。他在任的末期，原为十八人的耶稣会会士增加到了五十五人，但他名下的功绩，除了大友宗麟的洗礼外，可以说几乎没有。

而范礼安一五七九年七月末来到日本后，在口之津召开了传教士会议，这时他已开始倡导要立即"回归沙勿略的方针"。日本人是值得信赖的，传教的主要目的不是为了殉教，而是为了让尽可能多的灵魂接近基督。为此必须教育日本人，尽可能培养更多日本教师。出于以上的考虑，范礼安制定了建设面向少年的神学校（seminario）和专门的神学院（collegio）的计划，并立即在有马建了神学校。这与卡布拉尔的方针截然相反，范礼安甚至认为，那位长老的顽固不化之心恐怕会造成恶果。因此他选了一五七二年以来一直在卡布拉尔指导下在九州工作的加斯帕尔·科埃略担任日本新设置的副管区长（vice provincial）。

五 石山本愿寺的投降、安土城的完工、安土基督教教育机构神学校的开设

在上文所述的形势下，一五八〇年同时发生了各种事情。比如，信长持续围攻了七年的大坂本愿寺投降、安土城的竣工、安土传教士馆的建设、面向少年的神学校的建设等等。这意味着信

长的胜利与其对欧洲知识的接近是同一时期发生的。

石山的本愿寺被信长的舰队封锁了海上交通，加上荒木村重的没落以及秀吉对播磨地区的压制导致与毛利氏的陆上联系通道也被切断等原因，一五八〇年春，经朝廷调停，终于决定与信长讲和。其条约包含了以下的内容：不处罚大坂城的守军；不毁坏各领国的本愿寺下属寺院；本愿寺留加贺二郡为领地，相应地，本愿寺要在这一年的夏天交出大坂及附近二城；要派出人质等。本愿寺的光佐[1]不久后离开石山，退居纪伊的杂贺，但其子光寿不相信信长，似乎背着父亲继续在反抗信长。不久就到了必须交城投降的夏季，信长率军来到京都。石山的城堡有三面被宽阔的护城河包围，河水泷泷，城中还有一万名战士防守。但是，最后光寿还是放弃了反抗的念头，遵守条约，交城投降了。如此一来，信长在与毛利氏的战争中占据了有利地位，而与此同时，传教士们也感到基督教的传播变得容易了。因为，对当时的基督教而言一向宗就是"最大的敌人"了。

信长与其子对耶稣会所表示的好意与其对一向宗的敌意成正比增长。奥尔冈蒂诺等人每次去拜访时，信长都是很愉快的样子，但是在信仰上却没有任何靠近的表示。这一年里，信长曾在众多显贵在座的情况下向奥尔冈蒂诺和洛伦索问了很多问题，但据说当时他很明确地表示了对神（Deus）与灵魂的存在的怀疑。他认

---

[1] 光佐为本愿寺第十一代宗主。——译者注

为：佛教的僧人们也说过彼岸的世界、地狱与极乐世界等，但是这些不过是为了引导民众向善的权宜之法。相反，他让他们拿出地球仪，聆听了奥尔冈蒂诺的有关说明后，却甚为叹服。特别让他感到高兴的是关于从欧洲来到日本的旅程的说明。他说道：这样的旅行需要相当的勇气和意志，神父们甘冒这样的危险来到这儿，一定是胸怀大志吧。要解决这一疑问必须理解世界的大局，而这一欲望已在他心里涌动着。

这一年的初夏，安土城建设完成了。值此之机，信长下令允许一般民众进内参观。无数人前来参观，奥尔冈蒂诺等人也再次来到了安土城。他们是为了试探信长是否会授予他们教会和传教士馆的建筑用地而来的。他们认为，如果信长命令传教士们建造这些建筑的消息传遍日本全国的话，基督教在日本的地位将非常稳固。

奥尔冈蒂诺等人前来参观，这让信长非常高兴，他盛情款待了他们。奥尔冈蒂诺不失时机，提出想在信长开拓的这个著名的城市中建设教堂和传教士馆。这也是信长方所期盼的。于是在得到了各种照顾之后，五月末，天主教方如愿得到了山下填筑地上的一大片土地。信长说，如果在那儿建起壮丽的传教士馆和教堂，一定能装点这座城市。

信长要求他们立刻开始建造。这样一来这次的建筑成功与否成了关系到教会名誉与信用之大事。天主教徒中的显贵们向奥尔冈蒂诺施加压力，要求尽快开工。高山右近等人也热心推进，提出愿意承包一切。幸运的是当时奥尔冈蒂诺奉范礼安之命建设神学校，打算在京都建几幢大型的两层楼房，并且木材的砍伐工作已经完成。于是他决定把这些木材运到安土，以此建设一座壮丽的传教士馆。显贵们派出了必要数量的脚夫，仅高山右近就派出了一千五百人。将木材与瓦运到安土后，便立即进行搭建，一个月左右就建成了。这是在安土这个地方除了信长的城堡外最壮观的建筑，据说第二层有三十四个房间。信长看过后非常满意，派人向奥尔冈蒂诺传达了他的感谢之情。不过教堂却没能那么迅速地建起来。

正如奥尔冈蒂诺所预测的，传教士馆的建设非常具有宣传效果。比如，佛教的僧人与信徒们开始向神父表示敬意，武士中对神产生兴趣的人也增加了。在这样的形势下，这一年秋天，安土已经开设了少年神学校，约有二十二名贵族少年在这里学习，他们中的大部分住在新建的传教士馆中。如果巡察使范礼安到来的话，神学校的建设也将开工。

六 范礼安巡查京畿地区

巡察使范礼安于一五八一年三月八日，带着路易斯·弗洛伊斯、洛伦索等四个神父和三个修道士从臼杵出发，三月十七日，在复活节周开始前抵达了堺市。同行的弗洛伊斯从三年前起一直在丰后，但洛伦索是在上一年的秋天为了促请巡察使上京，从京都前去迎接的。由此可见京都地区的人对范礼安上京是何等的期盼。在堺市甚至已经准备了五艘类似桅船的船只，打算派去丰后迎接。

这次范礼安的旅行与此前传教士们的旅行相比，可以说实在是有云泥之别。范礼安一行所坐的是大友宗麟提供的大船，里面有三十个二十五岁以下的青年桨手，必要时可以把船划得如飞一般快。船上也载着士兵，有海盗的时候可以武装起来。用这样的船送他们，足见传教士的社会地位已经上升到何种程度了。与此相应，他们也面临着觊觎传教士们财宝的海盗活动与来自毛利氏海军的威胁。他们的船在丸龟冲的盐饱群岛侥幸逃脱险境，但在兵库附近又遭遇海盗追赶，结果不得不以赛艇般的速度划到了堺市，但入港后，他们的船还是被海盗包围了起来，无法装卸物品。这时，堺市的富商日比屋良庆让三百名手下手持火枪，从岸上保护了范礼安的船。最后在良庆的调停下以支付一大笔补偿金的方式才算解决了这件事情。可见这次航海声势之大，竟已至此。

上陆后的欢迎仪式又让范礼安大吃一惊。作为一个崇尚质朴的耶稣会会士，范礼安推辞说，没有必要给予我以如此的盛誉与厚意。但是日本的天主教徒们却反驳说，神父们不为己利，耗费巨资，冒着莫大的艰难与危险，不远万里来教我们救赎之道。连对那些宣讲假教义的和尚我们都曾经抱有崇高的敬意，对讲真教义的神父们忘我的付出，我们不能不致以最高的敬意，并为之效力。对方言之有理，范礼安也不得不从善如流。于是他以尊重日本的习惯为由，安心接受了教徒们盛大的欢迎。

就这样，范礼安的畿内巡察已成为一个令人瞩目的社会现象，可以将之看作是日本天主教传播史上的一个顶峰。从日本与欧洲的文化接触这个角度来看，恐怕也可以说是其顶峰时期的一个标志。这一时期，积极肯定摄取欧洲文化的势头达到了顶点，因此也广泛存在着给日本民族以世界性视野、让日本民族也与其他近代国家一样实现精神的飞跃性发展的愿望，开设神学校的事业虽还是萌芽的状态，但是它是这一愿望的象征。也许这可以成为国民的事业而得到发展，并创造出一个面貌全然不同的近代日本。

范礼安登陆堺市，大概是在三月十七日的黄昏。等候的天主教徒们立即派人向各方通知，因此结城、池田丹后及其他天主教武士当天晚上就来了。乌帽子形城[1]的保罗·文太夫向教会捐赠的房子在日比屋的对面，范礼安第三天在这儿举行了弥撒。第三天的三月十九日是圣枝主日，范礼安对着圣枝送上祝福后，启程前往河内的冈山。范礼安个子非常高，加上队伍中有一个黑人，因此狭窄的街路上聚集了无数前来围观的人，把店家都挤破了。出了堺市后的队伍有驮马三十五匹，脚夫三四十人，范礼安一行所乘之马也是差不多的数量，再加上来迎接的骑马武士有八十人，

---

[1] 乌帽子形城为楠木正成所筑楠木七城之一，位于大阪府河内长野市喜多町的乌帽子形山中，别名"押子形城"。——译者注

他们还带了很多的士兵。在队伍行进途中，来迎接的人和骑马的武士不断增加。

池田丹后当时在八尾城中，一行人接近八尾时，等待多时的众多天主教徒将手中所持的枝条与蔷薇投到地上，范礼安等人从上面经过。略往前走一段路，就看到一处田野里铺着席子，围了一圈屏风，池田丹后夫人带着孩子与贵妇人们等候在此。他们以酒食招待了范礼安一行。

三箇渐近，当他们到达饭盛山下时，三箇的领主与夫人露西亚等人带领天主教徒们已在街道上铺席以待。已近黄昏，寒暄片刻，就去了三箇，那儿已经备好了膳食，奥尔冈蒂诺也带着神学校的几个少年在此迎接。

当天他们去了冈山，受到了从四面八方汇集而来的天主教徒的欢迎。他们先去了十字架处，接着去了教堂。人们欣喜非常。

第二天范礼安单独举行了弥撒后，出发前往高槻。众多的显贵与夫人也随队前去。到了高槻附近的渡口，已有数位武士备好船只在此等候，而对岸则挤满了来迎接他们的人。在高槻的神父格雷戈里乌与修道士迪奥戈·佩雷拉以及右近一家也在其中。

范礼安本打算在京都迎接圣周，但到达高槻已是星期一的傍晚，复活节的准备工作必须赶紧办，而且，信长会在两三天内抵达京都举办盛大的祭日庆典，所以希望神父们就便在高槻举行各种暗黑的仪式和复活节仪式。于是，他们临时决定在高槻举办复活节，并着手开始准备。由于没有时间做充分的准备，高山右近觉得非常遗憾，不过范礼安一行随身带着所有的装饰品，所以教堂装饰得非常漂亮。来参加的信徒人数空前，仪式的庄严肃穆也是前所未见的。甚至有信徒从遥远的美浓尾张赶来参加。范礼安一行运来的管风琴是初次安装，在星期六的仪式上试用时，在与会者中引起了一片惊叹。范礼安看到信徒们热忱的态度，不由感慨：此身在高槻，却恍似在罗马。

星期日，复活节当天，在天亮的两个小时前举行了庄严的游行。这是弗洛伊斯来日本后见到的最盛大最整齐的游行，可以与欧洲的游行比肩。这次游行以有身份的武士为首的天主教徒就有一万五千人参加，加上异教徒的话共约两万人。上级武士们与二十五个穿白衣的神学校的少年每人都举着一幅范礼安带来的画像，大的画像则由数人一起高举，其他的信徒们都手持各种形状和颜色的灯笼。范礼安手持十字架的木制圣匣站在华盖下。跟随他的神父们穿着斗篷或达尔玛提卡。

这天，右近为传教士们与从四方汇集而来的信徒开办了盛大的宴会。宴会上从京都来了使者，让他们立刻出发前去拜访信长，因此复活节当天的下午范礼安就离开了高槻，进入了京都。

第二天，京都的教堂被人山人海包围了。大家都是来看范礼安带来的黑人的，有人在一片混乱中受了伤，门也被挤破了。信长也派人说想见见那个黑人，于是奥尔冈蒂诺就带着他去了。信长不相信黑人的肤色是自然的颜色，还让他脱光了上半身仔细地查看了一番。

隔了一天后，三月二十九日范礼安带着奥尔冈蒂诺、弗洛伊斯、洛伦索等人前去拜访信长。他带了镀金的烛台、绯色天鹅绒一反[1]、切子[2]玻璃（的工艺品）、带有金饰的天鹅绒椅子作为礼物。信长盛情款待了他，并与他交谈了很久。在他们告别之际，信长还把刚从坂东送来的十只野鸭送给了他。信长对他的厚遇立刻传遍了全市，天主教徒们纷纷前来表示祝贺。

　　三天后，也就是四月一日（天正九年二月二十八日），信长策划的庆典举行了。他召集手下诸将进行了一场马队阅兵式，以让他们各自展示威容。诸将皆花巨资，在部下的服装和马匹的装饰上下足了功夫。比如，有人让自己的部下着绯衣，马也覆以绯色装饰；有人让五十个家臣穿上了统一的用金线织花的锦缎制衣服等等。就连高山右近也为自己和马制了七套服装。庆典举办的场所在东之野，竞技场上撒着细沙，周围造了很多看台，参加竞技的武士据说有十三万之多。诸将带着身穿各自统一服装的家臣们来到指定的位置。信长入场的时候，让人在右侧牵着众多良马，又让四个武士抬着范礼安赠送的天鹅绒椅子跟在身后，其后面又派步兵跟随。

　　庆典上，骑马的武士们或三人一组，或十二人一组，甚至有时候是四五百人一起，也不过是武士们在马上竞技的同时，骑马

---

[1] 反，布帛的尺寸单位，一反一般为成人做一套和服所需之布料。其大小因时代、产地、布料的质地而有不同。《和服用语事典》中称一反约宽37厘米，长12.5米。——译者注
[2] 切子是日本的一种传统玻璃雕刻艺术，是一种在玻璃上切割图样花纹的技法。——译者注

从场内的一端奔向另一端而已。但是这些武士们可以说是多年来近畿地区战争舞台上登场的演员们，市民们怎么可能不对他们感兴趣呢？这些"演员们"现在穿着潇洒华美的服饰，在市民们面前初次亮相，因此，包括天皇、公家、高僧在内，观众达到了二十万人。以弗洛伊斯为首的神父们交口称赞，称这样豪华的场景前所未见。也可以说，这次庆典，是为了展示京都恢复和平以后的喜悦之情的。

信长邀请范礼安来参加庆典，给他安排了一个非常好的座位。范礼安虽显得比较勉强，但还是与其他神父一起坐上了席位。从那儿望去，信长让人抬来天鹅绒椅子之举非常令人瞩目，这成为将他与别的武士们区分开的标志。那是基督教传教士之长送给信长的礼物，这件事立刻传遍全场，场内聚集的又是来自各个领国的人，这一传言不久后迅速传遍了全日本，信长的庆典会场出乎意料地变成了耶稣会的宣传场地。

庆典之后，四月十四日信长回到了安土，范礼安马上在第二天跟着去了安土。

范礼安到达安土的第二天，信长便邀请他们去参观自己的城堡。据神父们的报告称，这个城堡可以与欧洲最壮观的建筑相媲美。城堡四围围绕着高大坚固的石墙，内部是宏伟壮丽的宫殿，这些都让欧洲人惊叹不已。其中中间的塔楼是七层的楼阁，内外都有着惊人的构造。虽然是木制建筑，但是看上去却像是石头与石灰建的。信长一一为他们指定了参观的场所，让人带着他们参观，他本人也三次出来与范礼安交谈。当听到范礼安称赞说这座城堡不亚于欧洲最壮观的建筑时，信长大喜，从厨房到马厩，无一遗漏，都带他们看了。当天只是参观，次日他们被请去赴宴，他们推辞了，但是信长厚待他们的消息已经在城下町不胫而走，当他们从城堡出来的时候，外面聚集了无数想要一睹传教士风采的人，挤得水泄不通。

奥尔冈蒂诺上一年建的传教士馆让范礼安非常满意。这是一座十分协调的三层建筑，经信长特许，葺的是与城堡一样的瓦，非常引人注目。范礼安一看到耸立在安土城下的这座传教士馆，就明白了它所具有的重大意义。此前奥尔冈蒂诺已经在此地做了相当多的工作。从各地来到安土的身份高贵的武士们来参观这座奇特的建筑时，就会聆听说教，并对基督教产生亲近感。不论是这些武士还是当地人中，不断有人接受洗礼，其中包括近江的前守卫京极高吉夫妇、信长的金匠刀匠等人。信长的孩子们——信忠和信孝——与传教士们越发亲近，特别是信孝，每周来一两次传教士馆，范礼安逗留期间，他更是热情。他与洛伦索的关系特别好，对范礼安则满怀孺慕之情，这在日本是非常少见的。

看到这样的情况，范礼安与奥尔冈蒂诺做出了同样的判断，认为将神学校建在这儿是很妥当的，于是就在传教士馆的顶楼建了宽敞的大厅。奥尔冈蒂诺当时已经召集了二十五六个少年武士开始对他们进行教育，范礼安给他们制定了与有马的神学校相同的注意事项、规定与课程表。教日语读写的同时，也教拉丁语读写，另外教他们在管风琴伴奏下唱歌和演奏一种击弦古钢琴。日本的少年比欧洲的少年优秀这一点在有马已经得到了证实，安土的少年比有马地区的更有教养，因此人们期待他们能取得更好的成绩。

范礼安还计划在安土建设教堂，并开始筹集建材。信长希望这座教堂能造得非常壮丽宏伟，故多次就此事与范礼安进行讨论。

五月十四日，圣灵降临节的下午，弗洛伊斯为了带领高槻的信徒们去拜访高山达里奥，启程前往越前。这是传教士第一次从近江到越前活动。达里奥仍坚持着自己的信仰，领主柴田胜家也非常热情地款待了弗洛伊斯。胜家承认信教的自由，称只要有本事就可以传教。在达里奥的热心帮助下，这个地方的基督教事业也呈现出一派欣欣向荣的景象。

五月二十五日圣体节这一天，范礼安去了高槻城。复活节的时候没能充分做好准备而一直耿耿于怀的高山右近向他恳请在高槻举办圣体节的祭祀仪式。这次他准备得非常充分，为了节日，高槻整个城市都得到了精心的装点。祭祀仪式与游行都远比复活节的时候庄严，典礼后的宴会也比以前盛大。这些经费都是右近负担的。范礼安趁着这次盛典，为两千多个人施行了洗礼，数日后，他还巡视了右近领内的二十多所教堂。对右近来说，由此而收获的喜悦就是最大的报酬了。范礼安对右近所做的工作表示了由衷的赞赏。不过，右近通过这次活动感觉到高槻的教堂过于狭窄了。于是他马上与其他的武士进行商谈，着手准备建设一个宏大的教堂。

右近对范礼安的新方针也深有共鸣。上一年年末以来，他就一直在协助奥尔冈蒂诺创设神学校。因为日本有身份的武士们一直将孩子进神学校一事视同出家，故踌躇不定。所以，首先必须将这种想法破除。奥尔冈蒂诺考虑，第一步是要将高槻城内的少年拉进教堂，他选了八名少年，邀请他们参加安土的节日庆典，之后对他们多方劝说，少年们当即决定入学。但是问题是如何说服他们的父母。奥尔冈蒂诺委托右近解决这个问题。于是右近先在家臣们——其中也包括那些少年的父亲——聚集的时候夸奖了少年们入校的决心，他宣布，为了奖励他们选择神学校的生活，每年他将赞助一百俵米。这样一来，神学校的招生问题就解决了。范礼安来制定神学校规则的时候，家长也好，孩子也好，都已在热心地期待着入学了。

　　在高槻接受高山右近的款待后，范礼安顺便去拜访了河内诸城的信徒们——他们在京都建新教堂时尽心尽力提供了帮助。首先是冈山领主结城若昂的伯父若热弥平治，他治下有三千五百名信徒，也有宏大的教堂。接着是三箇的领主与那儿的一千五百名信徒，那儿也有宏伟的教堂和传教士之家。接着是去见西梅昂·池田丹后，他之前在若江的城堡中，现在在八尾的城中，在他的努力下，附近几个城的城主们也开始慢慢接近基督教。乌帽子形城的领主已经皈依，正着手兴建教堂。因为乌帽子形城的保罗文太夫[1]将堺

---

[1] 保罗文太夫即伊地知文太夫，小西行长的家臣，保罗为其洗礼名。——译者注

市的几幢房子捐给了神父，所以范礼安到了堺市后，在那儿建了个小的教堂。接着，在市中央买到了建筑用地后，他考虑在这个富裕的自由市里建设壮观的教堂和传教士馆，将来再建个神学院。

范礼安结束巡视后回到了安土，时间大概是在七月的时候。信长对范礼安越来越亲切。首先，他在范礼安即将归国之际送了一个珍藏的屏风作为礼物。那是信长让"日本最有名的画家"画的安土城堡与市内景观，画得非常好，而且信长轻易不拿来示人，因此声名远扬。信长将它送到了范礼安之处，并让使者传达：尊师归国之际，想送上一点纪念品，奈何好的东西都来自欧洲，没有合适之物，不过想来贵师也许想让人将安土的基督教建筑画入画中，故将这个屏风送来；若看过后喜欢的话，敬请笑纳，如果没兴趣的话，敬请送还。范礼安让人传达了喜爱之意，信长志满意足，说道，这样知道我对神父的爱有多深了吧，我对那面屏风是何等重视，甚至为它拒绝了宫里的恳求，但我将它送给了神父，这样一来，我尊重神父之事就可以传遍全国，这让人高兴。这件事立刻传遍全市，又传到了周围诸国。为了一睹屏风而来到传教士馆的人非常多，织田信孝就是其中一人。与此同时，人们对神父们的尊敬之情也日益高涨。

信长向范礼安示好做的第二件事是，他让人转达，如果建筑费有困难的话可以提出来，他可以提供补助金。范礼安经过讨论后，报告了教堂建设拖延的情况，但他只是笼统地表示希望得到信长的外护，并没有提出具体的补助要求。

第三件事是请范礼安看了一场豪华的夜祭。范礼安前去告辞的时候，信长劝他看了节日庆典再走，范礼安只好将归期推迟了十天，一直待到了节日那天。这个节日按惯例是每家每户烧起火，在门窗上挂上灯笼而已，城堡无需做什么事情。但是这次信长下令让各户人家停止烧火挑灯，改为将城堡的天守阁用各种颜色的灯笼装点起来，场面非常壮观。另外，他派人手持芦苇的火把，整齐地站在从天主教传教士馆经过山脚直至城堡的街路两侧，然后让他们一齐点燃了这无数的火把。火把冒出灿烂的火花，整个城市明如白昼。众多的青年武士与士兵从飘散的火花中跑过，信长跟在他们后面经过了传教士馆门前，范礼安和其他的神父们一起出门迎接。信长很愉快地与他们寒暄，问了他们庆典活动怎么样等等。这一天的庆祝活动，好像是信长为了范礼安特别举行的。

　　范礼安与送他去堺市的奥尔冈蒂诺一起离开了安土后，暂时由弗洛伊斯管理传教士馆。弗洛伊斯是信长的老熟人了，所以信长将他召去聊了很长时间。洛伦索好似也一同去了。不久奥尔冈蒂诺回来后，信长有一日突然来传教士馆玩，他让家臣们留在下面，一个人爬上了传教士馆的顶层。与传教士们亲切会话，又让孩子们演奏大键琴[1]和中提琴，孩子们的演奏让他非常高兴。弹大键琴的少年是来自日向的伊东祐胜。

　　信长的这一态度显示了他对传教士们的厚意，这自不必言，

---

[1] 大键琴（harpsichord），原文称クラヴォ，是葡萄牙语大键琴cravo的音译。大键琴是拨奏弦鸣乐器。16-18世纪盛行于欧洲各国。曾译"拨弦键琴""羽管键琴""拨弦古钢琴"等。——译者注

但即使如此，传教士们也并没有考虑过信长会皈依基督教。信长不是一个追求信仰的人，这一点他们也看得很清楚。关于这件事，他们用了"傲慢"来描述信长，但是，至此为止还没有任何一个传教士在报告中批判信长的傲慢。即使信长本人改宗的希望不大，他的儿子信忠、信孝却不能说没有可能。信忠曾说过，只要奸淫戒可以放宽点的话，他就成为天主教徒。这件事非常有名，而范礼安巡察的时候，他早已将塞斯佩德斯神父和日本修道士保罗接到岐阜城下，让他们在当地积极传教。他们的收获也绝对不少。信孝当时还没有拿到领地，因此没有领内传教这样的事情，但是他在京都和安土与范礼安密切交往，深受范礼安的喜爱。"在畿内，除佐久间信盛之外，没有如他这般受到良好教育的人"，在他身边的弗洛伊斯这么说道。也许是对信长之子的信赖抵消了因信长的傲慢而产生的反感吧。

总之，对范礼安来说，在日本的传教事业前途一片光明，他认为："日本的基督教会是耶稣会下最好的教会之一，比整个印度的教会都有价值。"范礼安从堺市出发，经由土佐回到九州，翌年的一五八二年二月二十日在大友、有马、大村等各个大名派出的使节的陪同下从长崎出发。这些使节是代表神学校成就的少年们，范礼安想通过他们给欧洲人展示一下日本人是怎样的，而这同时也本应该能成为日本人了解欧洲的一个开端。

七　大友宗麟受洗

在九州地区，卡布拉尔来日、托雷斯去世后的十年间，大友、有马、大村等领国以及平户附近的诸岛、五岛天草岛等已开拓地区，基督教的地位逐步巩固下来。开始的时候没有发生什么令人瞩目的现象，但在京都地区政治局势发生了急剧的变化，不久，随着信长的胜利与他对传教士庇护的态度越来越明显，各种惊世骇俗的事件就层出不穷了。比如：大友宗麟的受洗、焚烧寺庙、有马义直的受洗等。

丰后的教会在大友宗麟的庇护下已经持续活动了二十多年，府内的慈善医院等在当地非常有名。但是宗麟却没有像大村纯忠那样选择入教，他手下的武士中改宗的人亦很少。据说府内的教会这二十年来成为天主教徒的武士只有一人，然而臼杵的教堂中，接近基督教的青年武士逐渐出现，一五七五年的时候，宗麟的长女与她的妹妹们、世子与其弟弟们多次聆听说教，并表明了他们想改宗的愿望。当时从土佐逃难来到他家的亲戚一条兼定夫妇也是如此。这样的机运，不久在大友家内部掀起了激烈的纷争。

产生纷争的原因是，一五七五年圣诞节前，宗麟的次子大友亲家受洗，成为堂·塞巴斯蒂安。这位十四岁的少年因为是次子，所以被要求出家，但由于他从小就由父亲带着出入传教士馆的缘故，他厌恶佛教，热切地希望自己能成为一名天主教徒。最后，宗麟见次子的意志坚定不移，便将卡布拉尔叫来大村，让亲家和其他数名武士一起接受了洗礼。三天后，卡布拉尔为了在府内庆祝圣诞节离开了，当时宗麟命令塞巴斯蒂安与他同行。但是，出席了府内教会的圣诞节活动后，塞巴斯蒂安开始做出一些过激的行为，比如打砸府内的佛寺等，他想以此告知天下：领主之子与很多武士成了天主教信徒。这在显贵中天主教信徒较少的府内可以说是一件划时代的大事。

这之后，在臼杵，青年武士中的受洗者增多，他们成立了修养会等组织，活动非常活跃。当时已执行政务的宗麟的长子义统也表示了认同基督教的态度。见此形势，义统与亲家的母亲——宗麟夫人骤然掀起了一场反对运动。女儿们支持她们的母亲，她们谋划了各种方法想让宗麟与义统憎恶天主教。不巧的是，新改宗的武士中有人在殿上持刀伤人，有人行事触怒义统，使得义统渐渐站在了他母亲一边，于是，家臣的改宗被禁止，已经成为天主教徒的人被要求改变信仰。因此，迫害天主教徒的谣言四起，卡布拉尔与天主教徒们在教堂内闭门不出，开始做殉教的准备。堂·塞巴斯蒂安被母亲威胁要断绝关系，但他丝毫没有动摇，抱着殉教的决心，进入了教堂。府内的信徒们听到殉教的传言，也急忙赶来想成为殉教者。教堂内大家都非常激动，不过，最后什么事也没有发生。宗麟听到卡布拉尔的陈诉后，再次明确了对天主教的保护政策。他让自己的长子义统冷静下来后，稳妥地解决了这件事。

但是，宗麟夫人的反对运动还是没有平息下来。这次是围绕夫人娘家继承人的改宗问题。夫人的兄弟田原亲坚是大友家排名第二或第三的重臣，没有子嗣，故从京都的公家迎来亲虎为养子。这是一位才能卓越的少年，一五七七年他十六岁，这一年里要与宗麟的女儿完婚。这个少年想成为天主教徒。宗麟夫人听说后，"就像一头母狮子一样"大怒，她立刻召来亲坚，对他说，决不允许这个孩子成为天主教徒，如果他要信教的话，就解除婚约，且不再与他见面。亲坚以前曾带这个孩子去教堂听过卡布拉尔的说教，自然不可能讨厌基督教，但他为宗麟夫人所逼，将亲虎监禁了起来。但是对亲虎来说，与领主的女儿结婚、继承位高俸厚的家督之位等等都不重要，废嫡也好，断绝关系也好，他都已经做好了思想准备。无奈之下，亲坚只好寄希望于时间，把亲虎送到了丰前的偏僻之地，切断了他与天主教徒们的联系。但这一做法却只是使卡布拉尔偷偷送来的鼓励亲虎的书信更具雪中送炭之效。数月后，亲坚觉得亲虎的热情应该已经冷却下来了，就叫他回来。这时，亲虎做的第一件事就是偷偷通知卡布拉尔自己希望能紧急受洗。接着他向领主控诉了自己父亲的处置不当之处，让领主大为惊讶。最后亲坚不得不请求教会派人教导他，教会送来劝告书，要亲虎在不违反教义的情况下遵从父命，亲虎立刻变得非常温顺，让周围的人大吃一惊。不过他还是找到了机会，瞒着父亲与其他三个少年武士一起，由卡布拉尔为他们施了洗礼，成为了堂·西芒。

这个秘密不久就泄露了。而堂·西芒却是求之不得。他的父亲震怒之下，用流放来威胁他，而他却回答称甘愿接受这样的惩罚。卡布拉尔偷偷地给被监禁的堂·西芒捎去了殉教者圣·塞巴斯蒂安传的译本。宗麟夫人与亲坚合谋，想对堂·西芒的心腹、一起受洗的友人们施以迫害，以此让他受到心理的折磨。他们又托各种人对他陈说其中的利害得失。但是堂·西芒丝毫不为所动。结果这次亲坚还是不得不请求卡布拉尔去教诲他。但是这次卡布拉尔对亲坚的理由全部予以了反驳，称就算他们会失去生命也绝不会劝堂·西芒丢弃自己的信仰。宗麟夫人对亲坚施加的压力越来越大。终于，他开始用毁坏教堂、杀戮传教士来威胁卡布拉尔。卡布拉尔没有后退，他回答：如果你想违反道理，用武力来破坏教堂，杀戮"两个可怜的外国人"，我们将毫不设防，平静以待。因此，你可以随时执行。但同时他也让人将这件事报告了大友宗麟。

在此之前，卡布拉尔曾受被迫害的堂·西芒所托，派日本修道士若昂去宗麟之处控诉亲坚的所为之不当。宗麟在这件事情上赞同卡布拉尔的处置方法，并确认了信仰自由的原则。但是他回答说，这件事情目前他会避免干涉。这次接到关于亲坚威胁要破坏教堂的报告，他对田原一家的纷争还是不愿意干涉，只是回答："教堂与传教士都是在领主的保护之下，因此，不会让亲坚碰他们一根手指。"这句话隐含的意思是，所谓的破坏教堂、屠杀传教士等等不过是吓唬人的话罢了。

亲坚见卡布拉尔不屈服于威胁，便转而威胁堂·西芒说：你父亲亲坚今明两日将焚烧教堂、杀死传教士，而你的一个决定可以避免灾难的发生。这一威胁击垮了少年，他不得不发誓将服从父亲的意志。亲坚和宗麟夫人大喜过望。但是堂·西芒将事情的所有经过向卡布拉尔报告后，卡布拉尔却教育他说，你不应该顾虑神父们的生命。神父可以源源不断地从印度过来，而一个天主教徒的操守更重要。于是，堂·西芒再次恢复强硬的态度，他写了一封书信给他的父亲，称就算是死都要做一名天主教徒。

　　他父亲看了这封信以后会采取怎样的态度还尚未明确之时，堂·西芒·亲虎与宗麟的次子堂·塞巴斯蒂安·亲家偷偷在路上见了一面。看到亲虎因为受苦而憔悴的样子，亲家深受震动。当这个可怜的表兄弟因面临被杀或被流放的紧迫境地而向自己求助之时，亲家坚定地告诉他：如果你因为是天主教徒而被流放的话，不管去哪儿，我都会和你一起前往。

　　接到儿子亲虎要恢复信仰的表态，亲坚陷入了不得不将自己威胁时的发言付诸实施的境地。当天，亲坚派遣了很多士兵的传言不胫而走。后来弗洛伊斯从亲家那儿得知，亲坚实际上的确派了两个武士去杀害神父，又派了十二三人去杀害日本修道士若昂，还派了很多士兵去杀其他人并焚烧教堂。但是最后血腥的事件没有发生。这是因为传言传播开来后，城内的天主教武士们都为殉教的热情所驱使聚集到了教堂，虽然卡布拉尔请求他们只让不拿武器的传教士留在教堂里，但武士们没有听从，相反，他们瞒着神父们将大量的火枪、长矛、弓箭运入了教堂。随着殉教热情的高涨，这些武士们的母亲、夫人以及侍女们都出动了，那些平时大门不出二门不迈的贵妇人也在深夜蜂拥来到了教堂，这样一来，就不能轻易火攻教堂了。

于是，宗麟夫人、亲坚一方与教会方形成了对峙之势。这样的状态持续了二十天以上。最危险的为其中的两天两夜，其第一晚，宗麟向卡布拉尔提出了建议，他说道，都说这次的风波全是自己的夫人引起的，他觉得应该与她离婚，但想到此举会引起国内不安，故怎么也迈不出这一步。因此，他问卡布拉尔能否将旅行的日程提前，他与若昂一起出发去肥前，这样一来，事情就能圆满得到解决，而自己一定会保护教堂的安全。同一个晚上，宗麟夫人也派使者来见卡布拉尔，她指责恶徒若昂策动了此次事件，并一再威胁称，如果神父不改变态度，那么他们将破坏教堂，杀害天主教徒。由此看来，宗麟夫人的态度从始至终都很强硬，而宗麟则是希望教会能做出一点让步。卡布拉尔简单地拒绝了夫人的提议，对宗麟的提议则送了一篇备忘录，详细地阐述了自己的立场。这样一来，对峙的局势更为紧张。

但是，天主教武士们的殉教热情虽然使得教堂成为不容易被攻击的目标，但同时，他们的行为也授人以柄，给了宗麟夫人一方有力的攻击口实——天主教武士们的所为与一向一揆类似。对宗麟夫人来说，自己的次子亲家作为天主教武士站在教堂一方，这让她怒不可遏，她甚至不惜主张亲家与亲虎是这个宗教一揆的首领。当时信长正因为石山本愿寺的反抗而感到相当棘手，因此，这一事件于一国的政治而言无疑是相当"重大的问题"，从弗洛伊斯特别记载了天主教的武士们违反卡布拉尔的意志而集中于教堂、并瞒着卡布拉尔搬进了武器这一点，可知宗麟夫人方的指责何等有效。

大友宗麟领主与其世子义统无法忽视宗麟夫人一方的主张，因此，义统首先告诉卡布拉尔，自己会保护堂·西芒·亲虎，接着他质问卡布拉尔，天主教徒们宁可放弃对领主的义务也要团结在一起，这是真的吗？对前者，卡布拉尔向他表示了感谢，而对他的质问，卡布拉尔则回答，这是无稽之谈。他向义统详细地说明，如果一个天主教徒违背了他对领主的义务，那么他就不是一个真正的天主教徒。这样，天主教武士的团结与一向一揆并非同一类这一点也就得到了证明，与此同时，双方也就找到了和解的头绪。在卡布拉尔预定出发的日子到来前，宗麟前来通知他事情已经解决了：亲虎保留天主教徒的身份，与父亲和解，并依然保留其嗣子的地位。但是为了不刺激他父亲的感情，暂时少去教会。宗麟希望天主教徒们也不要表现得过于喜形于色。为了不刺激亲坚的感情，他也是多方考虑，用心良苦。

这件事第一次得到解决是在一五七七年的六月初，而一个星期前五月二十五日的晚上，宗麟夫人突然发病，病势很猛，五六个人都没法按住她，可能是胸腹部痉挛引起了绞痛。正是这个时候宗麟才得以压制住了他夫人吧。

事件看上去好似就此得到了解决，但是宗麟夫人的怒气并没有平息。秋季的时候，殉教骚动的反作用使得宗麟夫人一方的势力看似占据了上风。田原亲坚因为堂·西芒·亲虎坚决拒绝改变信仰，最终将他赶走了。亲虎去了府内的传教士馆。于是亲坚又与入夏前的那场风波时一样开始对教会进行攻击。对教会的攻击主要集中于一点：如果日本的天主教徒达到了相当数量的话，这些天主教的传教士们一定会从印度招来舰队并占领这个国家的。在这样的舆论压力下，一些武士丢弃了自己的信仰，来教堂的武士的人数也减少了。

这样，在宗麟夫人的势力再次抬头时，宗麟终于采取了最后的手段，与夫人离婚了。一般认为那是一五七七年秋末的事情。为此他在臼杵的城外建了新居，并着手为隐居和将国政交给义统做准备。他将次子堂·塞巴斯蒂安（大友亲家）夫人的母亲——此前一直服侍宗麟夫人——迎娶入新居。宗麟夫人因情绪激动而自杀，但未遂。

娶了新夫人后，宗麟想让她成为天主教徒，便来到卡布拉尔之处，想让他派日本修道士若昂去自己家说教。这对卡布拉尔来说也是事出突然，但是他的直觉告诉他，领主可能会开始听说教。宗麟一直以来那么热心地庇护传教士，那么热心地想了解欧洲的情况，却绝不会听说教，现在情况突然发生了变化。

若昂是十八年前在博多殉教的山口人安德烈的儿子，是与原琵琶法师齐名的优秀说教者。可以说受到卡布拉尔影响的九州的各个大名背后，都有他活跃的身影。宗麟请来若昂后，不仅仅让新夫人等听他的说教，他自己也出席，开始热心地聆听教义。这样的说教几乎每晚都有。听完说教之后，他就与若昂长谈至深夜，在这个过程中，他对基督教的兴趣与日俱增。

教义说过一遍后，宗麟请卡布拉尔在这个宅邸中为新夫人和亲家夫人授洗。卡布拉尔抓住这个机会让宗麟发誓接受了一夫一妻的婚姻方式。他为新夫人取教名为茱莉亚，她女儿则为金塔。这对宗麟的前妻来说是难以忍受的侮辱，她对传教士的憎恶已无以复加，据说曾怒气冲天地表示将不惜使用毒杀、放火等手段。

之后，若昂继续每个礼拜天去宗麟的府邸说教，并坚持了五六个月，在此期间，宗麟改宗的准备也已完成。此前的宗麟虽庇护传教士，但在宗教信仰上，他信的是禅宗。他是京都大德寺的大施主，在臼杵也建了很大的禅寺，不仅请来了大德寺的高僧怡云，自己也常静坐参禅。这样一个人物，却远离禅宗而渐渐接近了基督教的信仰。

宗麟周围出现这样的形势后，一五七八年一月，日向的伊东义祐因受到岛津义久的入侵而带着孙子们逃到了丰后。义祐是宗麟的妹婿，嗣子义益却不是宗麟妹妹的儿子，但他娶了宗麟的侄女，也就是说，义祐的嫡孙是宗麟侄女的儿子。其中的一人是后来进了安土的神学校的祐胜（义胜）。宗麟妹妹的亲孙子则是后来去了罗马的曼西奥·祐益。大友义统为了收复日向，于四月时率六万士兵出征，他轻松地赶走了岛津的士兵。

看到这一新局面后，宗麟制定了一个极其大胆的计划：在新的领土上建设一个以葡萄牙的法律与制度为范本的新城市，使住民都成为天主教徒，没有征服者与被征服者之分，所有的人都像兄弟一样互相友爱。他认为，这在因袭守旧之风较少的新土地上是能实现的。因此，他与新夫人一起移居日向，想通过对新地方的经营来解除丰后的当主义统的后顾之忧。将计划付诸实施是三四个月之后的事情，但是这个新城市的建设是离不开传教士们的协助的。他提前与卡布拉尔交涉并取得了对方的同意，其详情如下：在新城市建设之前先建教堂；扶持十个乃至十二个耶稣会士，宗麟本人的受洗仪式在新城市举行等等。这是一五七八年六七月时的事情。

但是，在满怀热情地背诵拉丁语祈祷文与信仰条款的日子里，在每个礼拜天去听若昂说教的过程中，他渐渐感到等到新城市建成以后才进行洗礼不是个好主意。正好七月下旬卡布拉尔要去长崎，于是他请求卡布拉尔一个月左右之后就结束旅行，回来为自己施行洗礼。他希望能为他授以弗朗西斯科为洗礼名以纪念沙勿略。就这样，他的宗教热情日益高涨。

卡布拉尔出去旅行期间，弗洛伊斯从府内来代替他的工作。第二天宗麟来传教士馆与弗洛伊斯谈了两个小时，弗洛伊斯也去拜访了宗麟，在与他就各种话题谈话之时巧妙地抓住了机会告诉他，是神的恩宠使他产生了想受洗的愿望。这句话深深地沁入了宗麟的心底，使他回顾自己十六岁时第一次见到葡萄牙人，二十二岁见到沙勿略以来的漫长岁月中的心路旅程。日本修道士达米昂聆听了他的叙述。不过，即使是沉浸在这样的情绪中，宗麟还是不厌其烦再三向弗洛伊斯询问了有关罗马教会制度的情况。

卡布拉尔一个月后从旅途归来，在宗麟迫不及待的催促下，于一五七八年八月二十八日为他施了洗礼。宗麟的洗礼不仅在丰后国内，在近邻诸国也非常轰动。有人坚称像宗麟这样有学问又精通禅宗的人，不可能成为天主教徒；也有人说，连这样的人也成为了天主教徒，看来基督教应当是个好东西。

出发去日向的日子越来越近，九月二十一日，依照宗麟所愿，众人为他举行了一场庄严的弥撒，府内的修道士们也都出席了。数日后，在宗麟的陪伴下，他的夫人茱莉亚与儿媳金塔也来到了教堂。终于到了十月四日，圣·弗朗西斯科祭日的这一天，宗麟率领相当多的舰船，坐船向着日向延冈附近土持氏的领地出发了。船上飘扬着一面白底缎面上有红色十字架、饰以金绣的旗帜，还有众多十字架图案的军旗。茱莉亚夫人、卡布拉尔神父、若昂修道士、路易斯·德·阿尔梅达以及自上一年起一直寄身于府内传教士馆的堂·西芒·亲虎等人随行。这可能是宗麟最得意的时候吧。

见宗麟就这样加入了基督教，嗣子大友义统也因此待传教士们非常亲切，就好像自己也是他们中的一员似的。当时信长镇压佛教一事惊世骇俗，这位年轻的领主也效仿信长，开始没收寺庙的领土并将之赐给家臣，他对自己的母亲——原宗麟夫人的抗议充耳不闻，甚至可以说采取了压制她的崇佛活动的态度。这一态度在宗麟受洗前后愈加明显，他甚至断然做出了禁止盂兰盆会、无视八幡宫祭礼这样的事情。

宗麟受洗后不久，九月初，义统在深夜召来了修道士若昂，开始与夫人一起在密室听说教。不久弗洛伊斯也加入了说教，他们讲欧洲的宗教界与俗世之事，讲沙勿略的生涯等等，一直讲到了天明。后来卡布拉尔也加入了进来。为了能让夫人参观教堂而不为母亲所知，义统等人还曾半夜从城堡的后面乘小船去过教堂。宗麟即将启程前往日向时，义统与夫人决定成为天主教徒，并向卡布拉尔请求指示：是自己这一年实行的逐步破坏寺庙以让国内有权势者逐渐意识到偶像崇拜之无益的做法好，还是应该不惧有权势者的反叛断然实行将异教一举扑灭的行动好？如果后者更好的话，他将甘冒失去领国的危险选择这一条路。卡布拉尔让他选择渐进式的做法，并告诉他，准备就绪的话，第二年的年初应能为他授洗。

卡布拉尔跟随宗麟去日向后，义统常召来弗洛伊斯就各种事情进行商议，其中他最关心的是希望弗洛伊斯为他的夫人授洗一事。夫人本人也直接拜托了弗洛伊斯，但是弗洛伊斯认为她的信仰还不充分，一直没有答应。最后义统听从弗洛伊斯的建议，在城堡内建一个小的礼拜堂，他夫人的受洗之日就定在礼拜堂落成之时。

当时义统的军营在臼杵西南的野津，那儿的天主教徒也开始急剧增加。野津的领主莱昂与其妻玛利亚就是这个时候听了日本修道士的说教而改宗的，他们后来成为了日本最好的天主教徒。他的整个家族与家臣共两百人都改宗信了基督教。

在日向，宗麟让人开始建设教堂和传教士馆。建筑工地上设了临时的教堂，十一月的晨寒中，宗麟每天都会不辞路远前来。他觉得，在日向栽下基督教之花，让其香飘万里直达罗马，在这个新的领国中以天主教或葡萄牙人的法律来治国，这些都即将成为现实。

而与此相反，在臼杵，精明强悍的原宗麟夫人又卷土重来，她联合义统夫人的母亲，极力阻止少夫人改宗。义统为了防止夫人动摇，拜托弗洛伊斯提前为她施加洗礼，最后决定十一月二十五日为她举行受洗仪式。但是，两位母亲却以自杀来威胁年轻的夫人，令她束手无策。义统回来后，与母亲吵了一架，奈何夫人本人却下不了决心，弗洛伊斯不得不决定取消她的洗礼。

五天后，十一月三十日（天文六年十一月十二日），大友军大败于岛津军，据说，这次失利是由总指挥官田原亲坚的大意与无知造成的，而收拾这次败仗残局时的愚拙又导致了全军的溃败。大友的威势顿时一落千丈。

宗麟与义统都没有因为这次败北而失去信仰。但是一个月后，田原亲坚现身于臼杵时，他姐姐——原宗麟夫人与战死者的遗属一致开始咒骂基督教。接着，之前在大友氏管辖之下的筑前、筑后、丰前、肥后等地的领主纷纷背叛了大友氏，而没有背叛的领主也要求义统放弃庇护基督教。大势所趋，年轻的领主义统终于无法对抗，他对传教士们越来越冷淡，并且对着神佛宣誓，明确了自己作为基督教的异教徒的立场，对基督教的反感也如潮水一般高涨。卡布拉尔又坚定了赴死的决心，某晚他甚至激励传教士馆的所有人做好迎接死亡的准备，虽然苦难逼近他们身边只有数日，但是足足有两个半月的时间他们都在这个教堂里昼夜不停地进行祷告。

最后，没有发生对传教士们的直接伤害。义统领主虽然向异教屈服了，但是没有迫害传教士们。领主的父亲宗麟坚持自己的信仰，并极力制止了对天主教的迫害。他告知重臣们：如果要伤害传教士的话，先把我杀了。这些重臣们在田原亲坚的指挥下想通过决议驱逐传教士们，使这一决议流产的是将田原亲坚视为敌人的田原亲宏。亲宏曾经被夺走了大部分的领地，而这些领土现在成了亲坚的领地。他反对亲坚将败仗的责任转嫁给传教士的做法，庇护了传教士，并向亲坚发出责难。这一有力的反对力量推翻了驱逐传教士的议案。当时是一五七九年一月末，临近日本新年的时候。

就这样，传教士被驱逐的危机过去了，但是内乱的危险又接踵而来。上文提到的田原亲宏突然离开了臼杵回到了自己的领地，并提出归还亲坚领地中属于他的部分旧领地的要求。一时，亲宏要发起叛乱的消息传遍世间。而实际上，如果他的要求没有得到满足的话，恐怕他的确会发动叛乱吧。当时的形势下，臼杵与府内都没有力量能阻止他，这两个城市会遭到掠夺、焚烧，就算基督教没有被排挤，结果也是一样的。两个市的市民开始准备避难，天主教徒们也惊慌失措。宗麟称其所面临的是自己开始治国以来前所未有的困境。原宗麟夫人身边的人讨论要在义统出阵后立即派士兵袭击教堂。考虑到宗麟一定会进教堂阻止，所以他们要把宗麟也收拾掉。卡布拉尔又做好了赴死的心理准备，在教堂内不停祈祷。

不过，这一紧张局面在领主接受亲宏的要求后得到了解除。这是宗麟在确认亲宏没有叛意后，指示当主义统接受的。时间是二月一日。孰料事情的解决给教会带来了意想不到的好结果。田原亲坚——堂·西芒的问题发生以来一直是迫害教会的中心势力——失去了他的大部分领地，与此同时名声大坠，大家将日向战败的责任归于他，他离开了臼杵，回到自己已变得贫弱的领地里闭门不出。后来，他苦于被亲宏欺压，就跑到宗麟与茱莉亚夫人之处，为自己以前对天主教徒的迫害行为道了歉。随着亲坚的失势，原宗麟夫人也失去了她的收入与势力。

这样一来，教会安定了下来。义统又恢复了作为一个异教徒对基督教的保护态度。但是大友氏对筑肥地区的势力却难以再恢复。

这一年的夏天，巡察使范礼安抵达了日本。他在口之津举办了传教士会议，自卡布拉尔以下包括修道士们在内都从丰后出发前去参加了。宗麟为他们提供了护卫，不过当时已经恢复了交通。

义统给范礼安送了书信为自己辩护，称内心还是与以前一样，只是为了政治上的需要而隐藏。范礼安没有与卡布拉尔一起来丰后，大概是因为丰后的政情不稳吧。不久，这一年的秋天，田原亲宏发动叛乱的形势已经渐渐成熟，领主也渐渐失去对他的控制。亲宏在十二月初突然去世，但他的继承人亲贯立刻摆出要进攻府内的态势。而田北绍铁则在暗中接应他。

当时，宗麟与义统率领少数士兵据守府内，形势非常不利。如果亲贯的舰队没有被暴风所阻而是按计划行动了的话，府内应该已轻轻松松被攻陷了吧。重臣中愿与亲贯一战的人很少，就连宗麟，这个时候也已经做好了亡国的心理准备，他劝传教士们去国外避难。他给范礼安和卡布拉尔送去的信函中写下了自己的心情，称比自己父子两人殒命更让他难受的是丰后基督教会的毁灭。情况竟已至此，教会的人也都以为这次恐怕难以幸免。但是范礼安和卡布拉尔都认为不能离开丰后，因为不管去哪儿，都会有危险，因此只能一切听从神的指引。

当时，使重臣们又团结在一起的是宗麟。他们希望这位已退位隐居之人能再次执政，当主义统也认为这很必要，亲自前去恳请父亲出马。但是宗麟不想伤及儿子的脸面，他的解决办法是，无论如何，义统要继续担任领主，但实际上一切事情由宗麟来决定。即使在这样的情况下，他的智慧与权威还是再次发挥了作用，重臣们为打倒亲贯团结了起来。当时是一五七九年十二月。

但是宗麟并没有急着镇压内乱。一五八〇年复活节的时候，宗麟本人觉得已经可以去迎来范礼安了，但是就在那个时候田北绍铁还制定了计划要在途中诛杀巡察使一行。万幸范礼安没有出发才得以幸免于难，而绍铁的谋逆之心因此而暴露，不久即被讨伐，亲贯的势力亦因此明显被削弱，而宗麟的信用与权威则明显恢复。

一五八〇年秋，亲贯被逼退守所住的城堡，而宗麟的势力得到了很大的恢复，他甚至开始考虑走出筑后的国境，与肥前的龙造寺一决胜负。正是这个时候，他于九月中旬将巡察使范礼安迎入了丰后。范礼安在府内逗留数日后，去拜访了正对亲贯的城堡进行攻围战的义统，接着又来到臼杵与宗麟见了面。两年前的十月四日，在圣·弗朗西斯科的祭日，宗麟曾带着卡布拉尔等人出发去了日向，而现在他要为了商讨作战遂行之事而去义统之处，在临行前，他制定了计划，要在与两年前相同的圣·弗朗西斯科祭日这一天举行庆典。在庆典上，范礼安在管风琴的伴奏下举行了庄严的弥撒，宗麟为之大喜。他在自己的府邸盛情款待了神父们。

范礼安召集了府内与臼杵的传教士们开了一个协商会议。他不顾卡布拉尔的反对，始终坚持将工作重心放在对日本人的教育上。会议决定，在臼杵为希望加入耶稣会的人设立修炼院(noviciado)[1]，

[1] 天主教会设立的培养修道士的教育机构。——译者注

府内的传教士馆改为修道士们可以继续学习深造的专门的神学院（colégio）。修炼院的毕业生，只要年龄和时间上允许，就进入神学院学习。外来的传教士们则在这儿学习日语。当时已经有了语法书，两年学下来日语就已堪用。除了以上这些以外，还必须在野津和由布设立传教士馆。

计划很快就付诸实施了。臼杵的修炼院圣诞节前开校了。第一批学生是范礼安批准入学的六个日本人和六个葡萄牙人，由以前在罗马教育新会员的佩罗·罗芒神父任教。新的建筑也开始动工兴建，第二年就建成了，又增招了四个日本学生。日本学生的成绩远远好于预期，他们中甚至有一位七十四岁的老人和他年近四十的儿子。

府内的神学院里有十三位耶稣会会士。其中三人是神父，他们中的一个人教拉丁语。日语老师是修道士保罗，是一位年过七十的德高望重的老人。在保罗等人尽心尽力的工作下，他们不仅编了语法书，还出了词典和翻译书籍。教理问答书（圣教要理）的译本就是这个时候完成的。

范礼安在一五八一年三月初离开丰后前往京畿地区，返程经由土佐萨摩，于秋季回到丰后。在此期间，宗麟显然已经恢复了威望。国内的谋反者田原亲贯已得到彻底的解决，与龙造寺和秋月之间的战争进展对他很有利。此时，他做了一件非常有名的事：火攻彦山灵山寺。这一事件与信长的火攻叡山有着同样的意义，应该是受到了信长的影响吧。与此同时，领国内有身份的武士们纷纷改宗，据称，仅一五八一年就超过了五千人。其中，宗麟对高僧芬恩的改宗下了很大功夫，这一改宗也引起了很大轰动。宗麟非常看好作为原宗麟夫人等人的师傅而颇有名望的高僧芬恩，认为让其改宗是"比领内一半人皈依还要重要的事情"，故为此费尽了心力。据说高僧芬恩的改宗使得原宗麟夫人都不得不认输。

一五八一年的九月，宗麟开始在臼杵建设大教堂，正在这个时候，范礼安从京都回来了，于是他为教堂举行了庄严的奠基仪式。在丰后的传教士们都汇聚而来，其人数达到了四十人。而数年前不过一二人。此时，人们重温日向败仗以来所经历的艰苦岁月，宗麟甚至还因为那场败仗使得众多基督教排斥派的人战死而表示感谢。实际上，这两年间，通过宗麟的努力，教会得到的收获甚至多于之前三十年间所获得的。三十年间皈依的信徒只有两千，而且以身份较低之人居多，现在，信徒的人数超过了一万，其中也包括了很多身份高贵的武士。人们认为，宗麟改宗后如果没有那次挫折，也许丰后全国已经实现基督教化了吧。宗麟当初进入日向时的幻想，不一定是毫无根据的。

臼杵的教堂是日本所有教堂中花钱最多最豪华的。宗麟为了它从京都请来了工匠，费时四个月才大致上建成，屋顶也已经盖好，已开始进行内部的工程。这个时候，范礼安即将带着日本的使节从长崎出发前往罗马。时间是一五八二年的二月。

八 被派往罗马的少年使节

范礼安要带到欧洲的是这五个人：宗麟侄女的儿子堂·曼西奥·伊东祐益，大村纯忠的侄子、同时也是有马晴信的堂兄弟堂·迈克尔·千千石清左卫门，还有他们两人的亲戚堂·朱利安·中浦，堂·马蒂诺·原，以及这些少年们的家庭教师——日本人修道士若热·洛约拉。他们是有马神学校的教育成果。

有马的神学校是范礼安来日后最先着手的工作。为何他首先选中了有马呢？这是因为他来日本后就立即参与了有马晴信的改宗事件。

大村纯忠成为天主教徒后，他领内的长崎作为葡萄牙船的寄泊港而繁荣了起来，但他的兄长有马义贞却还是迟迟没有改宗，不过当有马义贞渐渐了解到纯忠作为天主教大名强大得不可思议之后，也逐渐动心了。终于，在一五七六年四月，他与家人一起接受了洗礼。而这个时候，京都正在建新教堂，丰后则正因宗麟的次子接受了洗礼而经历着一场风波。有马领内的基督教由于领主的改宗而呈现欣欣向荣的景象，领主以手中的权力将佛寺改造成基督教的教堂，人们追随领主，半年的时间内信徒人数达到了两万人。全领的人都成为天主教徒的理想看似即将成为现实。

但是，这一形势在这一年的年末突然发生了逆转。义贞因为肿疡而猝死，反对派拥戴后嗣有马晴信，开始排击基督教。葬礼是以佛教形式进行的，传教士们都不得不退到了口之津。教堂重新改为佛寺，信徒中相当一部分人重新成为异教徒。有马晴信的执政，是以这样反动镇压的方式开始的。

但新兴的龙造寺的威胁，使得晴信的这一反动态度没能持续下去。他必须得到叔父——天主教大名大村纯忠的支持，而且葡萄牙船的火药供给也是不可或缺的。这些政治上的理由使得他的态度渐趋缓和。一五七九年七月，范礼安来日时，晴信已经有了相当的转变。

范礼安在口之津会议中听了对日本形势的各种介绍后，改变了第一站去丰后访问的计划，转而着眼于眼前的有马。他去拜访有马晴信的时候，晴信非常热情地款待了他，并对他表示自己想成为一名天主教徒。现在问题是，如何能尽量避免引起国内的纷争而让领主受洗。在此期间，来自龙造寺的压力已迫在眉睫，领内各处城堡被攻占，连佛教僧人见形势危急都开始主张要与基督教协力应对。但是另一方面，也有人以基督教为口实而欲行谋反之事。范礼安尚在为是否要施行洗礼而迟疑不定，而陷入困境的晴信这时内心却将基督教的神当作了救命之神。于是在一五八〇年复活节的时候，晴信由范礼安施行洗礼，成了普罗塔西奥。众多亲戚与家臣也一同参加了洗礼。

范礼安进入了已危在旦夕的有马城堡，提供了粮食和弹药等，救了有马晴信之难。期间得到了葡萄牙船的协助。其效果是立竿见影的，没有人能再持反基督教的态度了。晴信力劝领内的民众成为天主教徒，领内的佛寺共四十余所被悉数摧毁，用作了基督教教会的建筑材料。这之后的数年间有马一直在逐步实现领内全域的天主教化。

在这样的背景下，范礼安开设了有马的神学校。

不过，一五八〇年以来范礼安着手兴建的不只是神学校，有马与有家两个地方建了被称为九州西北地区最好的大教堂。两个都是非常大的工程，来自佛寺的木材用之不绝，建成的教堂宏伟壮丽，不管是信徒还是异教徒都印象深刻。有马的神学校与教堂同时开始建造，据说第二年大厅已经竣工。在这个建筑竣工前，神学校 —— 大概是晴信改宗后不久吧 —— 已经开办了。二十六位身份高贵且才能卓越的少年被召集到有马，由两位神父和四位修道士负责他们的教育。这是范礼安最优先落实的工作。因此在他离开日本前不到两年的时间里结出了丰硕的果实。

范礼安为神学校制定的学习课程与他后来给安土的神学校制定的内容是一样的，即日语的读写、拉丁语的读写以及音乐。他在神学校的教育开始实行后不久就移居丰后，接着又去了京畿地区巡察，当他一五八一年秋末回到有马，见到已接受了一年半教育的少年们时，他说，自己在游历各地期间遭受的辛苦得到了充分的回报。少年们为他办了盛大的欢迎会，他们巧花心思将彩纸剪成各种形状装点了神学校的大厅，又以木质雕像装饰了礼拜所与祭坛。但最让范礼安高兴的是这些少年们的显著进步。他们本就是彬彬有礼的人，入学后的近两年间，他们没有不端行为，感情融洽，比见习生还要谦逊虔诚。因此他们的进步主要体现在智力上。这些少年对学问的热情超过了人们的预期，他们的才智与记忆力都优于欧洲的少年。因为他们能在区区数月内学会读写自己以前从没见过的文字。他们记忆拉丁语的速度与欧洲的少年是同等程度的，甚至比他们更快。

看到这么优秀的成绩，范礼安心情激荡。他想给欧洲人看看这所神学校的成果，想让他们因此明白，能使拯救日本成为可能的其实是这个神学校。在日本，一两年的时间里已经培养了五十名这样的少年，将神学校的学生名额以一百为单位逐渐增加并对他们进行教育的话，短时间内就能收到很大的效果。出于这样的考虑，他制定了带神学校的数名少年去欧洲的计划。他将这次行动与天主教大名向罗马教皇与葡萄牙国王派遣使节一事结合在了一起，于是，他去游说大友、大村和有马这三位领主，让他们从神学院的少年中选出能胜任使节的人。据说大友宗麟的使节开始定的是宗麟的侄女之子伊东祐胜，但因祐胜在安土的神学校，赶不及，就由他的堂兄弟伊东祐益代替了。如果是这样的话，不得不认为这个选择是在情况紧迫之下做的。但是，本来与派出"使节"相比，带"神学校的少年"去才是最根本的目的，因此选择的范围是既定的。范礼安等人主要担心的是，家长们会不会让这些不到十四岁的孩子们离开，或这些少年们能不能离开母亲身边。但是意外的是，一切都很顺利。从这件事也可以看出范礼安如父母一般关心着这些少年。让日本人修道士若热·洛约拉同行，一是因为这个年轻的日本人成绩特别好，在神学校仅待了数月就被允许加入了耶稣会，之后又经过一年的见习，是一个很优秀的人，因此他作为"日本修道士"的典范是非常适合的；同时还有一个原因是出自对少年们的关心，怕他们在长期的海外旅行中忘了日语。

范礼安的这个计划在数年后取得了意想不到的成功。少年们在欧洲异常受欢迎，耶稣会获得了在日本传教的独占权与高额的补助金。看起来好似日本人直接接触欧洲文化的渠道已然打开，但是，除了去时路上因病逝于果阿的若热·洛约拉以外，其他四位少年在结束了八年的世界旅行后平安回到日本时，情况却已有了翻天覆地的变化。他们身后，本该浩浩荡荡长流不息的潮流，却早已干涸。

而在一五八二年的二月他们即将踏上这次世界旅行之时，他们站在新潮流的前沿。他们不只代表着大友、大村、有马等天主教大名，即使是压迫着这些大名的如萨摩的岛津、肥前的龙造寺等势力也同样想向欧洲伸出触手。

范礼安将有马晴信从龙造寺的压迫下解救了出来，但是龙造寺隆信却没有攻击传教士们。如果有马与大村的领主对他显示出恭顺的态度的话，他也没有必要对他们的领地再行攻击。一五八一年发生了一起使传教士们非常担心的事件：龙造寺隆信邀请大村纯忠与其嗣子去佐贺。接受这次邀请就意味着要将大村纯忠一族的命运暂时交到隆信的手中。人们充满疑惧，科埃略神父也认为非常危险，但纯忠却毅然决然接受了邀请。隆信款待了他，承诺将自己的女儿嫁给他的嗣子。即使如此，科埃略等人还是一直对隆信感到不安。范礼安认为与龙造寺保持良好关系对基督教会来说是必要的。他常常派人去探望隆信，并答应了隆信的请求，派科埃略去拜访他。隆信款待了科埃略，他恳请科埃略能为他斡旋，使葡萄牙船能来龙造寺领内的港口，并称自己会允许在龙造寺领内建造教堂、布道等等。科埃略对隆信的友情并没有加以信任，但是，龙造寺抱有开展贸易的愿望，以及想由此而接触欧洲文明的愿望，这是不可否定的。

岛津也是同样。范礼安的船在旅行途中在岛津领内停靠时，他们不仅非常热情地款待了他们，而且为了招揽葡萄牙船去岛津领内的港口，他们还就教堂的建设与布道的许可开始与范礼安、科埃略进行交涉。在范礼安已坐上了船准备离开日本的时候，还有使者带着相关的具体提议从萨摩赶来。

连被视为天主教敌人的异教徒领主们都如此热情地对范礼安伸出了手，更不必说天主教大名大村纯忠、有马晴信对范礼安的各种竭心尽力的积极表现了。一五八〇年晴信为了感谢范礼安的鼎力相助，将浦上捐献给了教会。大村纯忠听闻此事，提出要将长崎捐献给教会。就是否接受长崎一事，范礼安与西北九州、丰后、京都等地的神父们进行了讨论，也与纯忠多次会面。纯忠想使长崎成为教会领地的理由如下。第一，龙造寺觊觎着长崎。如果将长崎交给龙造寺的话，与葡萄牙人的贸易关系也会随之被夺走。而如果拒绝的话，则会受到他们的军事威胁。如果成为教会的领地就安全了。第二，成为教会领地的话，大村依然能继续与葡萄牙人进行贸易。第三，对大村氏来说，那儿可以成为一个安全的避难场所。这些理由大致上说服了神父们。如果龙造寺得到了贸易上的利益，其正面的敌人大友氏就会受到很大的打击，这归根结底也是基督教徒的一大损失。长崎作为天主教徒们的避难所必须保住。日本早晚要设置主教，长崎作为主教之所，必须保证安全。出于这样的考虑，范礼安同意接受长崎为教会的领地。纯忠将约一里外的茂木也交给了教会。不过，司法权还是保留在领主的手中。

范礼安谆谆教导长崎市民，要他们把教会当作最值得尊敬的存在。这儿的传教士馆有神父三人、修道士一人和日本修道士三人。大村的传教士馆有神父二人、修道士二人。范礼安从京都回来的时候，大村纯忠在大村为他举办了盛大的庆宴，并来长崎拜访了他两次。这一年的圣诞节，他带着范礼安来到大村，在那儿举办了一个庄严的庆典，并按惯例上演了戏剧。

有马神学校的少年们正是在这样的社会氛围中出发的。

第十二章 /
走向锁国

一 信长被杀

　　一五八二年二月，范礼安率领少年使节们从长崎出发后，在日本，不管是在九州还是京畿地区，新的机运犹如五月的新芽一般萌生。副管区长科埃略在有马举办了盛大的复活节庆典。晴信的母亲、祖母、姐妹和众多家臣接受了洗礼，连一些相当有势力的佛僧也改宗信了天主教。有马的神学校成了让周围的日本人不敢直视的显著存在。弗洛伊斯也称，在日本要想发展基督教，在人才这方面除了依靠这所神学校，别无他所。另外，附近的有家、岛原、高来，略远的天草、大村、长崎、平户、筑前的秋月，教会势力无不得到发展，尤其让传教士们高兴的是，连最初沙勿略的足迹曾到过的鹿儿岛与山口，都出现了可能会恢复教会的迹象。鹿儿岛在范礼安即将离开之际提出了有利的提案，科埃略正打算接受。山口的毛利也来向范礼安请求派遣传教士，后来更是前来与科埃略进行交涉。在丰后，宗麟愈加热心，他烧了府内的万宝寺，又烧了丰前的宇佐八幡宫。连长久以来一直是天主教大敌的原宗麟夫人现在也想成为天主教徒了。府内的神学院和臼杵的修炼院都远超预期。臼杵的新教堂赶在复活节前建成了，他们请来了府内的耶稣会会士们，举办了一个盛大的庆典。汇聚而来的人如此之多，以至于连这个日本最大的教堂也显得狭小起来。游行的时候有三千多盏灯笼，各种烟花照亮了夜空。安土的传教士馆和神学校也都先后扩建，建筑工程还在进行中。虽还没有着手建设教堂，但木材已经买好。神学校按计划培养着少年们，除了奥尔冈蒂诺等五个外国传教士以外，还有日本修道士维森特承担对孩子们的教育工作。学生总共有三十五六人。塞斯佩德斯神父与日本人修道士保罗一起开拓的岐阜地区在信忠的庇护下也相当有收获。在京都，洛伦索与卡里奥神父和另一个修道士一起活动。而那个将奥尔冈蒂诺当做自己父亲一样爱戴的织田信孝终于被他父亲起用、任命为四国征伐的指挥官，他承诺如果平定四国将会引进基督教，还对洛伦索说希望对方能去四国布道。

在这样的大好形势下，突然，信长在京都的本能寺被杀害了。那是一五八二年六月二十日（天正十年六月一日）早晨的事情。明智光秀乘信长大意，突然发动偷袭，在一两个小时内即解决了信长与信忠。光秀何出此举不得而知，也许是猜疑，也许是嫉妒，或者只是出于对权力的欲望。不管怎样，有一点是确定的，光秀指望的是民众对信长的怨恨，他以为将这个暴君打倒的话，众人会将这种行为视为有德之行。这从他以下的行为可以看出来。偷袭成功后，他立刻进入近江，把掠夺占领安土城当作要务，基本上没有考虑对付其他部将的战略。这一点连传教士们都注意到了。九死一生逃出安土城的奥尔冈蒂诺最害怕的是，光秀会不会像以前信长做过的那样把他抓为人质，以此来威胁高山右近等大名站在自己的阵营。因此他在光秀部下的手中时，给右近发了一封书简劝告说，"即使我们都被钉上十字架，你也不能成为这个暴君的同伙。"但是，光秀没有抓捕传教士们的想法。这个姑且不提，光秀进入摄津，本可以从各个城堡俘虏人质，并将自己的士兵安排在城堡里，那些城堡的兵士都前去参加对毛利的战争，城内差不多都是空的。高山的高槻之城等亦如此，那儿只有夫人朱斯塔、两个小儿以及少数几个家臣留守。但是光秀急于攻占安土，无暇关注摄津，他以为右近等将领们自然会站在自己一边。可以说这是他失败的主因。

光秀没有远见。不管信长破坏偶像的行为引起了多少反感，这都是这个时代创造力的顶峰，将打倒信长的行为视为德行的人极少。摄津河内的天主教武士中站在光秀一边的只有三箇城主一人。信长的部将们迅速从中国地区撤回军队，高山右近也在光秀从近江出来前回到了高槻城严阵以待。不久在秀吉的号召下，众人拥立织田信孝，在山崎击溃了光秀军。时间是七月二号，距信长死后不到两周。

安土的城堡与城市随之也被焚毁，二条的宫殿与信忠一起被焚，岐阜的教堂和传教士馆也被破坏了。信长所建之城、信长所有的财宝，都或被烧，或被抢，京都人为此哀叹："日本的财富消失了。"

弗洛伊斯在报告此事时，在赞赏信长具罕见之才、施贤明之政的同时，主张信长之死是由其"傲慢"导致的。弗洛伊斯称，他的傲慢在他死的这一年更是达到了顶点，他如尼布甲尼撒[1]那样希望自己被当做神一样被崇拜，这从安土山上建的总见寺就可见一斑。那儿放着从各国收集来的有名的佛像，而主佛是信长本人。《信长记》中没有记录此事，但我认为这很好地反映了当时传教士们的感受。

二 天主教大名的繁荣

关于信长的继承人一事，在讨伐光秀时，世人皆传秀吉会拥立织田信孝。这对于传教士们来说是件好事，但是弗洛伊斯称他不认为手中握着如此权势的秀吉会采取那样谦逊的态度。果然，事情的发展正如弗洛伊斯所预测的那样。一年之间，秀吉扫清了政敌柴田胜家、泷川一益，逼死了信孝后，开始在大坂筑城。折磨了信长六年之久的石山本愿寺旧址，将作为一个代替安土的、

---

[1] 指尼布甲尼撒二世（Nebuchadnezzar II，公元前635年—公元前562年10月7日），新巴比伦王国的国王，在位时期是新巴比伦繁荣鼎盛的时代。据《但以理书》记载他曾让人建造了巨大的金像。——译者注

新的大城市发展起来。最初有两三万人从事这一工程，后来达到了五万，规模之大，非安土城可比。

面对这一新形势，天主教徒们没能充分认清信长之死意味着什么。的确，安土的神学校覆灭了，但学员全都平安逃到了京都，不久神学校转移到了高槻城中。高山右近在讨伐光秀的行动中立有大功，故受到了秀吉的优待。他依然热心教义，事必躬亲照顾着神学校的两位神父、数位修道士以及三十二位学员。日本修道士维森特开始在这里讲授天主教的教义，效果非常好。学生们也非常优秀，其中有六七人提出想去臼杵的修炼院。也就是说，这儿的神学校反而比安土的更好。另外，秀吉开始重用几位天主教徒。其中一人是小西隆佐，秀吉非常看好他的知识与才能，让他管理自己的财宝，并执掌堺市。其次是他的儿子阿戈什蒂纽·行长。小西行长自小即在京都的教堂接受教育，秀吉让他担任海军的司令官，并将播磨的室之津作为领地赐给了他。其他还有秘书官安威志门，留守居役休庵老人等人也都是天主教徒。在这些人的帮助下，教会得到了秀吉的善待。因为秀吉要经营大坂等地，须从各个地方吸引人们来到大坂。这时，奥尔冈蒂诺听从高山右近的劝说，毅然决定在大坂建设教堂。当时京都的教会由于受到安土焚毁的打击，没有建设教堂的财力，但高山右近力陈建设教堂为当务之急，并制定了将河内冈山的教堂移到大坂的计划，甚至提出自己可以负担迁筑的费用。于是，奥尔冈蒂诺带着洛伦索来到秀吉之处请求得到土地。秀吉带着他们来到起居室，加上小西隆佐、安威志门，五个人谈了很久。秀吉把河边的约三千数百坪[1]优良建筑用地交给了教会。这是一五八三年九月的事情。事情的开端让天主教徒们感觉甚好。就像安土的神学校曾经成为了基督教的有力宣传一样，大坂的教堂也能成为有身份的武士们的关系网吧。人们认为大坂的建设规模比安土大，基督教也会比安土时期更加繁荣。

　　事实上之后的数年间的确呈现了这样的趋势。教会的迁筑在一五八三年圣诞节的时候差不多完成了，于是在那儿举行了第一次弥撒。接着，一五八四年至八五年，陆续有有身份的武士或大名改宗，开始是秀吉的小姓众与马回众，后来高山右近与小西行长的劝说颇有效果，马回众的头目牧村政治、伊势松岛的城主蒲生氏乡、秀吉颇有影响力的顾问黑田孝高、播磨三木的城主中川秀政、美浓年收入二万俵的市桥兵吉、近江年收入一万二千俵的濑田左马丞等都接受了洗礼，在秀吉夫人身边服务的妇女中也出现了坚定的天主教徒。

　　这一局面与当时的政治形势也有着很大的关系。一五八四年春，秀吉为防家康与信雄的反叛，命令部下做好出战的准备。不明真相的世人纷纷谈论着秀吉可能要讨伐根来，战争却是发生在浓尾的平野上。高山右近、池田丹后等天主教武士在这一地区立下了显赫的战功，但是，更引人注目的是在将士们出征离开以后

---

[1]　坪约为3.3平方米。——译者注

小西行长所指挥的海军活动。根来的僧兵想乘着大坂武备空虚占领大坂并将本愿寺恢复原状，故发动了行动。建设中的大坂市内陷入一片混乱，连奥尔冈蒂诺也放弃了教堂逃到船上避难。这时，阻止僧兵的进攻、在千钧一发之际拯救了大坂的，是保卫岸和田城的中村一氏和率领了七十艘战舰突然出现在堺市前方的小西行长。行长的船上配备了很多大型滑膛枪、一门大炮和数门小炮，他让士兵上岸击退了敌兵。这一海军的行动引起了秀吉的注意，这一年夏天，在尾张水攻敌城时，他命令行长的舰队出动进行了攻击；还有，第二年的一五八五年春天，在前去讨伐上文所述的根来僧兵与纪伊杂贺的本愿寺时，开战之始就将行长的舰队投入了共同作战中。当然主力是陆军，士兵人数据说超过十万。全军的指挥官有两人，其中一位是高山右近，他的优势军队不惧战损，强袭了敌军三四座边关要塞上的城堡，全歼了里面的敌人。根来、粉河等地的僧兵不待敌来就逃到了杂贺。杂贺在今天的和歌山附近，是一块为山、海和纪之川所包围的要害之地。杂贺的前方有两座重要的城堡，其中一个由海军的司令官小西行长受命进攻。这次战役给了他刺激，于是他把另一个城堡也解决了。行长最引人瞩目的功绩是攻下杂贺本城。这是一个非比寻常的要塞，根来与杂贺的主力据城而守，军需品中光米就有二十万俵，极为丰富。强攻是不可能的，故秀吉采用水攻，在城堡的周围筑起了约二里长的高六七间、厚二十多间的土壁，然后将纪之川之水引入其间。只是这样还不能决定胜负，秀吉又命令行长的舰队进入后从船上对城堡进行攻击。攻围军的将士们在安全的地方观战，行长率领挂着十字旗的舰船靠近城堡后，用大炮、小炮、大滑膛枪进攻。进攻持续了两三个小时。行长巧妙地指挥着众多舰船占领了城堡的大部分地方，在周围观战的全军无不为看到的场面而激动不已。这次攻击战行长的船没有一艘被烧毁，战死者也非常少。为滚滚浓烟与熊熊烈火所惊的秀吉以为行长的舰队已经遭到了重创，故让人发出了退兵的信号。这次攻城战以杂贺的投降而告终。行长论功被授予秀吉整个领土的舰队司令长官的地位，他此前管辖的小豆岛也成了他的领土。

高山右近也在这次战争中从秀吉手中得到了根来的寺庙，他以此来提供大坂教堂的建筑用材。塞斯佩德斯神父带着洛伦索到杂贺去表示谢意，当时还在攻围战中，在全军环视之下秀吉在土墙之上接见了他们。不论是高山右近的功业，还是小西行长的战绩，这些天主教大名的活动都风光而醒目，因此刺激了很多武士，对他们产生了强烈的吸引力，这是毋庸置疑的。当然，蒲生氏乡接受洗礼是在征伐杂贺前夕，吸引他走到这一步的正是高山右近的热心劝说。至于黑田孝高，最早打动了这位人杰的是小西行长，而引导他接受洗礼的，则是右近与氏乡。

这些大名在之后的两三年里迅速将基督教发展壮大。小西行长不仅在他的领地室之津与小豆岛实行基督教化，他还利用其作为海上司令官所拥有的权力影响各方以推动传教。在一五八五年的夏天，帕西奥神父从丰后去京都途中，在儿岛半岛尖端的日比的港口，遇到指挥秀吉的十万远征军渡海前往四国的小西行长，当时神父对其势力的强大与指挥的高明惊叹不已。不久，一五八七年秀吉征伐九州时，他的舰队进入了九州的西海岸。岛津的士兵占领了臼杵，烧毁了宗麟所建的雄伟教堂和修炼院。当时，救出丰后教会的会众并将他们送到下关的也是他的势力。而在陆地上，黑田孝高的活跃程度令人瞩目。他作为小寺官兵卫[1]从秀吉平定播磨时期就已开始崭露头角，不久后他在毛利氏与秀吉之间的和谈中显露手腕，在秀吉征伐九州之前，就完成了自中国地区至北九州之间的准备工作。中间还帮助副管区长科埃略成功恢复了山口的教会，劝说小早川隆景开始开拓伊予，援助大友领内被岛津军队蹂躏的天主教徒们，抓住时机劝说大友宗麟受洗等等，作为一个天主教徒，他非常积极地开展活动。而小早川隆景则成为了筑前筑后的领主，他的养子秀秋接受了洗礼，并接受秀吉的命令与宗麟的女儿马森夏结了婚。孝高的嗣子黑田长政被秀吉派到丰前的父亲之处后，在父亲的推动下也接受了洗礼，成为了一名热心的信徒。

在这样的形势之下，高山右近又跟随秀吉西下。因此有人说九州征伐之时装饰着十字的旗帜同时在海陆两方向前推进，这倒不一定是夸张。

---

[1] 黑田孝高，自称"小寺官兵卫"。其母亲为小寺政职养女。——译者注

三 秀吉的传教士驱逐令

秀吉是一个从尾张的农民之子上升至权力最高峰的人物，他是最能淋漓尽致地体现当时社会旧势力被淘汰以及实力决定一切的社会形势的人。因此他提拔人才只看才能，不问身份、信仰。小西行长、黑田孝高等人即为明显的例子。因此他应该是没有宗教的偏见，能以非常自由的态度来对待别人的，但是他留给传教士们的印象却不如信长。信长离世后，对于作为接班人突然开始受到注意的秀吉，传教士们的记载中对他是不认同的。他们只记载了秀吉很"勇猛""战术巧妙""身份与门第不高"以及"财富、权势与地位"在信长之上。其他方面——应该说这些才是重要的——或称他没有信长那样能接受别人意见的能力，而是认为只有自己的想法是最好的；或称其傲慢与对权力的欲望在信长之上。写下了这些看法的弗洛伊斯虽然在信长死后严厉批评了信长的傲慢，但在他长年与信长接触所写的报告中可以看到他对信长的人格相当欣赏。信长没有信仰上的要求，因此他不具备传教士们所要求的最重要的资格，但是他有对未知世界强烈的好奇心与对扩大视野的强烈欲望，这些不是权力欲的满足所能平息的，弗洛伊斯清晰地感觉到了这一点。但是秀吉身上却没有这样的特点，可以说这是两者之间巨大的差别。

可以说这一区别在副管区长科埃略谒见时秀吉所示的态度上表现得非常明显。科埃略于一五八六年三月六日与四位神父和三位修道士一起从长崎出发，经由平户、下关往东，在丸龟冲的盐饱岛上登上小西行长派来迎接的船，顺道去了室津、明石、兵库后，于四月二十四日抵达堺市，当时天主教徒们都对秀吉是否会接见并款待副管区长持半信半疑的态度。但是意外的是，秀吉以前所未有的热情态度款待了他们，这是五月四日的事情。科埃略带着四位神父、四位修道士、十五位"同宿"[1]，神学校的数位少年共三十人去大坂城拜访。领路人是安威西芒与施药院。一行人被带到一个用来举行官方仪式的建筑中，当天来到城堡的前田利家、细川忠兴等诸大名也出席了。高山右近自然也在其中。不久秀吉现身，就坐于上房的正面，安威志门逐一叫了他们的名字并做了介绍。之后带科埃略等人去会客间，来到秀吉的近前，秀吉本人也离开自己的坐席坐到了神父身边与他们亲切对话。翻译弗洛伊斯与秀吉早就相识，他先与弗洛伊斯说了很多过去的事情，这引得他发出了这样的感慨：在日本的传教士们一心只想弘扬教义，精神可嘉。自己也是专心于追逐权势与财富才有了这番成就，可以说是心无旁骛，只是想让自己的"名"与"权势的声望"流传后世。日本这边的事情解决之后就将之让给弟弟，自己则将渡海征服朝鲜和中国，为此要造两千艘船。他希望神父们能为他准备两艘装备完善的大帆船。当然他会付清货款，也会支付乘员的薪水。秀吉称，如果这个计划能成功，中国人投降了的话，他将在

---

[1] 同宿是指住在教会或修道院中，承担杂务并协助传教的日本信徒。因其与神父与修道士共起居而有此称呼。——译者注

中国各地建造教堂并命令中国人都皈依天主教后再回到日本。在日本也要让一半或大部分人成为天主教徒。

这一说辞其实是自相矛盾的。他一边赞赏天主教的传教士没有像一向一揆那样的政治意图，一边却又要求他们协助自己侵略中国的计划。但是在秀吉的意识里却并没有矛盾。他要求的是传教士们不妨碍他在国内的政治而又能为自己所用。以许可传教为条件让传教士提供造船的技术，他并不认为这是一桩不合理的交易。但是，这只是交易，并非对未知领域的探求。对他来说作为根本的知识的力量并不重要，这种知识的力量所产生的结果才是他必需的。这不过是把以前的那些一边打击基督教一边却又只想从与葡萄牙交易中获利的各个大名的态度以一种更巧妙的方式表现出来了而已。看来科埃略没有看清这关键的一点。

弗洛伊斯与洛伦索长年与信长交往，故不可能没注意到这一点。这次谒见之后，秀吉带着科埃略一行去了天守阁，得意地给他们讲那儿贮藏的巨额财富与物资，还带他们去了最高层，一边展望四方一边气势昂扬地谈着他征伐九州的计划。这时，弗洛伊斯提出想参观秀吉夸耀的用黄金搭建的茶室。而一向雄辩的洛伦索却缄口不言。这不是他们平时的态度。秀吉谈到了以前在信长的面前弗洛伊斯与日乘激烈地讨论，日乘欲提刀砍洛伦索之事。他甚至将手放在年老的洛伦索的头上，道："你怎么不说话呢？"但即使是弗洛伊斯与洛伦索二人，也还没有形成明确的想法。

科埃略在这次谒见之后，努力想通过秀吉夫人北政所来获得基督教传教的特许证，其内容是允许在秀吉全领内传教与免除传教士馆与教堂的各种课役征用。秀吉将自己的领内这个说法改成了日本全国，将特许证颁给了他。对当时的形势来说，这是非常有用的，为山口教会的恢复也立了大功。

有一点我们不能忽视。在科埃略打算把历来的做法继续保持下去的时候，持续了一个多世纪的下克上的趋势在秀吉的手中突然被斩断了。沙勿略来日后的三十五六年间，也即是秀吉从一个农村少年发迹成为关白的时期，特别是在这一趋势愈演愈烈的时候，民众中蕴藏的力量接连不断涌上表面，传统的权威逐次被破坏，而当这一趋势已达到顶点，农夫之子秀吉成了关白之时，他立刻就意图以手中巨大的权力来保持现状，也就是压制来自下层的力量。其最极端的表现，就是在一五八六年的秋天京都开始建造大佛时推行的刀狩令 —— 没收了全国的僧侣以及民众的武器，解除了他们的武装。这样一来，所有的一揆都成为了不可能，武士集团对民众的威慑力大大加强。可以任意定义社会组织以为武士阶级提供便利。在科埃略谒见的数月之后，秀吉大胆地实行了这样一场彻底的政变。

这实在是局势的一大变革。这时候，向近世欧洲那样的市民阶层发展的可能性被粉碎，武士阶级的统治逐步确立。但是与第二年大张旗鼓的九州征伐不同，这一变革在各地农村中进行得非常低调且毫不显眼。因此一五八七年七月二十四日，当九州征伐大致上结束，秀吉在博多发布传教士驱逐令时，事情显得如此突然，让人感觉是秀吉那晚心血来潮所致。但是其实不然。解除民众武装的秀吉，其感情中独裁权力者的自信与自尊是显而易见的，但却没有对未知世界的探求心与对视野扩大的需求。传教士们不能为己所用就驱逐他们——这就是上一年他把特别许可状颁给科埃略时内心的想法。

秀吉进入九州，行进到八代的时候，科埃略前去拜见，请求他放俘虏们一条生路。当时秀吉告诉他，自己早晚会去博多，不如到时候再来一见。岛津氏投降，战争结束后，秀吉引军回到博多致力于城市复兴时，科埃略再次前来拜见他。并得到了传教士馆和教堂的建筑用地。当时秀吉也明确地谈到了他远征中国的计划。某天，他看到科埃略所乘的弗斯特船，就转乘其上，并热心地观察了其构造。当时，秀吉想观察葡萄牙船，便请科埃略代为交涉，想让停泊在平户的葡萄牙船能到博多港来。这可以看做是他在催促科埃略对他上一年的提议做出回应。

科埃略在这一年当中显然没有做出任何努力寻找葡萄牙船。他不认为这是事关他们命运的大事，故态度十分敷衍。即使葡萄牙船很难入手，如果能想点办法让秀吉理解其难处——或者至少考虑一下将造船方法教给他们等其他方法，事情也许还能略为转圜。但是科埃略除了就驶向博多港的危险之处做了说明外，仅以极为消极的态度向船长传达了秀吉的提议。船长也派小船从平户前来，向秀吉说明了大帆船进入博多港是如何困难之事，听了他们的解释，秀吉好似被说服了，他款待船长一行后，让他们回到了船上。时间是七月二十四日。

据弗洛伊斯记载，当晚，秀吉突然心思一变，开始了对基督教的迫害。秀吉声称这是他很早以前就考虑的事情，但实际上这是他一时愤怒之下的决定，这么说只是为了不想予人以此等大事却由一时情绪轻易决定的感觉吧。做了如上的解释以后，弗洛伊斯又提到了原比叡山的和尚德运对高山右近的憎恶以及在有马领地为秀吉搜寻美女时在天主教女子面前碰壁出丑等事。但是秀吉想要欧洲式的大帆船，这是一年来一直未解决的问题，不得不说科埃略对此的解决方法是相当笨拙的。因此秀吉声称这是他很早以前就已在考虑的事情这一说法，某种意义上也是正确的。而说这件事发生在秀吉与船长见面之日的夜里，也是非常合理的。在事件发生的两天前，当科埃略述说着对传教前景的乐观期待时，高山右近就已经对他说过这样的话："我现在很担心会不会突然发生激烈的迫害。"至少当时右近已经预感到会发生些什么了。

当天晚上，秀吉派使者去右近之处传达了这样的话：退出天主教，或立刻放弃领地。右近平静地回答称愿放弃自己的领地。使者和他的友人都劝他表面上服从秀吉的命令，但是他没有听从，并称，如果使者不照此回复的话，他将亲自前去回答秀吉。

秀吉又派了使者去了科埃略的船上，将已入眠的神父叫醒，让他回答了以下的问题：神父们为何如此热心地传教、强制改宗？为何破坏神社、寺庙，迫害和尚？为何食用对人类有用的牛马？

为何买日本人为奴？科埃略是这么回答的：救赎只有主耶稣基督能做到，因此，我们来向日本人传教，但是我们从未强制过任何人，而且没有权力的我们也没有能力强制别人。破坏神社、寺庙是信徒的自发行为，并非我们指使。我们遵从本国的习惯食用牛肉，但未曾食用过马肉，而如果不许我们食用牛肉，我们可以停止食用。存在着奴隶买卖是因为有日本人卖，我们为此感到非常难受并已努力阻止，但力有所不及。如果不希望有奴隶买卖这样的事，首先应该禁止售卖。这些回答充满攻击性，科埃略在这样回答的时候已做好了赴死的准备。但是，当天他只收到了右近被放逐的通告。

第二天，七月二十五日，秀吉召集诸侯，公布了驱逐传教士一事。他称，传教士们以讲救赎之说为由召集民众，既而欲在日本实行重大变革。他们都是博识之人，以其巧妙的论辩之术蛊惑了众多高官显贵。只有自己看穿了他们的欺瞒之术，现在若不压制他们的企图，他们也会成为一向一揆之流。不，与本愿寺的和尚们不同，他们吸引了位高权重的领主们，因此更为危险。如果神父率领天主教大名们发动叛乱的话，将很难压制。发表了以上言论后，他发布了驱逐令，内容如下：

一、日本为神之国度，不得传播来自天主教国的邪法。

二、彼人使诸国的人民皈依，破坏神社佛阁，实为前所未闻之事。领主们一时代管土地，并没有为所欲为的权力。必须遵守国家的法律。

三、神父如以为以其手中智慧之法可自由控制信徒，就会如上文所述一样破坏日本的佛法。因此日本的土地上不得有神父。神父们须自今日起二十日之内准备好回国。在此期间如有人加害神父，将遭惩处。

四、黑船是为商贸而来，不在此列。可以进行贸易。

五、今后来自天主教国家之人，如不碍佛法，商人也好，其他人也好，可自由前来。

这一驱逐令立即被传达到科埃略与船长之处。科埃略回答称，今后六个月之内船不会启航，故二十天之内无法出发。于是秀吉命令神父们集中于平户，日本修道士也同样如此。

接着，陆续执行了拆除十字旗，没收大坂与堺市、京都等地的传教士馆，以及没收长崎、茂木、浦上的教会领地，对长崎的天主教徒们收缴罚金，破坏大村与有马领内的各城堡以及教堂等命令。因大村纯忠于两个月前、大友宗麟于一个半月前刚去世，故耶稣会受到的打击非常大。

驱逐令立刻被传达到了各处。以高山右近的新领地明石为首，大坂、京都等地的天主教徒们一片哗然。传教士们不得不急忙赶往平户，但是，信徒们的宗教热情在面对这一迫害时反而更为高涨，甚至在异教徒中也有人表现出了对传教士的同情。

当时日本的耶稣会会士有一百一十三人，还有神学校的学生七十余人，以及众多的"同宿"、传教士馆的雇员等，在被驱逐时总体上没有人遇害。新开设的山口教会与下关的传教士馆亦是如此。日本的武士们认为这次驱逐是不正当的、不合理的，是日本之耻。

在京都的奥尔冈蒂诺没有去平户，而是藏身在小西行长的领地上。他在八月十七日从"室"这个地方发出的书简中写道，八月初收到驱逐的通知后，处理了各种教会的事务，当时的状况是自"初代教会受到迫害以来前所未见的"，天主教徒们都期望自己能成为殉道者，奥尔冈蒂诺没想到他们中间有如此巨大的力量，对此感到非常惊讶。

在这次迫害期间发生的事情中，有一件事非常有名，那就是细川格拉西亚夫人受洗。这位夫人是明智光秀的女儿，看上去颇有才华，她对禅宗的见解曾让修道士科斯莫都感到惊讶。她对基督教产生兴趣是因为她的丈夫细川忠兴是高山右近的挚友，经常谈论这个宗教。在她的夫君参加九州征伐离家期间，正值彼岸节，她装作去寺庙参拜，混在一群侍女中去参观了传教士馆。正巧当日是复活节，教堂装饰得非常美丽。当时，她匿名请求对方为她说教。她花了很长时间听了修道士科斯莫的说教，也就是在这个时候，她和科斯莫进行了激烈的讨论。科斯莫称他在日本从没见过如此明白事理的女性。这是一个开端，之后，她通过自己的侍女坚持聆听说教并提问求教，她的侍女首先接受了洗礼，成为了玛利亚。接着是府邸内的十七位重要的妇人接受了洗礼，剩下的只有夫人一人了。就在这时候，秀吉颁布了传教士驱逐令。这使得夫人的宗教热情更为高涨。为了在神父出发前接受洗礼，她决定坐着轿子偷偷去教堂。因为正是特殊时期，这样的行为过于危险，故塞斯佩德斯神父阻止了她。他教给玛利亚做法后，让她给夫人施了洗礼，于是就有了格拉西亚夫人，因此夫人的信仰开始就是与殉教的决心结合在一起的。

就这样，驱逐令反而助长了信仰的热情。因此，集中在平户的传教士们抱着殉教的决心，开会决定全都留在日本。于是他们让葡萄牙船长去秀吉之处报告说，在日本的传教士人数众多，全都载送到底是不可能的，因此今年只送舰船能运载的人数，其他人延迟到第二年。而能运载的只有到中国去接受圣品的三位修道士而已。

就这样，耶稣会会士采用了潜伏战术，而接受他们潜伏的是天主教领主们。有马晴信提出愿意全部接收，但是其他的领主那儿也需要分配。结果，奥尔冈蒂诺与两位修道士留在了小西行长的领内，其他人则留在了九州的西北部。度岛四人，大村领内十二人，丰后五人，天草岛六人，大矢野三人，五岛二人，筑后二人，有马最多，接收了七十多个传教士与七十三个神学校的少年。

在背后支撑这次潜伏的是他们殉教的决心，但是也伴有对将来的推测：秀吉的驱逐令不久将会缓和。而这一推测没有落空。只要传教士们从社会前台隐身，在他的威风下显示出退缩的态度，秀吉是不会强行要求严格执行驱逐令的。因此，从维持天主教信仰这个观点来看可以说潜伏战术是成功的。这不仅成功地维持了信徒们的信仰，而且通过信仰的内化与深化而使信仰得到了显著的发展。但是其代价是，基督教失去了其公共性，这是我们要充分重视的。在官方意义上耶稣会的传教士们已经一个不留地被驱逐出了日本，这一事实在不久后将造成重大的后果。

四　天主教徒迫害史

秀吉的传教士驱逐令没有动摇日本天主教徒们的信仰。高山右近坦然地舍弃了自己的领地，这也是众多天主教武士共同的态度。受黑田孝高之劝接受了洗礼的大友义统在驱逐令颁布后立刻开始了对天主教徒的迫害，他反而属于少见的个例。但是不得不承认，这一驱逐令的发布清楚地标志着一个新时期的到来。驱逐令发布前夕，大村纯忠、大友宗麟相继死去，这一年的年末，日本人修道士中的杰出人物达米昂去世，年仅四十四岁。三年后，科埃略也去世了。而沙勿略发现的在日本传教史上留下了巨大功绩的琵琶法师洛伦索，也在略晚于他们的五年后，于其六十六岁时离世。在九州诸地的开拓中发挥了巨大作用的路易斯·德·阿尔梅达则在驱逐令发布的四年前，于六十岁的时候结束了他为之奋斗三十年的活动。考虑到以上种种方面，可以说这是一个时代的转折点。

驱逐令发布三年后，一五九〇年七月，范礼安与被派到罗马的少年使节一起回来了。少年使节们已成为青年，一身的欧洲打扮。而迎接他们的是已经天翻地覆的国内局势。范礼安不是作为耶稣会的巡察使，而是作为葡萄牙的印度副王的使节，在第二年拜谒了秀吉。游历了欧洲的青年们在众多的大名与武士们的包围下讲了他们的见闻。传教士被驱逐了，但是大众对摄取欧洲文明的兴趣并没有减弱。范礼安这次作为一名外交官展开活动，全然没有提到传教的事情，这对于宗教热情高涨的人们来说实在是令人焦急，但是范礼安却认为，现在正是要忍耐的时候。

范礼安于是给潜伏战术赋予了积极的内容：信徒们即使没有公开的教堂与仪式，也必须组织起来使信仰得以维持。神学校与神学院必须藏在不会引人注目的山中或岛上。为了使教义能润物细无声地洒向人们的心田，必须接连不断地印刷教义书。从罗马归来的四位青年开始在天草的神学院任教。范礼安带来的印刷机最初在长崎，后来在天草一直忙个不停。像这样在实质上使欧洲文化得到渗透之后，在不久的将来到了教会可以恢复其公共性之时，就能实现极大的飞跃。以上是一五九一年末范礼安在日本留下的方针。

但是这一耐心的、低调的做法在西班牙人方济各会进来后被搅乱了。

西班牙人得到菲律宾群岛并打开太平洋航路，比葡萄牙人得到果阿、马六甲各晚三十、四十年。因此西班牙人进入日本也正好晚了这么多年。吕宋的商船进入平户、西班牙人初次踏上日本的土地是在信长死去两年后的一五八四年，之后双方逐渐有了接触。一五九一年原田孙七郎带着秀吉的劝降书去了吕宋岛，第二年多明我会的传教士为了确认其真伪来到日本，在肥前的名护屋谒见了秀吉，又拿着秀吉要求他们朝贡的书信回去了。但是，因为他所坐的船在归途中失事，第二年又有方济各会的传教士佩德罗·巴普蒂斯塔作为使节，带着一个副使和三个方济各会的会士来到了名护屋。副使拿着秀吉的第三封书信回去了，使节等其他三人则作为人质留了下来，但是传教士们将之理解为获得了居留许可，于是提出了想去京都、大坂的愿望。秀吉以不传教为条件答应了他们，传教士们却将之置之脑后，开始传教。第二年，也就是一五九四年又有方济各会的传教士三人带着长官的回信来到了京都。信中内容与秀吉提出的要求完全不符。不过，这样一来，传教士达到了七人。

这些传教士开始了频繁的传教活动。一五九四年秋，京都有了教堂，第二年有了医院。大坂也有了教堂。长崎也派了方济各会会士常驻。这对于四十年来一直努力在日本开拓的耶稣会会士们来说，不得不说实在是一件令人不快之事，因为耶稣会得到了教皇所授的在日本传教的独占权，而且在日本的传教工作现在被逼进了必须忍耐的微妙境地。行动稍有不慎，将招致彻底的失败。但是方济各会的会士却没有与耶稣会商量，趁着耶稣会会士潜伏之际，公然要夺取日本的传教事业，这让耶稣会会士们怒不可遏。但是在方济各会士看来，日本的耶稣会会士应该已经尽数被秀吉的驱逐令赶往国外了，也就是说教皇授予的传教独占权事实上已经消失了。方济各会会士是来到没有耶稣会会士的日本开始传教，自不会受到抗议。这一主张不过是诡辩，但是不得不说它击中了潜伏战术的要害。耶稣会会士要抗议的话，就不得不将自己违反驱逐令之事暴露在青天白日之下。陷入困境之中的他们对方济各会的愤懑之情就更深了一层。

方济各会会士们毫无顾虑的活动使得日本的传教事业站在了生死存亡的紧要关口。这时，同时发生了两件事，一是一五九六年八月第一任日本主教马丁内斯来日。另一件是西班牙船圣费利佩号进入土佐的浦户港。

在日本设主教一职是很早以前就有的计划，面对方济各会的攻势，愤怒的耶稣会为了与之对抗匆匆将之付诸实施。司教一职是罗马教会的制度所设，不分会派，皆可得到指挥权。如果使耶稣会会士被任命为主教，方济各会会士的活动也可以按照耶稣会的方针来加以节制。马丁内斯在果阿就任日本主教后，带着七个传教士来到了日本。经小西行长斡旋，他以印度副王使节的身份，于十一月在伏见拜谒了秀吉。

西班牙船圣费利佩号从马尼拉出发前往墨西哥途中遭遇台风而船体受损，是为了修缮而进入浦户港的。为了获得对船员的保护和修缮的许可，司令官派了使者去大坂。在他们花费时间交涉之时，秀吉急遣增田长盛至浦户，将船上的货物与船员的财产没收了。据说，当时圣费利佩号上的领航员向长盛出示了世界地图，炫耀西班牙领土之广阔。长盛问他为何能将领土扩张到如此之大，他是这么回答的：西班牙先派传教士去向土著人宣传基督教，等信徒达到一定的人数后，就派军队与信徒们里应外合，占领那块土地。长盛将此话报告给了秀吉。这是耶稣会一方的说法。而圣费利佩号司令官的报告则称，是当时在京都的葡萄牙人向秀吉灌输了西班牙人侵略一说，诬陷说西班牙人是海盗，在墨西哥、秘鲁、菲律宾群岛实施了残酷的侵略。对日本，西班牙也先派了方济各会会士来传教，并测量国土，因此给他们提供了巨额的资金。他们的最终目的是征服。印度副王的使节 —— 其实是日本主教马丁内斯 —— 正是这个时候来的，所以不能保证他没有说关于西班牙人征服墨西哥与秘鲁的事情。如果只是客观叙述了这些事实的话，也不能说是诬陷。但是对于还没有充分形成世界性视野的日本人来说，只是听到这些事实就会觉得一直以来隐隐存在的杞忧现在有了充分的证据。天主教传教士们的企图，其性质上与一向一揆没有不同，而其危险性则在一向一揆之上。秀吉对此应该已确信无疑了。

一五九六年十二月九日（文禄五年十月二十日），镇压行动开始了。方济各会会士六人、耶稣会日本会士三人，以及日本信徒十七人在京都被绑，在京都、伏见、大坂、堺市等地的市内游街后，经陆路一路示众被带到九州，一五九七年二月五日，在长崎海岸的一座小山上被处以死刑。

这是日本最早的"大殉教"事件。不论是殉教者们不屈的态度还是为政者一方通过"示众"故意表现出的残酷，都给全日本的国民留下了非常强烈的印象。此后，信徒们的信仰变得狂热，而各地领主们的压迫也开始带上歇斯底里的特征。

这一年的夏天，六十五岁的路易斯·弗洛伊斯结束了他在日本三十四年的活动。他最后的报告是上文提到的二十六位殉道者的事情。

翌年的一五九八年夏，新主教塞凯拉与巡察使范礼安一起带着数名传教士来到了日本。一个多月之后，教会的镇压者秀吉也死去了。

莱昂·帕格斯的巨著《日本切支丹宗门史》（吉田小五郎译，岩波文库）正是从这一年开始的，因为他打算从这里开始他的日本史第三卷，并不是说他认为日本的基督教史应该从这儿开始。但是，从"迫害"是成为一名基督教徒应当具备的不可或缺的条件这一观点来看的话，也可以说日本的基督教史从此开始成为了真正的基督教史吧。不过，在此要讨论的不是基督教史的问题，而是，日本民族为何没能获得世界性的视野，因此也没能成为近代世界的一员。从这一观点来看，这之后的日本基督教史，其实也正是日本锁国形势日益加剧的过程。

当然，这不是指天主教运动不具备开扩日本人视野的因素。

秀吉死后的十几年间，也就是庆长年间，舶来的印刷术使得很多罗马字标记的日语天主教书籍得以出版，另外，除了天主教书籍以外，也出版了语言与文艺方面的书籍。《日葡辞典》、罗德里格斯的《日本文典》也是这个时候问世的。《妙贞问答》与《舞之本》的出版也是在这个时候。日本这边的舞之本[1]等几乎都是用假名书写的时代的作品，因此即使将之改为口语对话并用罗马字来标记，其转换也是很顺畅的，在罗马字的采用过程中未遭遇什么大的困难。从这些地方来看，可以说庆长年间还是有着想接近广阔世界这一倾向的。

但是这些都是"余势"，它只是说明了在隆盛期时扎下的根扎得有多深，伸展得有多广。天主教一方的文化活动无疑很活跃，但与之对抗的保守文化活动则受到了更强有力的推动。秀吉转而开始压制从下层涌上来的力量，致力于维护现状之时，其大致的趋势就已经定下来了。而家康则是顺应这一趋势将之完成了，在这一点上他毫不迟疑。

但是正如秀吉只想保留贸易一样，家康在与西洋人的贸易这点上也很热情。而他知道将贸易与传教士的传教活动分离开来是一件困难的事情。因此他对基督教从开始就贯彻了虽不正式承认但比较宽容的态度。秀吉死后，各地的教堂与传教士馆先后恢复，特别是小西行长的领地肥后有很多是新建的，但是并没有被视为

---

[1] 此处指舞之本这一类书籍。舞之本为日本传统艺能"幸若舞"的台词集。——译者注

问题。因此秀吉死后的数年间，据说信徒增加了七万之多。

最早给这一形势带来变化的是一六〇〇年（庆长五年）的关原之战。德川家康经此一战确立了霸权，而小西行长、小早川秀秋等天主教大名离开了人世。特别是失去小西行长对基督教来说是一个很大的打击。但是如果只是这样，还不是什么大事。天主教大名中大村、有马、黑田等人是德川阵营的，德川阵营中几个很有权势的大名，比如细川、前田、福岛、浅野、蜂须贺等人都是天主教的认同者。但重要的是，对天主教徒的迫害在大名之间成为了主流，各个大名渐渐改变了他们的态度。而迫害运动的先锋是小西行长的私敌、接收了小西领地的法华信徒加藤清正。据说在他的迫害下，肥后的八万信徒在二三年内锐减到了两万。紧接着是以前属于小西领地的天草岛、长门的毛利等。筑前的黑田孝高逆势而行，振兴了基督教，但是于一六〇四年去世。长政继位后，形势逐渐改变，最后长政也放弃了基督教。丰前的细川忠兴因为怀念关原之战中牺牲的格拉西亚夫人而保护天主教，但是没有坚持到十年以上。大村领地因为长崎成为了幕府直辖地的关系，直接受到了幕府的压迫，大村喜前迅速弃了教。只有有马晴信和他的夫人依然虔诚地为了信仰尽心竭力，策划扩张教会势力。但他终于也在一六一二年被判了流放。

但是政治表面上的这一总趋势却并不一定就是基督教信徒之间的趋势。被解除武装的民众信什么宗教，这在开始的时候并没成为多大的问题。因此传教士们在避免公开传教的同时努力组织信徒，推行教育，促进有关信仰的书籍的出版，以求维持并扩大教会规模。在此期间，日本主教塞凯拉的大显身手尤其引人注目。他一方面为了传教事业再获政府承认而努力，一方面煞费苦心与西班牙势力对抗，极力抑制方济各会、多明我会、奥古斯丁会等进入日本。而西班牙方面的传教士们没有为一五九六年的大殉教踌躇，依然在为进入日本而努力，比如一六〇二年从马尼拉渡海而来的人就达到了十五人。塞凯拉在这一年的秋天给马尼拉发函，警告了他们如此行事是何等危险。信中是这么说的。第一，家康不喜基督教，而热衷于佛教。他为了贸易而容忍基督教，但并没正式承认。第二，以家康为首的诸大名皆深信西班牙人是侵略者，而传教不过是侵略的手段。因此，西班牙传教士的大举来日会激发对教会的迫害。可以说这一迹象已经很明显了。据说家康对传教士的到来是这么说的："那些家伙又想来受磔刑吗？"在亲信高僧（相国寺的承兑）的鼓动下，毛利的山口、细川的小仓、黑田的博多等地已经开始出现了迫害，或即将发生。这样的形势继续发展下去的话，再次发生大殉教那样的事件也不是不可能。因此西班牙传教士欠考虑的行为的确非常危险。

　　塞凯拉的态度是尽量谨慎行事以消除家康及诸大名的猜疑，并使传教重新获得官方承认。这是为了遵守他与巡察使范礼安商量后所定的方针。一五九八年夏，范礼安第三次来到日本，同行的有塞凯拉等人。抵达后不久秀吉就去世了。范礼安在他去世前首先着手解决的是奴隶买卖的问题。这一问题是在秀吉的驱逐令中教会最受打击的部分，驱逐令发布当时，科埃略回答秀吉称这是卖人的日本人之恶，要他们先禁止买卖人口。范礼安与塞凯拉则对葡萄牙商人表明态度，禁止奴隶买卖。第一任日本主教已经开始着手施行这一禁令，但尚未实现。对基督徒来说，这是应当采取的态度，但是在限制葡萄牙商人逐利这个意义上来看，这是一个相当困难的工作。这也说明这一工作应该有助于放宽驱逐令。接着，秀吉死后，范礼安带着以前在大坂的罗德里格斯出入大坂为争取放宽禁制而多方活动。诸大名中也有认同者，看上去事情好像很顺利，但是不久就发生了关原之战，小西行长的死亡以及其他各种情况的变化导致问题变得非常敏感，正在这个时候，西班牙的传教士们开始扰乱时局。范礼安好像就是这个时候离开日本的，塞凯拉继承了他这一极有耐心的宥和政策。

一六〇六年塞凯拉来到伏见拜谒了家康。他的身份是葡萄牙的使节，所以他的行程是正式的，谒见的仪式也是正式的。但是事实上塞凯拉是穿着主教的正装与家康见面，并以主教的身份与信徒们见面的。据说他还向近侍本多正纯与京都所司代板仓胜重再三恳请传教的自由。翌年他将管区长帕埃斯送到骏府继续开展同样的活动。帕埃斯也去了江户，谒见了德川秀忠将军，本多正信、正纯父子亲切地接待了他。传教被官方承认看似有了几分希望。

一直以来对塞凯拉这一方针构成威胁的是西班牙的传教士们，但是，不可忽视的是，另一个棘手的敌人出现了。那就是新教国家来的荷兰人与英国人。

宗教改革将欧洲分为两大阵营，其影响在十七世纪初日益深刻。这是为了保卫信仰的自由而移居北美的清教徒们即将开始活动的时期。新教与旧教的对立夹杂其间，那场胶着了三十年的战争此时也已现征兆。发现新大陆后急剧繁荣起来的旧教国西班牙在一五八八年无敌舰队覆灭之后已经放弃了欧洲争霸的想法，走上了下坡路。与此同时，与罗马教会决裂、对新教妥协的英国则开始成为海上之雄。而接受了新教的荷兰，此前就已叛离西班牙，为了独立而坚持战斗。现在其独立事业也差不多即将完成，已成为一个足以与英国对抗的海洋国家。这一欧洲的局势即将影响到东方的海上。

最早出现的是一六〇〇年四月漂到丰后的荷兰船利夫德号。最初是由五艘舰船组成的一个舰队中的一艘，上有一百一十个乘员，因为航海途中多灾多难，最后载着仅剩下的二十四位生存船员，孤独地漂到了丰后。而且，其中能步行的人只有领航员英国人威廉·亚当斯等六人，有三人在上陆的翌日就死了。当时是荷兰开始派出远征舰队后的第五年，而东印度公司成立还在两年之后，因此，他们还不习惯去往东方的航海之旅。

亚当斯在大坂城见到德川家康是在欧洲旧历五月十二日（庆长五年四月十日），关原战役的五个月前。家康从亚当斯那儿听说了荷兰的独立战争、通过麦哲伦海峡横穿太平洋的世界航路等。这个世俗的航海者在家康的眼里应该与他一直以来见到的旧教传教士们极为不同吧，家康让利夫德号进入浦贺港，给亚当斯发俸禄，并待他甚厚。得益于此，家康在五六年后得以与荷兰的东印度公司建立关系，一六〇九年七月，两艘荷兰船进入了平户港。两艘船上的商人领袖作为使节前往骏府，将荷兰的奥兰治亲王的书简呈交家康。家康给了他通航许可证，又准许他设立商馆。在家康看来设立商馆也与以往的传教士们的做法不同。到了秋天，平户的荷兰商馆建成了，雅克斯·斯派克斯作为商馆长带着数位馆员驻留平户。

就这样，与荷兰的贸易终于开始了。日葡贸易已持续半个世纪以上，而最近出现在日本的西班牙人来自马尼拉，最得地利之便，与这两者竞争，实为不易，斯派克斯为此兢兢业业，在两年后的一六一一年七月自己入手了第二艘船，与亚当斯商量后，他去了骏府。西班牙与葡萄牙的使节前不久刚去过骏府，因此，说起来这三个国家现在是短兵相接的状态，但是只有荷兰的商馆长斯派克斯一人能得到亚当斯为之斡旋，受到完全不同的待遇，能与家康就贸易的事进行亲密的会谈。斯派克斯后来去江户时绕道去了浦贺，在那儿遇上了西班牙的使节，但两人都没有想见对方一面的想法。本国敌对关系的余波竟已影响至此。

处于这样的竞争中时，西班牙人和葡萄牙人都攻击荷兰人是叛逆者，是海盗。的确，荷兰为了从西班牙独立出来而一直战斗，也在海上俘获、掠夺敌船，这些都是事实。对此，荷兰人和家康的亲信——英国人亚当斯搬出了过去一个世纪中葡萄牙人与西班牙人在印度和美洲干下的残酷的政府行为来与这种说法对抗，这是不难猜测的。葡萄牙人和西班牙人在打开世界性视野的过程中立下了非同寻常的功勋，如果不谈这点，而只是描述他们黑暗的一面，那这样罗列事实的报告也能使葡萄牙人和西班牙人远离日本。

这样的做法不久后上升成为了官方的行为。一六一二年八月从荷兰来的船上的商人领袖亨德里克·布劳沃带着国王毛里茨的书简去了骏府，其书简中清楚地写道：耶稣会的传教士表面上装着传教，实则意图通过改宗来实现国民的分裂、党争与内乱。这已经不是某个个人在背后说坏话，而是新教徒对反对改革者的公然的攻击。

对这一趋势，塞凯拉心中充满忧虑。他多次向西班牙国王抱怨荷兰人的危险。他也诉苦称一些西班牙传教士欠考虑的行为使得荷兰人阴谋得逞。但是为时已晚。迫害已经于一六一二年春天在家康眼皮底下的骏府开始了。

一六一二年四月（庆长十七年三月），家康一方面命令京都所司代板仓胜重将基督教的教堂彻底破坏，同时又逮捕了骏府旗下武士中的十多名天主教信徒。逮捕一直持续到了夏季，连将军后宫中的侍女也受到波及。据说这一禁教令与有马晴信被处刑一事有关，在命令发布的前夕，与晴信起了纷争的冈本大八被处以火刑，而在骏府的天主教信徒被逮捕的同时，在有马的领地，禁教令开始实行。

一六一三年，在江户，天主教徒们被逮捕，西班牙传教士经营的麻风病医院也被关闭。到了七月，被逮捕的人中，有二十七人被处死。四五年来因与墨西哥之间通商而如投机商一样在江户官员之间非常活跃的方济各会会士路易斯·索特洛，也在这时与他的信徒一同被捕，但是使了些手段出狱后，攀上了伊达政宗，并于这一年十月带着支仓常长等人从日本出发了。但是，这是索特洛投机性计划的结果，并不代表日本社会的形势所趋。

一六一四年一月二十八日（庆长十八年十二月十九日）家康制定了严禁基督教、驱逐传教士的政策，任命大久保忠邻担任驱逐使。据说南禅寺金地院的崇传的进言对家康做出这一决定起了很大的作用。但是，几天后发表的崇传的禁教意向书中，他以庄重严肃的汉文写了长篇大论，但也只是主张"天主教是神之敌、佛之敌，若不从速禁压，将有害于国家"，对为何需要于此时发布驱逐令、基督教的哪些地方有害于国家等却无一语提及，因此予人的印象只有宗派上的偏执与阴惨的憎恶而已。也就是说，崇传本人作为家康的智囊，已经不持想要说服天主教徒的理性态度了。因此不得不说，禁教成为单纯的武力镇压也是理所当然了。

大久保忠邻于二月二十五日（庆长十九年一月十七日）抵达京都，第二天开始破坏、焚烧教堂，抓捕信徒，强迫改宗。抓捕之人将不愿改宗弃教之人装入草袋中，然后一边打着拍子喊"滚啊滚"，一般滚动着草袋往前走。他们对女信徒则以裸体示众或卖入娼楼相逼，对意志更为坚定的人则声称要处以火刑。他们在四条河原立起了一排十字架。京都被笼罩在一片阴森凄惨的氛围中。

但是这一疯狂的迫害活动没有持续很久，二月二十七日大久保本人被宣布没收领地，这一命令于三月十日被送到京都。所以事情最后由贤明的京都所司代板仓胜重善后解决了。胜重在很早就拟定了流放和驱逐等较为温和的策略，在大久保到京都的两个星期之前他就已命令外国人传教士退出京都，他们与在伏见、大坂的其他人一起被用船送到了长崎。因此留下的就是驱逐不肯改宗的日本信徒的问题。加贺的前田家接管的高山右近一班人与内藤如安一班人在四月十五日离开了加贺，在京都与如安的妹妹茱莉亚等人汇合，前往长崎。胜重的方针是，只要不在日本即可，没有杀害的必要。

各地被放逐前往长崎的人集中在一起后，渐渐群情激昂，大家一再进行游行，以表明自己受难的决心。幕府的官吏一边从各个大名那儿召集来士兵进行警戒，一边断然施行对教堂的破坏与焚烧，到了十一月，四百余名天主教徒被送到海外。高山右近翌年在马尼拉去世。内藤兄妹则在十二三年后离世。

但是这次大驱逐只做到了把三分之二的天主教传教士送到了海外。潜伏下来的传教士各个会派加起来有四十多人，而且从第二年开始已经有传教士潜回日本。

上文所述的大驱逐期间，九州的各个大名接到命令要求须特别严格地实行禁教令。其中，大村、细川、黑田等大名对此不得不打起十二分精神，不过还没有实行残虐的死刑。只有一个地方例外：有马领国。幕府将弃教的领主有马直纯迁到了日向，但是他的家臣几乎都是天主教徒，不愿跟随弃教领主去日向，宁愿成为浪人留在原处。这些天主教徒的态度不仅让新领主心惊，也惊动了幕府。因此幕府动用了因实行大驱逐而集结在长崎的阵容与兵力，彻底地搜索天主教徒并拷打、处死了他们。也就是说，有马家臣们坚定的信仰与顽强的操守，导致了迫害的残虐化。

这一关系在之后的迫害史中更加扩大化。看上去通过大驱逐运动已经断绝了天主教的发展，但这只是表面上，还有很多不惧殉教的传教士潜伏了下来。再加上每年还有勇敢的人不断地潜入日本。最刺激幕府的是这些潜入者。开始的时候主要是耶稣会会士伺机单独潜入，一六一八年开始，耶稣会以外的传教士们开始有计划地集体潜入日本，这是因为上一年在大村殉教的两个传教士的事迹在马尼拉的西班牙人中煽起了殉教热。第一次来了七人，翌年的第二次来了五人，到了一六二〇年第三次的时候虽然只有两人，但是他们引发的事件终于引起了当局的关注。奥古斯丁会的祖尼加与多明我会的弗洛雷斯藏在堺市的天主教徒平山常陈的船中潜入日本时，被英国船拿获，引渡给荷兰船后被带到了平户。荷兰人为了证明这次拦截并非海盗行为，声称乘员中有传教士。但是，祖尼加和弗洛雷斯坚称自己不是传教士。因此事情就变成了棘手的讼事。据说荷兰人为了捍卫自己的立场，对二人施以残忍的拷打。这场争讼后来发展到了西班牙人和荷兰人在长崎奉行面前互相指责的一幕。西班牙人指责荷兰人的叛逆与海盗行为，荷兰人指责西班牙人在秘鲁与墨西哥的征服行动。但结果祖尼加还是坦白交代了。船长平山常陈及十多名船员因为帮西班牙人潜入日本之罪而被关进监狱，最后弗洛雷斯也供认了。一六二二年的八月他们在长崎被处死。

在此之后，传教士从马尼拉潜入日本的事情还是层出不穷，但是在上文所述的处死传教士的事件之前这些潜入事件已经充分发挥了对迫害天主教徒这一运动的推动作用。传教士们的潜入直接导致了对帮助他们的外国航路的海船与其船员的严格管理，同时，与已潜入日本的传教士的联络手段、掩护他们潜伏下来的国内信徒也因此暴露，这些本来如果没有这样的刺激或许可以安稳地、默默地生存下去的信徒被揭发、被逮捕、被处刑，并形成了一种社会趋势。

最早出现的是传教士第一次从马尼拉潜入日本事件发生后的第二年，也就是一六一九年（元和五年）在京都发生的大殉教事件。距离家康去世已过去了三年，但金地院崇传的势力依然非常强大。虽然板仓胜重极力想用温和的方式来处理，但终究还是被他的势力压倒，逮捕了以富豪桔梗屋若昂一家为首的六十三位信徒。胜重想减轻他们刑罚的努力也没有成功，这一年的十月初，遵将军之令，除了在监狱中死去的，其他的男女老幼五十二人都在七条河被处以火刑。

其次著名的是一六二二年长崎立山的大殉教事件。一六一八年秋季以来，从马尼拉过来的潜入者及受牵连者陆续被逮捕。传教士身份的人被关到壹岐与大村的监狱中，房东与五人组[1]被连坐的人则被关到长崎的监狱中。在狱中死去的人也不少，其中有些是被陆续杀死的。但是即使如此，入狱的人还是越来越多。对他们的处分是从一六二二年的夏季开始实行的。上文中提到的祖尼加、弗洛雷斯、平山常陈被处以火刑，十名船员和两名乘客则被判了斩首刑。这是八月十九日的事情，接着九月十日（元和八年八月五日），在长崎的立山将数年来抓到的传教士与信徒五十五人执行了火刑和斩首刑，这被称为"大殉教"。但是处刑并没有就此结束。两天后，包括传教士在内的十八人在大村人迹罕至的山中被处刑，接着，在长崎附近的各个地方，类似的处决还在继续，总体上遇难人数达到了一百几十人。

接着，一六二三年，德川家光成为将军的这一年，在江户，原主水、耶稣会的安杰利斯、方济各会的加尔韦斯等五十位天主教徒尽被处以火刑。不久之后，这些人的妻儿等二十六人（或曰四十三人）同样被执行了火刑。而这一年在仙台也有三十六人被处死。

第二年的一六二四年，东北地区的迫害还在继续，仙台与秋田都有众多的天主教徒被处死。

---

[1] 五人组为江户时期实行的邻保制度之一，以相邻的五户人家为一组，凡组内有成员有逃亡或其他罪行，则其他组员要负连坐责任。——译者注

一六二六年是家光的政策影响到长崎的一年，耶稣会的九名传教士被处以火刑后，在有马开始用极端残忍的酷刑折磨天主教徒。温泉岳的火山口也被利用了起来，他们把天主教徒浸在滚水中折磨。但是即便被迫看着这样的惨况，殉教者们也没有退缩。迫害最剧烈的时期约为两年左右，但是这一残忍的方法却持续使用到了一六三一年。可以说这是武力面对思想与信仰力量时的歇斯底里吧。

从一六二九年起，东北地区的迫害加剧，长崎则在一六三三年，有众多的传教士与信徒被施以"穴吊[1]"之刑。可能是长年大量施行的火刑让他们觉得太宽大了吧。

五 锁国

发布传教士驱逐令的丰臣秀吉与发布禁教令的德川家康都没有考虑锁国。秀吉的驱逐令中特意标榜了贸易自由，而家康则在禁教令发布前开始与荷兰进行贸易。但是一边考虑摄取十六世纪末、十七世纪初的欧洲文明，一边想将基督教单独排斥在外，终究是做不到的。即使其中也存在着摆脱了教会束缚的近代精神，但那个时代，即使是欧洲人自己也无法做到将之纯粹地提取出来。

---

[1] 一种酷刑。将受刑者全身捆绑，倒吊在污秽的洞穴中，并在耳后开一小口慢慢放血致死。——译者注

为了能融入这一近代的精神里，就要将与之纠缠在一起的其他事物一并摄入。因此当时的日本已为此创造了极好的条件。旧传统的外壳已经被打破，不被旧习所束缚的新鲜的活力自民众中间不断涌现。室町时代末期的民间所作的文艺作品——几乎都是用假名文字书写的，比如所受汉学与汉字的束缚都极少的物语与舞之本之类，现在看来，都展示了惊人的想象力。其中有起死回生之神的物语，有将脆弱之美的思想具象化的英雄物语。在读着那样的书籍、驱遣着那样的想象力的人群中，罗马字得到普及，旧约与新约的故事被接受，可想而知完全是很自然的事情。不仅如此，为了能应对当时日本人的强烈的求知欲，连反对改革的急先锋耶稣会会士在日本也要显摆近代初期急速发展的自然科学知识。甚至是连关原之战后的京都，来听神父讲天文与地理或求见天体图与地球仪的人据说也非常多。传说连天皇也想得到地球仪，而丰臣秀赖也对之充满了兴趣。一六〇五年起住在京都的斯皮诺拉精通数学和天文学，他召集了京都的学者们建立了一个学院式的场所。也就是说，基督教的传教也有着全面传播当时的欧洲文明的意义。因此而被传教士们吸引的人也不在少数。所以，此时要驱逐传教士、禁止基督教，无它，就是要压制民众中涌现的新生力量与新的趋势，并有意将之拉回旧的轨道而已。

这是一场彻底的保守运动。这在秀吉解除民众武装之时已经明确开始了。从一介农民之子上升到了关白，尽管秀吉本人就代表了对传统的破坏，也就是说他代表的是保守势力的对立面，但是他在完成了那场运动后突然摇身一变，转向对立的一方，开始大力推行保守运动，这不过是新兴的武士集团在一个世纪以来赤裸裸的实力竞争中获得胜利的同时，为了确保这一胜利成果并维护自己的武力支配而做出的努力罢了。而他们所做的努力主要关注的是压制国内的敌人，而非日本民族的命运，或对未知世界的认知与世界性视野的获得。人称秀吉气度雄大，但其视野极其狭窄，不了解智力之优势。从他即使手握如此大权，身边也没能聚集好的智囊人物这一点就能证明。比如他的远征中国的计划，连最起码的认知也没有，只是一次盲目冲动的行动。他对葡萄牙航海术的优秀与大炮的威力都十分了解，但是他并没有努力去获得这些技术。因为他的眼中只有国内的敌人。说到底他也不过是为了国内的政权而将国际关系当作手段来利用的军人之一。

德川家康是这一保守运动的切实执行者。他为此复兴了一度被破坏的传统。他将佛教与儒教当做这场保守运动的基石，特别是儒教的兴盛作为武士统治制度化的支柱而受到了他的关注。在已经出现了以弗朗西斯·培根为代表的近代思想的这个时代，适用于两千年前的古代中国社会的思想还被作为政治、制度的指导思想而加以利用。这也许在建立国内秩序上是最明智的做法。但是，对于在世界上确立日本民族的地位这一目的来说，却是最不幸的方法。他也是为了确保国内的统治权而置国际关系于不顾的军人之一。

这些都是没能将世界性视野化为己有的结果，而这一结果却是受到最早打开世界性视野的葡萄牙人与西班牙人的刺激而导致的，不得不说这实在是一个具有讽刺意味的现象。据传教士们的报告记载，日本的武士们声称西班牙人有侵略的意图，但又对己方的武力充满自信，认为自己绝对不会输给对方。从秀吉竟然要求马尼拉总督朝贡这件事可知他们应该真的是那么想的。既有如此的自信，那么不惧什么侵略的意图，全面接受欧洲的文明岂不更好？开启了近代文明的伟大发明——指南针、火药、印刷术等都早已为日本人所知，利用这些技术，努力赶上欧洲人，在尚未落后很多的当时，成为近代世界中的一员也并不困难，但是日本却没有成功，这是因为日本人缺少西班牙人那样的冒险精神吧，而冒险精神的欠缺又是基于眼界的狭小。

随着对传教士与天主教徒迫害的加剧，眼界狭小的问题也日趋严重。以单纯的武力去对抗思想与信仰，只会看到武力本身的无能为力，渐渐地变得歇斯底里，因为不承认自己的无能为力，反而更努力想要证明自己的力量。西班牙人的冒险精神化为传教士们的殉教热涌向日本的海岸，日本人中坚强不屈的信徒们也怀着同样的殉教热情与武力对抗，这个时候，武力实际上没有任何效果。武力只是能夺走他们的生命罢了。但是欲显示武力威力的人却想尽各种残虐的杀人手段来与之对抗。这种阴暗残忍的情绪更助长了对基督教毫无道理的憎恶。其结果是，禁教作为使贸易能够安全进行下去的手段，却反而成为了以各种形式来限制贸易的目的。

这一时期也是新出现在远东的荷兰与英国的势力对原有的葡萄牙与西班牙势力断然发起激烈竞争的时期。在此期间日本的势力也纠缠其中，三方或四方势力相互混战，在远东的海上连年引发各种事件，其中也夹杂着荷兰人与英国人的冲突、日本人与荷兰人的冲突等，关系很不简单。但是就总体而言，葡萄牙人与西班牙人的势力在衰退。比如对葡萄牙人居住的限制、婚姻的限制、停泊时间的限制等，有很多迹象可寻。不久后还发生了这样的事件：一六二八年，马尼拉舰队在暹罗拦截了日本商船，作为对此的报复，三艘葡萄牙船以由同一君主统治为由而被扣留在长崎。

在这样的形势下，一六三三年长崎奉行被下达了相当严格的外国贸易取缔令，其内容是：除了朱印船以外，其他船只禁止去海外；禁止在国外居住五年以上的日本人回日本；对外国船的进口商品实行管制；缩短外国船舶的停泊期间等等。这一法令于翌年再次发布，第三年经修订后再次发布，到了一六三六年（宽永十三年）再次发布时则变得更为严格。这一般被称为锁国令，其规定如下：包括朱印船在内，禁止所有的日本船去海外；禁止所有的日本人去海外；禁止所有在国外居住的日本人回国；驱逐混血儿；禁止被驱逐的混血儿回到日本，禁止与混血儿书信往来；其他关于外国船及进口物品的管制规定则与以前差不多相同。因为贸易还是受到承认的，所以严格意义上讲不能称之为锁国令，但是在切断了日本人与外国的交流这一点上，这与锁国令没有区别。而被带到海外的混血儿如与在日本国内的亲属互通书信，本人判死刑，收信的亲属也要被处刑。政府对与外国的交流竟恐惧至此。

这一法令被一一付诸实施，但是长崎奉行实行的远不止法令规定的这些。因前文提到的葡萄牙船扣留事件的相关事宜来日的澳门使节堂·贡萨洛·达·西尔韦拉通过坚持不懈的多方努力，终于在一六三四年成功谒见了将军。翌年，他率领三艘船来日，第三年是四艘，一六三六年他来日本的时候，一到长崎，八百名乘员与货物都受到了严格的检查，船上的帆与舵都被没收，所有船员都被带到了新建的出岛隔离。出岛是为了切断葡萄牙人与日本人的交流而在长崎海岸边通过填海建成的，这样，即使有外国船来日本做贸易，也可以切断日本人与外国的交流。这一想法通过这个狭小的填筑地落实了。

堂·贡萨洛的四艘船离开长崎时，船上载着两百八十七名混血儿。

使锁国令进一步牢固化的是翌年一六三七年年末发生的岛原之乱事件。

岛原之乱爆发的直接原因不是对信仰的迫害，而是苛政。但是其爆发力是在对天主教徒的迫害中积累起来的。岛原半岛在这二十年来受到了难以想象的残酷迫害，这是一片被鲜血浸润的土地。殉教者一直坚持不抵抗的方针，但这却投射了相反的心理效果。再加上迫害者们并不能有分别地做到只对天主教徒残虐而对一般民众仁慈，对天主教徒的迫害心理不久使他们成为了暴虐的执政者。其下级官吏也开始对一般民众采取更为苛酷的态度。因此，暗中坚持信仰的人也好，其他人也好，他们的反抗之心是一样的。在这样的形势下，小西遗臣之子——一位叫天草四郎时贞的十六岁少年——被信徒们奉为身负特殊使命的天命之子。这一信仰迅速升温蔓延。

正当这个时候，一六三七年十二月中旬，在某个村庄发生了一起事件。村民被下级官吏的横暴之举激怒而愤起杀了代官，事态迅速蔓延，其他各村的代官也被杀。领内的百姓一揆爆发了。一揆包围了领主之城岛原，占领了城主的米仓，集中了领内的大米后，四万人据守原城，面对讨伐军整整抵抗了三个月。十天后天草也爆发了一揆，打败了领主的军队，直逼富冈，但是没能攻下城堡，便去与原城的一揆汇合了。

叛乱军为信仰之热情而充满斗志，战力惊人。开始的时候幕府派来的讨伐军指挥官板仓内膳正在攻打原城时失败，他于一六三八年二月十四日战死。第二任指挥官松平伊豆守将围攻的军队增加到十数万人，并向荷兰船求助，让他们炮击了十六天，但效果不大。最后因为粮食短缺，城堡在四月十一、十二日的总攻战中陷落，据称有包括妇女儿童在内、三万七千人之多的守城天主教徒尽皆被杀。

这一次天主教徒们表现出的抵抗力震撼了武士们，同时更加深了他们对天主教徒的憎恶，巩固了他们对禁教政策的信念——与外国的交流必须彻底禁止并加以压制。因此，这之后的数年间陆续制定了禁教与锁国的法令。

与葡萄牙人的贸易也在一六三八年，也就是平定岛原之乱的那一年里结束了。在战乱后的处置中，从江户派来的太田备中守于一六三九年九月二日宣布驱逐葡萄牙人，禁止葡萄牙船来航。理由是他们援助传教士。这一年来到日本的葡萄牙船都被当场赶了回去，翌年，前来请求重开通商关系的澳门使节一行大多被判处了死刑。

笑到了最后的荷兰商人举杯相庆，以为自己终于垄断了日本贸易，但是一六四〇年十一月七日，他们接到了时任大目付的井上筑后守破坏商馆的命令，理由是荷兰人也是基督教徒，商馆的建筑上标着耶稣纪元的年号。与此同时，出台了禁止遵守礼拜天的传统，商馆长须一年一换等命令。上文说到的商馆建筑是荷兰人花巨资建造的，甚至因此觉得迁到长崎会蒙受损失，但是商馆长见到当局的强硬态度后，当天晚上就开始彻夜开工拆除商馆。据说这一顺从的态度拯救了荷兰的贸易。

翌年，荷兰商馆被命令迁到长崎。上一年的商馆破坏命令是为了使这次迁馆更为容易。这样，荷兰人在这之后的两百年里一直被关在长崎的出岛上，而出岛则成了日本人与外国交流的象征。

就这样，完成从丰臣秀吉发布传教士驱逐令到锁国的过程用了四十五年的时间，从德川家康的禁教令开始也有二十七八年。在此期间，为政者一方对基督教的憎恶逐渐高涨，到最后竟连与海外的交流都让他们感到恐惧，但是这只显示了他们对获得国内统治权的欲望高于对其他文化的需求与近代化运动，并不能证明国民中没有对外界的渴望。据称，自一六〇四年至一六一六年的十三年中，幕府发行的海外航行许可状达到一百七十九张，到一六三五年禁止海外航行为止，共有一百四十八艘船前往海外，其目的地为从台湾到马六甲的各个地方以及文莱和摩鹿加群岛等。大船能载三百多人，大部分为商人。船主有岛津家久、松浦镇信、有马晴信、加藤清正、细川忠兴等大名，以及末次平藏、长谷川权六等幕府官吏，但大部分是商人，其中角仓了以、同兴一、末吉孙左卫门、荒木宗太郎、西宗真、船本弥七郎等人很有名。这些人在对外的活动中相当活跃。

一六〇八年，上文提到的有马晴信的船去了占城后，归途中在澳门逗留时惹了大事：那艘船的船员在当地闹事，被葡萄牙士兵枪杀了。翌年澳门的司令官佩索阿率领载着大量货物的马德雷德德乌斯号来到了长崎，这艘船纵长四十八间，横长十八间，吃水线上高九间，樯高四十八间。佩索阿力陈有马晴信的船所引发的事件，请求德川家康下令禁止日本人去澳门，他的请求得到了许可。而另一方面，有马晴信也声称船员受到了侮辱，恳请家康同意他一雪前耻。家康命令他将事情调查清楚后适当加以处分。于是晴信与长崎奉行商量后，传唤佩索阿前去。佩索阿没有答应，急急忙忙准备解缆开船。有马晴信无奈只好诉诸武力，于一六一〇年一月六日开始攻打马德雷德德乌斯号。佩索阿斩断锚索想要逃离当地，但是因无风而无法动弹，被连续攻打了三天。

到了第四天总算刮了点微风，他们逃到了福田。如果就此让他们逃走，晴信将颜面无存。长崎奉行指责晴信的攻击过于温和，晴信懊恼不已，甚至放话称要"砍了奉行，烧了长崎后再自寻短见"。幸而风停了，佩索阿的船动不了了。有马的船队在船上建了武器库，前面覆以生皮革，然后冒着枪林弹雨冲了上去。在这场肉搏战中，防守方投出的一个燃烧弹烧到了船帆，并燃起了熊熊大火。佩索阿下令将火药库点燃后，就跳进了海里。火药爆发后，船立时倾覆，并开始下沉。自佩索阿以下皆死于这场战役，如此一来，有马晴信的面子算是勉强保住了。

这一事件当然引发了非常棘手的外交问题，而这也是天主教大名有马晴信走向没落的一个原因，长崎奉行的属下冈木大八自称可以为晴信斡旋，获得上文所述的火攻事件的赏赐，从晴信那儿多次获得了贿赂。事情败露被抓后，冈木大八以晴信激动时曾经说过的要"砍了长崎奉行，烧了长崎"的话反过来控告晴信有逆反之心。结果大八被判处火刑，晴信则被判了流放，后来又被命令切腹自尽。大八和晴信都是天主教徒，晴信在一六一三年禁教令发布的前夕被处刑。可以说这是对外界的渴望被锁国倾向巧妙利用的一个例子。

有马晴信在一六〇九年收到德川家康的密令，向台湾派出了探险队。这次探险没有成功，故一六一六年长崎的代官村山等安得到幕府的许可状后即向台湾派出了由十三艘舰船组成的远征舰队，这次又遭遇暴风而惨遭失败。日本的贸易船与新进入台湾的荷兰人发生冲突是从一六二五年开始的。长崎代官末次平藏的船的船长滨田弥兵卫活跃于台湾就是在这个时期。由于生丝贸易上的龃龉渐渐升级造成事态恶化，一六二八年弥兵卫率领两艘船前往台湾，船上载着步枪等相当数量的武器，乘员也有四百七十人。他们早有打算，万一事不顺遂，就使用武力。对此，荷兰的台湾长官奴易兹从一开始就态度强硬，还要没收他们的武器，因此弥兵卫趁其不备将其俘虏，并使出大胆的招数，以其来制约对方，从而解决生丝贸易悬而未决的争端。而这不是酒宴茶馆里艺伎说的小故事，不久事情发展到了平户的荷兰船被扣留、荷兰商馆被关闭的地步。荷兰的巴达维亚总督在翌年的一六二九年派特使前来致力于解决问题，幕府要求他们交出或破坏台湾的荷兰人的根据地热兰遮城，大有如果拒绝就禁止和荷兰贸易的气势。荷兰人自然不可能答应这样的要求，但是由于担心会失去与日本的贸易关系，最后决定牺牲与滨田弥兵卫爆发冲突的前台湾长官奴易兹，一六三二年奴易兹被带到了日本，引渡给了日方。当时，弥兵卫所乘之船的船主——初代末次平藏已经去世，锁国的形势急剧成熟，因此幕府对事件责任者的引渡大为满意，故解除了对荷兰船的扣留与对商馆的封闭，重新恢复了与荷兰人的贸易。

这之后，荷兰人多方讨好幕府，因此一六三六年奴易兹被释放。第二年，荷方提出建议，欲与日本结为同盟，攻打葡萄牙的根据地澳门、西班牙的根据地马尼拉及基隆。据说，不久，长崎代官——第二代末次平藏寄函库克巴克商馆长称，幕府已决定征服基督教传教士的根据地菲律宾，掩护军队渡航与上陆、击退西班牙舰队都需要荷兰舰队，希望荷方能派出舰队执行上述任务。荷兰商馆作出决议，同意派遣四艘大型舰船和两艘快艇。巴达维亚总督也将此事上报给了本国的十七人会，因此此事应该不是虚构。

这次菲律宾远征因为岛原之乱而成为泡影。但一六三七年其势头还在，故不能不说日本对外面世界的渴望还相当强烈。因此当时南洋的日本人町相当繁荣也就没什么奇怪的了。

暹罗的日本人町在首都阿瑜陀耶南郊，隔着湄南河与葡萄牙人町与唐人街相望，离荷兰商馆也很近。日本人町在一六一〇年的时候就已经形成，最早的头领是纯宏，第二任头领是城井久右卫门，第三任是山田长政。长政是沼津城主大久保忠佐的轿夫，不知何时渡海来到了暹罗，一六二一年成为暹罗的四等官，一六二八年升到了一等官，他参与了暹罗的内乱，手中握有相当大的势力，但是一六三〇年被人毒死了。这之后日本人町被烧成一片废墟，但不久又再次繁荣，开始实行双头领制。

柬埔寨的日本人町，位于当时的首都乌栋，离现在的金边不远，也是与葡萄牙人町和唐人街相邻，离荷兰商馆也很近。据一六三七年的见闻录记载，日本人有七八十户，都是被流放的人。管理荷兰人的港务长官中的一人是日本人。这些日本人在一六二三年暹罗军入侵时帮助国王击退了敌人，在一六三二年暹罗军逼近时，派了七艘船去湄南河河口进行封锁，一六三六年的内乱中他们支持国王，得到了国王的尊重。日本船最后一次来这儿是在一六三六年。

交趾的日本人町在广南的外港土伦，以及往南八九里处的费福[1]，一六一八年船本弥七郎成为费福的第一任头领。

马尼拉的日本人町在十六世纪末人口已达千人，一六二〇年达到了三千人。一六一四年的大驱逐中高山右近、内藤如安及其妹茱莉亚等大批的日本人渡来，但右近不久就离世了，如安等人因耶稣会的关系，并不住在日本人町。从一六二四年时起，日本与西班牙的关系恶化，一六三七年这儿的人口减少到了只有八百人。

上面提到的日本人町以外的地区也有日本人居住。香港西面的澳门因为是葡萄牙的根据地，所以一六一四年被流放的一百多人和一六三六年被流放的二百八十七人来到了这儿，被当作奴隶从日本带来的人也不少。从那儿一直往西，在一个叫东京的地方，据说也有相当多的日本人。一六三六年有荷兰的商馆长留宿在了日本人家里，并通过长崎人和田理左卫门与一个日本女性ウルサン（有留女士)[2]的斡旋而得以谒见了国王。而且据说，在马来半岛南端的马六甲，一六〇六年荷兰舰队进攻之时，日本人也加入了守卫队英勇御敌。一六一三年，荷兰人雇佣了木匠、铁匠、泥水匠、水手、士兵等六十八个日本人前往爪哇的巴达维亚，据

---

[1] 今会安港。——译者注

[2] 原文只有片假名，且缺少相关资料，无法确定对应汉字。故根据其发音，暂译作"有留女士"。——译者注

说之后也多次带着日本的移民前去，以至于幕府于一六二一年为此下了禁止令。当时东印度公司的雇员中有七十个或五十个日本人，还有一百好几十个日本人是自由市民。而据说摩鹿加群岛上，一六二〇年有二十人，而一六二三年在安波那岛上有六十三个日本人。还有少数人去了其他的南洋诸岛以及印度。

但是对这些走向海外的日本人，日本作为祖国不仅几乎没有任何的支援，反而极力压制，终于在一六三六年，完全切断了海外与本国之交流，因此这之后日本人町渐渐衰退，海外居留者逐渐消失。因此可以断言，不是当时的日本人没有对外面世界的欲望，而是为政者为了国内的理由而将之扼杀了。

也就是说，日本缺少的是航海家恩里克王子，或者说，是恩里克王子的精神。

恐怕只此一点。其他所欠缺的并不多。

从庆长至元禄的一个世纪，也就是我国的十七世纪，文化的各个方面呈现出了创造性的活力。这一活力绝非微弱之物，它足以让人想象，如果能将当时的欧洲文化带到日本人的视野内并发挥其作用的话，一定能给我们留下即使放到现在也令人为之折服的文化。学者中江藤树、熊泽蕃山、伊藤仁斋，文艺家西鹤、芭蕉、近松，画家光琳、师宣，舞台艺术家竹本义太夫、初代团十郎，数学家关孝和等，只是列举他们的名字，就能对当时的盛况窥得一斑。

并不是文化上没有活力，只是无限追求与扩大视野的精神还沉睡不起罢了。或者也可以说，在觉醒的过程中突然就被人扼杀了，精神意义上的冒险心因此萎缩。因为害怕基督教而关起国门，正是因为这种冒险心的欠缺与精神上的怯懦。不管当时日本人的基督教化如何发展，日本也决不可能像墨西哥与秘鲁一样被征服。以基督教化为征服手段的意思是指通过基督教化来分裂国家，然后乘隙而入。而日本国内则在天主教进入之前早已是四分五裂，何止是"隙"，在葡萄牙人面前可以说是门户洞开了。如果可以征服的话，葡萄牙人也不会放过这一机会的。当然，基督教化继续发展的话，以丰臣秀吉与德川家康那样的思想也许就不可能实现全国统一了。但是即使有某地的天主教大名实现了国内的统一，也无法想象他会因为自己是天主教徒而放弃日本的主权臣服于西班牙国王。即使给西班牙国王的书信中有类似的话，也无法将之作为证据。因为就书信的写法而言，对于并非自己仰事的君主，也会很自然地称之为"君"，并称自己为忠实的仆人，这与政治上的关系无关。日本人为欧洲文明所吸引而摄入了基督教文化，这是当时的日本人唯一展示的扩大视野的行动。这之后对天主教的迫害只是使得日本天主教徒狂热的一面暴露在了世人面前，但是这不是全部。在当时的欧洲，狂热的倾向也是非常突出的，而我国的一向一揆也非常明显地呈现出这一特点。但是在这一时代特性中顽强地萌生出的对合理思考的要求，才是对近代的大规模运动起指导性作用的根本力量。在我国，破坏传统的气魄可以与欧洲的自由思想家们的气魄相媲美，因此，即使大部分日本人基督教化的局面成为了现实，欣然接受被教会烧死的布鲁诺的思想和受到宗教审判的伽利略的学说的日本人，其人数应当比欧洲的更多吧。若能这样，那么，如林罗山[1]一样顽固不化的学者们的思想就不会被当做时代的指导思想，而取而代之的至少是重视弗朗西斯·培根、格劳秀斯等人学说的学者们的思想，它们能引导日本人不断地创造新的事物。日本人完全有能力承担这样的使命。

耶稣会的传教士们指出，日本佛教各个教派之间的对立斗争削弱了佛教对基督教的防御能力。而不久日本的基督教传教事业也经历了同样的命运。从丰臣秀吉驱逐传教士时起，旧教诸派之间的对立斗争就非常明显，不久又出现了信仰新教的荷兰人、脱离了罗马教会的英国人。基督教的思想被不加限制地吸收，它们也只是统一成为一个运动，被用作侵略日本的手段这样的事情，是怎么也不可能发生的。对这一情况只要能略为冷静地加以观察就能明白，但连这也做不到是因为为政者在精神上的怯懦吧。

只是因为这一缺点，在培根、笛卡尔之后的两百年里，或者说是从英国的清教徒们渡海来到新大陆开始经营小小的殖民地，到不断往西开拓那片广袤的大陆直到到达太平洋边的这段时期，日本人都被隔绝在近代化的进程之外。其影响波及国民性格与文

---

[1] 林罗山（1583—1657），名信胜，字子信，号罗山，是江户时代初期著名的儒学家，曾担任德川家康、德川秀忠、德川家光、德川家纲的侍讲。和辻哲郎认为林罗山反对大地球形说、轻视科学、以古代中国为理想等思想助长了日本人保守锁国的思想。——译者注

化的方方面面。这有好的一面，也有不好的一面，不能一概而论。但其负面影响，开国后用了八十年的时间依然没能轻松将其克服，而就算是好的一面，也因为长期的孤立而产生了明显的特殊性，因此看似已经失去了新时代的创造活力。而现在的我们不得不面对这样一份决算表。

人 名 地 名 对 照 表

冰岛	アイスランド	Iceland
奥古斯丁	アウグスチヌス	Augustinus
阿维森纳（伊本西纳）	アヴィチェンナ	Avicenna, Ibu Sîna
阿维尼翁	アヴィニヨン	Avignon
阿威罗伊	アヴェロエス	Averrhoes
阿芬帕斯（伊本巴哲）	アヴェンパチェ	Avempace, Abu Bekr, Ibu Bâdja
阿卡普尔科	アカプルコ	Acapulco
阿科斯塔（何塞·阿科斯塔）	アコスタ	José de Acosta
阿戈什蒂纽	アゴスチニョ	Agostinho（日本少年）（小西行长）
亚瑟王	アーサ王	King Arthur
阿兹特克	アステーク	Aztek
阿斯图里亚斯	アストゥリアス	Asturias
亚速尔群岛	アゾレス諸島	The Azores
阿塔卡马	アタカマ	Atacama
阿塔瓦尔帕	アタワルパ	Atahuallpa
亚当斯（威廉·亚当斯）	アダムス（ウイリアム・アダムス）	William Adams
阿迪勒·沙阿	アディル・シャー	Adil Schah
亚丁	アデン	Aden
阿纳瓦克	アナワク	Anahuac
阿巴斯	アッバス	Abbas
阿比西尼亚	アビシニア	Abyssinia（译者注：埃塞俄比亚的旧称）
阿维拉	アビラ	Avila（见"佩德拉里亚斯"）
阿方索五世	アフォンソ五世	Affonso. V
阿布·哈桑	アブル・ハッサン	Abul Hassan
亚马孙	アマゾン	Amazon
阿马尔菲	アマルフィ	Amalfi
阿姆斯特丹岛	アムステルダム島	Amsterdam I.
亚美利哥	アメリゴ	Amerigo, Americus（见"韦斯普奇"）
阿瑜陀耶	アユチヤ	Ayuthia
阿拉贡	アラゴン	Aragon
阿拉米诺斯（安东尼奥·德·阿拉米诺斯）	アラミノス（アントニオ・デ・アラミノス）	Antonio de Alaminos

357

亚拉里克 ································ アラリック ····························· Alaric

阿兰达（胡安·德·阿兰达）··········· アランダ（フアン・デ・アランダ）········ Juan de Aranda

阿里乌斯 ································ アリウス ······························ Arius

亚里士多德 ···························· アリストテレース ···················· Aristoteles

阿尔加维 ······························ アルガルヴェ ························· Algarve

阿尔金 ·································· アルキム ····························· Arquim

肯迪 ···································· アル・キンディ ······················ Al Kindi, Alcindus, Alchindi

阿尔戈阿湾 ···························· アルゴア湾 ··························· Algoa B.

阿根廷 ·································· アルゼンチン ························· Argentine

阿尔瓦拉多（阿隆索·德·阿尔瓦拉多）·· アルバラド（アロンソ・デ・アルバラド） Alonso de Alvarado

阿尔瓦拉多（佩德罗·德·阿尔瓦拉多）·· アルバラド（ペドロ・デ・アルバラド）· Pedro de Alvarado

阿尔瓦雷斯（若热·阿尔瓦雷斯）········· アルバレズ（ジョルジ・アルバラド）···· Jorge Alvarrez

阿尔布克尔克（阿方索·德·阿尔布克尔克）アルブケルケ（アフォンソ・デ・アルブケルケ） Affonso d'Albuquerque

阿尔布克尔克（弗朗西斯科·德·阿尔布克尔克） アルブケルケ（フランシスコ・デ・アルブケルケ） Francisco d'Albuquerque

阿尔贝加里亚（洛波·苏亚雷斯·德·阿尔贝加利亚） アルベルガリア（ロポ・ソアレス・デ・アルベルガリア） Lopo Soarez d'Albergaria

阿尔伯图斯·马格努斯 ·················· アルベルトゥス・マグヌス ············· Albertus Magnus

阿尔马格罗（迭戈·阿尔马格罗）········· アルマグロ（ディエゴ・アルマグロ）···· Diego Almagro（父）（子）

阿尔梅达（堂·佩德罗·德·阿尔梅达）·· アルメイダ（ドン・ペドロ・デ・アルメイダ） Dom Pedro d'Almeida

阿尔梅达（弗朗西斯科·德·阿尔梅达）·· アルメイダ（フラスシスコ・デ・アルメイダ） Francisco d'Almeida

阿尔梅达（路易斯·德·阿尔梅达）······· アルメイダ（ルイス・デ・アルメイダ）·· Luis d'Almeida

亚历山大 ······························ アレシャンドレ ······················ Alexandre（京都的信徒）

安瑟伦 ·································· アンセルムス ························· Anselmus

安杰利斯 ······························ アンゼリス ··························· Girolamo de Angelis

安唐 ···································· アンタン ····························· Antão（结城左卫门）（京都的信徒）

安达戈亚（帕斯夸尔·德·安达戈亚）···· アンダゴーヤ（パスクワル・デ・アンダゴーヤ） Pascual de Andagoya

安达曼 ·································· アンダマン ··························· Andaman

安吉迪乌 ······························ アンヂェディヴ ······················ Andjedive

安提利亚 ······························ アンティリア ························· Antilia

安的列斯群岛 ·························· アンティル諸島 ······················ The Antilles

安东尼奥 ······························ アントニオ ··························· Antonio（日本修道士）

安东尼奥（堂·安东尼奥）·············· アントニオ（ドン・アントニオ）········ Dom Antonio（笼手田）

安特卫普 ······························ アントワープ ························· Antwerp

安德烈 ·································· アンドレー ··························· Andre（山口人）

358

安波那岛（译者注：即安汶岛）	アンボイナ	Amboina
伊莎贝拉	イサベラ	Isabela
伊莎贝尔	イサベル	Ysabel
伊斯塔西瓦特尔	イシュタッチワトル	Jxtaccihuatl, Jztaccihuatl
伊斯塔拉潘	イスタッラパン	Istallapan
伊斯法罕	イスパハン	Ispahan
里卡岛	イスラ・リカ	Isla rica
伊诺霍萨	イノホサ	Hinojosa
伊本·图费勒	イブン・トファイル	Ibn Tofail, Tophail, Abubacer
印加	インカ	Inca
英诺森四世	インノセント四世	Innocent IV
威克里夫	ウィクリフ	Wyclif
维齐洛波奇特利	ウィツィロポチトリ	Huitzilopochtli
韦尔瓦	ウェルバ	Huelva
乌栋	ウドン	Udong
乌拉瓦	ウラバ	Uraba
有留女士	ウルサン	Ouru-San
乌达内塔（安德烈亚斯·乌达内塔）	ウルダネタ（アンドレアス・ウルダネタ）	Andreas Urdaneta
瓦斯科贡塞洛斯（迪奥戈·门德斯·德·瓦斯科贡塞洛斯）	ヴァスコゴンセルロス	Diogo Mendes de Vascogoncellos
瓦尔泰马（卢多维科·迪·瓦尔泰马）	ヴァルテマ（ルドヴィコ・ディ・ヴァルテマ）	Ludovico di Varthema
汪达尔	ヴァンダル	Vandal
维森特（马丁·维森特）	ヴィセンテ（マルチン・ヴィセンテ）	Martin Vicente
亚美利哥（亚美利哥·韦斯普奇）	ヴェスプッチ（アメリゴ・ヴェスプッチ）	Amerigo Vespucci, Americus Vespuccius
威尼斯	ヴェネチア	Venezia
伏尔加河	ヴォルガ	Volga
尤金尼厄斯	エウゲニウス	Eugenius IV
埃斯基韦尔（胡安·德·埃斯基韦尔）	エスキベル（フアン・デ・エスキベル）	Juan de Esquivel
埃斯特雷马杜拉	エストゥレマドゥラ	Estremadura
埃斯皮诺萨	エスピノーザ	Espinoza
埃塞俄比亚	エチオピア	Etiopia
埃尔瓦什	エルヴァス	Élvas
埃尔南德斯（加西亚·埃尔南德斯）	エルナンデス（ガルチア・エルナンデス）	Garcia Hernandes
埃尔南德斯·德·科尔多瓦	エルナンデス・デ・コルドバ	Hernandes de Cordova

萨拉曼卡	サラマンカ	Salamanca
萨尔塞特	サルセット	Salsette
萨尔米恩托(佩德罗·萨尔米恩托)	サルミエント(ペドロ・サルミエント)	Pedro Sarmiento
圣维森特	サン・ヴィセンテ	São Vicente
圣克里斯托瓦尔	サン・クリストバル	San Cristoval
圣萨尔瓦多	サン・サルバドル	San Salvador
圣塞瓦斯蒂安	サン・セバスチアン	San Sebastian
圣卡塔利娜	サンタ・カタリナ	Santa Catalina
圣克鲁斯	サンタ・クルス	Santa Cruz (所) (群岛) (船)
圣菲的保罗	サンタ・フェのパウロ	Paulo de Santa Fé (弥次郎)
圣玛丽亚·德尔安提瓜	サンタ・マリア・デル・アンティガ	Santa Maria del Antigua
桑切斯(艾雷斯·桑切斯)	サンチェズ(アイレス・サンチェズ)	Ayres Sanchez
圣地亚哥	サンチャゴ	Santiago (古巴的) (河) (智利的) (加利福尼亚的
圣地亚哥岛	サン・チャゴ島	São Thiago
桑乔	サンチョ	Sancho (三箇城主)
桑吉尔岛	サンヂル島	Sangir I.
圣安杰尔(路易斯·德·圣安杰尔)	サントアンヂェル(ルイース・デ・サントアンヂェル) Luis de Sant-Angel
圣多明各	サント・ドミンゴ	Santo Domingo
圣胡安河	サン・フアン河	San Juan, R.
圣费利佩	サン・フェリペ	San Felipe (船)
圣马特奥湾	サン・マテオ湾	San Mateo, G.
圣米格尔	サン・ミゲル	San Miguel (秘鲁最早的殖民地)
圣米格尔湾	サン・ミゲル湾	San Miguel, G.
圣拉萨罗群岛	サン・ラザロ諸島	San Lazaro Is.
刺洞 (泉州)	ザイトン	Zayton
桑给巴尔	ザンジバル	Zanzibar
赞比西	ザンベジ	Zambezi
塞拉利昂	シェラ・レオネ	Sierra Leone
西芒(堂·西芒)	シマン(ドン・シマン)	Dom Simão (田原亲虎)
西梅昂	シメアン(シマン)	Simeão (Simão) (池田丹后)
沙勿略(弗朗西斯科·德·沙勿略)	シャビエル(フランシスコ・デ・シャビエル) Francisco de Xavier
暹罗	シャム	Siam
席尔瓦(杜阿尔特·达·席尔瓦)	シルヴァ(シルバ)(ドワルテ・ダ・シルヴァ) Duarte de Sylva

席尔瓦（佩德罗·达·席尔瓦）·············· シルバ（ペドロ・ダ・シルバ）············· Pedro da Silva

西韦拉（堂·贡萨洛·达·西尔韦拉）·· シルベイラ（ドン・ゴンサロ・ダ・シルベイラ）Dom Gonçalo da Silveira

西潘戈（日本国）······························· ジパング（チパング，チッパング）······· Zipangu, Cippangu

扎克雷 ··· ジャッケリ ······························· Jacquerie

爪哇 ·· ジャバ ··································· Java

牙买加 ·· ジャマイカ ······························· Jamaica

茹斯托·右近 ···································· ジュスト・ウコン ························· Dom Justo Ucon（高山右近友祥）

茱莉亚 ·· ジュリア（ヤ）··························· Julia（大友宗麟新夫人）（内藤如安妹）

朱利安（堂·朱利安）··························· ジュリアン（ドン・ジュリアン）········· Dom Julian（内藤玄蕃）（中浦）

如安 ·· ジョアン ································· João（日本修道士）（冈山城主）（内藤如安）

若昂一世 ·· ジョアン一世 ···························· João I

若昂二世 ·· ジョアン二世 ···························· João II

若昂三世 ·· ジョアン三世 ···························· João III

若昂（堂·若昂）······························· ジョアン（ドン・ジョアン）············· Dom João

乔瓦尼（马黎诺里的乔瓦尼）··············· ジョヴァンニ（マリニヨリの）（"マリニヨリの"本文作"マリニヨリの"）Giovanni Marignolli

若热 ·· ジョルジ ································· Jorge（结城弥平治）

约翰（乔瓦尼）·································· ジョン（ジョヴァンニ）················· John of Monte Corvino（蒙特科尔维诺的约翰）

司各特·爱留根纳 ······························ スコトウス・エリゲナ ···················· Scotus Erigena

索萨（马丁·阿方索·德·索萨）··········· スーザ（マルチン・アフォンソ・デ・スーザ）Martin Affonso de Sousa

斯皮诺拉 ·· スピノラ ································· Carl Spinola（卡尔·斯皮诺拉）

斯派克斯（雅克斯·斯派克斯）··········· スペックス（ジャックス・スペックス）·· Jacques Specx

苏门答腊 ·· スマトラ ································· Sumatra

苏卢安 ·· スルアン ································· Suluan

巽他 ·· スンダ ··································· Sunda

祖尼加 ·· ズニガ ··································· Pedro de Zuniga（佩德罗·德·祖尼加）

锡兰 ·· セイロン ································· Ceylon

休达 ·· セウタ ··································· Ceuta

塞凯拉（贡萨洛·德·塞凯拉）············· セケイラ（ゴンサロ・デ・セケイラ）····· Gonzalo de Sequeira

塞凯拉（迪奥戈·洛佩斯·德·塞凯拉）·· セケイラ（ディオゴ・ロペス・デ・セケイラ）Diogo Lopez de Sequeira

塞斯佩德斯 ······································· セスペデス ······························· Gregorio de Cespedes（格雷戈里奥·德·塞斯佩德斯）

塞涅卡 ·· セネカ ··································· Seneca

塞内加尔 ·· セネガル ································· Senegal

塞巴斯蒂安（堂·塞巴斯蒂安）··········· セバスチアン（ドン・セバスチアン）····· Dom Sebastian（大友亲家）

塞维利亚	セビリャ（セビーヤ）	Sevilla
宿务	セブ	Zebu, Cebu
塞拉诺（胡安·塞拉诺）	セラノ（フアン・セラノ）	Juan Serrano
塞朗（弗朗西斯科·塞朗）	セラン（フランシスコ・セラン）	Francisco Serrão
塞尔柯克（亚历山大·塞尔柯克）	セルカーク（アレキサンダー・セルカーク）	Alexander Selkirk
塞凯拉	セルケイラ	Luis de Cerqueira（路易斯·德·塞凯拉）
塞尔柱	セルヂュック	Seljuk, Seldschuk
西里伯斯	セレベス	Celebes（译者注：苏拉威西岛旧称）
森特诺	センテノ	Centeno
圣赫勒拿湾	セント・ヘレナ湾	St. Helena B.
热兰遮	ゼーランヂャ	Zeelandia
索科特拉	ソコトラ	Sokotra
索特洛（路易斯·索特洛）	ソテロ（ルイス・ソテロ）	Luis Sotelo
索代里尼	ソデリニ	Soderini
索托[费尔南多（埃尔南多）·德·索托]	ソト（フェルナンド（エルナンド）・デ・ソト）	Fernando（Hernando）de Soto
索法拉	ソファラ	Sofala
索利斯（胡安·迪亚斯·德·索利斯）	ソリス（フアン・ディアス・デ・ソリス）	Juan Dias de Solis
所罗门群岛	ソロモン諸島	Solomon Is.
泰勒（瓦特·泰勒）	タイラー（ワット・タイラー）	Wat Tyler
塔卡梅兹	タカメス	Tacamez
塔瓦斯科	タバスコ	Tabasco
塔劳群岛	タラウト	Talaut
坦皮科	タンピコ	Tampico
达伊（阿伊）（皮埃尔·达伊）	ダイー（アイー）（ピエール・ダイー）	Pierre d'Ailly（Petrus de Alliaco）
达瓦内	ダヴァネ	Davané
德·阿吉亚尔（豪尔赫·德·阿吉亚尔）	ダギアル（ホルヘ・ダギアル）	Jorge d'Aguiar
达布尔	ダブール	Dabul
大马士革	ダマスクス	Damascus
达米昂	ダミヤン	Damião（日本修道士）
达连	ダリエン	Darien
达里奥	ダリヨ	Dario（高山图书头、飞弹守）
达尔卡塞瓦（佩德罗·达尔卡塞瓦）	ダルカセヴァ（ペドロ・ダルカセヴァ）	Pedro d'Alcaceva
但丁	ダンテ	Dante

366

切萨雷·博尔吉亚	チェーザレ・ボルヂア	Cesare Borgia
的的喀喀	チチカカ	Titicaca
奇奇梅克	チチメーク	Chichimek
帝汶岛	チモル	Timor
焦尔	チャウル	Tschaul
查尔库奇马	チャルクチマ	Challcuchima
占城	チャンパ	Champa （占城、占婆）
智利	チリー	Chile
成吉思汗	チンギスカン	Chingis Khan （成青息汗）
第乌	ヂウ	Diu
热那亚	ヂェノヴァ，ジェノバ　ジェノヴァ	Genova, Genoa
吉达	ヂッダ	Jidda, Dschidda
迪奥戈	ヂヨゴ	Diogo（日本人）
土伦	ツーラン	Tourane
杜阿尔特·达·伽马	ヅアルテ・ダ・ガマ	Duarte da Gama
蒂多雷	ティドール	Tidor
廷托河	ティントー河	R. Tinto
特奥蒂瓦坎	テオティワカン	Teotihuacan
狄奥多西	テオドーシウス	Theodocius
狄奥多里克	テオドリック	Theodoric
特斯科科	テツクコ	Tezcuco, Tetzcoco
特诺奇蒂特兰	テノチティトラン	Tenochtitlan
特佩阿卡	テペアカ	Tepeaca
突尼斯	テュニス	Tunis
特尔纳特	テルナーテ	Ternate
特万特佩克	テワンテペク	Tehuantepec
迪亚士（迪尼斯·迪亚士）	ディアス（ディニズ・ディアス）	Diniz Dias
迪亚斯（贝尔纳尔·迪亚斯·德尔卡斯蒂略）	ディアス（ベルナール・ディアス・デル・カスティヨ）	Bernal Diaz del Castillo
迪亚士（巴尔托洛梅乌·迪亚士）	ディアス（バルトロメウ・ディアス）	Bartolomeu Dias
笛卡尔	デカルト	Descartes
德干	デカン	Deccan
德埃斯皮诺萨（贡萨罗·巴斯·德埃斯皮诺萨）	デスピノーザ（ゴンサロ・バス・デスピノーザ）	Gonzaio Vas d'Espinoza
笛福（丹尼尔·笛福）	デフォー（ダニエル・デフォー）	Daniel Defoe

德里	デリー	Delhi
图帕克·印卡·尤潘基	トゥパク・インカ・ユパンキ	Tupac Inca Yupanqui
图马科	トゥマコ	Tumaco（酋长）（湾）
图拉	トゥラ	Tula
特拉斯卡拉	トゥラスカラ	Tlazcala
特里斯唐	トゥリスタン	Nuño Tristão（努尼奥·特里斯唐）
特立尼达	トゥリニダッド	Trinidad
通贝斯	トゥンベス	Tumbez
托斯卡内利（保罗·托斯卡内利）	トスカネリ（パオロ・トスカネリ）	Paolo Toscanelli
托雷（费尔南多·德·拉·托雷）	トッレ（フェルナンド・デ・ラ・トッレ）	Fernando de la Torre.
托雷（贝尔纳多·德·拉·托雷）	トッレ（ベルナルド・デ・ラ・トッレ）	Bernardo do la Torre
托托马克[1]	トトマーク	Totomac
图帕克	トパルカ	Toparca
托马斯·阿奎那	トマス・アクィナス	Thomas Aquinas
托马斯（堂·托马斯）	トマス（ドン・トマス）	Dom Thomas（内藤土佐）
托梅班巴	トメバンバ	Tomebamba
突厥斯坦	トルキスタン	Turkistan, Turkestan
托尔特克	トルテーク	Toltek
托雷斯（科斯莫·德·托雷斯）	トルレス（コスメ・デ・トルレス）	Cosme de Torres
托雷斯（若昂·德·托雷斯）	トルレス（ジョアン・デ・トルレス）	João de Torres（日本人）
托雷斯（路易斯·瓦埃斯·德·托雷斯）	トルレス（ルイス・バエス・デ・トルレス）	Luis Vaes de Torres
托莱多	トレド	Toledo
东京	トンキン	Tongking
纳瓦拉	ナバルレ	Navarre
那不勒斯	ナポリ	Napoli
尼加拉瓜	ニカラグゥ	Nicaragua
尼古萨（迭戈·德·尼古萨）	ニクエサ（ディエゴ・デ・ニクエサ）	Diego de Nicuesa
尼科巴	ニコバル	Nicobar
尼科洛·达·康提	ニコロ・デ・コンティ	Nicolo de, Conti
尼沙普然	ニシャプール	Nischapur
尼日尔	ニヂェル	Niger

---

[1] 托托马克（totomac），正文中译为托托纳克（totonac）。——译者注

新几内亚	ニューギニア	New Guinea
新不列颠	ニューブリテン	New Britain
新赫布里底群岛	ニューヘブライズ	New Hebrides
纽伦堡	ニュールンベルク	Nürnberg
努涅斯（贝尔肖尔·努涅斯）	ヌネス（ヌニェス）（ベルシヨール・ヌネス）	Belchior Nuñes
努涅斯	ヌネズ	Nunez
奴易兹	ノイツ	Pieter Nuijts（彼得·奴易兹）
诺罗尼亚（加西亚·德·诺罗尼亚）	ノローニャ（ガルチア・デ・ノローニャ）	Garcia de Noronha
农布雷·德·迪奥斯	ノンブレ・デ・ディオス	Nombre de Dios
海地	ハイチ	Haiti
海尔斯堡	ハイルスベルク	Heilsberg
豪哈	ハウハ	Xauxa, Jauja
哈马黑拉	ハルマヘラ	Halmahera
阿勒颇	ハレブ	Haleb
哈罗（克里斯托弗·德·哈罗）	ハロ（クリストヴァル・デ・ハロ）	Christoval de Haro
包蒂斯塔（若昂·包蒂斯塔）	バウティスタ（ジョアン・バウティスタ）	João Bautista
巴格达	バグダード	Bagdad, Baghdad
巴斯（阿尔巴罗·巴斯）	バス（アルバロ・バス）	Albaro Vaz
巴斯（贡萨罗·巴斯）	バス（ゴンサロ・バス）	Gonçalo Vaz
巴斯（迭戈·巴斯）	バス（ヂヨゴ・バス）	Diego Vaz
瓦斯科·达·伽马	バスコ・ダ・ガマ	Vasco da Gama
巴斯蒂达斯（罗德里戈·德·巴斯蒂达斯）	バスティダス（ロドリゴ・デ・バスティダス	Rodrigo de Bastidas
巴士拉	バスラ	Basra
巴达维亚	バタビヤ	Batavia
巴达霍斯	バダホス	Badajoz
伯塞恩	バッセイン	Bassein
巴哈杜尔	バハドゥル	Bahadur
巴布·埃尔·曼德	バブ・エル・マンデブ	Bab el Mandeb
巴普蒂斯塔（佩德罗·巴普蒂斯塔）	バプチスタ（ペドロ・バプチスタ）	Pedro Baptista
瓦拉雷焦（亚历山德罗·瓦拉雷焦）	バラレッジョ（アレッサンドロ・バラレッジョ）	Alessandro vallareggio
巴利亚多利德	バリャドリード	Valladolid
巴尔赫	バルク	Balkh
巴塞罗那	バルセロナ	Barcelona

巴尔韦德	バルベル	Vicente de Valverde（维森特·德·巴尔韦德）
巴尔沃亚（瓦斯科·努涅斯·巴尔沃亚）	バルボア（バスコ·ヌニェズ·バルボア）	Vasco Nuñez Balboa
巴尔博萨（迪奥戈·巴尔博萨）	バルボサ（ディオゴ·バルボサ）	Diogo Barbosa
巴尔博萨（杜阿尔特·巴尔博萨）	バルボサ（ドゥアルテ·バルボサ）	Duarte Barbosa
曼谷	バンコック	Bangkok
波莫土群岛	パウモツ諸島	Paumotu Is.
保拉	パウラ	Paula（日本少女）
保罗	パウロ	Paulo（日本信徒）（日本修道士）（文太夫）
帕埃斯	パエス	Paez
帕西奥	パシヨ	Francisco Passio（弗朗西斯科·帕西奥）
帕格斯（莱昂·帕格斯）	パジェス（レオン·パジェス）	Léon Pagés
巴塔哥尼亚	パタゴニア	Patagonia
帕塔尼	パタニ	Patani
帕多瓦	パドゥア	Padua
巴拿马	パナマ	Panama
巴拉望	パラワン	Palawan
帕里亚	パリア	Paria
巴勒莫	パレルモ	Palermo
巴邻旁	パレンバン	Palembang
帕洛斯	パロス	Palos
希波	ヒッポ	Hippo
维森特	ビセンテ	Vicente（日本修道士）
比斯纳加	ビスナガ	Bisnaga
维拉洛博斯（鲁依·洛佩斯·德·维拉洛博斯）	ビリャロボス（ルイ·ロペス·デ·ビリャロボス）	Ruy Lopes de Villalobos
比鲁	ビルー	Biru
缅甸	ビルマ	Burma
维列拉（加斯帕尔·维列拉）	ビレラ（ガスパル·ビレラ）	Gaspar Vilela
平顺	ビントワン	Binh Thuan
皮加费塔（安东尼奥·皮加费塔）	ピガフェッタ（アントニオ·ピガフェッタ）	Antonio Pigafetta
比萨	ピサ	Pisa
皮萨罗（埃尔南多·皮萨罗）	ピサロ（エルナンド·ピサロ）	Hernando Pizarro
皮萨罗（贡萨洛·皮萨罗）	ピサロ（ゴンサロ·ピサロ）	Gonzalo Pizarro
皮萨罗（弗朗西斯科·皮萨罗）	ピサロ（フランシスコ·ピサロ）	Francisco Pizarro

皮诺斯	ピノス	Pinos
佩雷拉	ピレイラ	Pireira
平松（维森特·亚涅斯·平松）	ピンソン（ビセンテ・ヤンネス・ピンソン）	Vicente Yañez Pinzon
平托	ピントー	Fernão Mendes Pinto(费尔南·门德斯·平托)
法拉比	ファラビ	Farabi, Alfarabi
法里亚（若热·德·法里亚）	ファリヤ（ジョルジ・デ・ファリヤ）	Jorge de Faria
法莱罗（鲁依·法莱罗）	ファレイロ（ルイ・ファレイロ）	Ruy Faleiro
法罗群岛	ファロエ諸島	Faroe Is.
菲格雷多（贝尔肖尔·德·菲格雷多）	フィゲイルド（ベルシヨール・デ・フィゲイルド）	Belchior de Figueiredo
菲律宾	フィリッピン	Philippine
佛罗伦萨	フィレンツェ	Firenze
火地岛	フエゴ島	Fuego
费福	フェーホ	Faifo
费莉帕	フェリパ	Felipa（木田夫人）
费利佩群岛（菲律宾群岛）	フェリピナス（フィリッピン）	Felipinas (Philippine)
费利佩二世	フェリペ二世	Felipe II
费迪南德国王（费尔南多五世）	フェルディナンド王（フェルナンド五世）	Ferdinand, Fernando V
费尔南德斯（若昂·费尔南德斯）	フェルナンデス（ジョアン・フェルナンデス）	João Fernandes
费尔南德斯（胡安·费尔南德斯）	フェルナンデス（フアン・フェルナンデス）	Juan Fernandez
费尔南多（堂·费尔南多）	フェルナンド（ドン・フェルナンド）	Dom Fernando Cavallero
法兰克族	フランク族	Franke
弗朗西斯科（若昂·弗朗西斯科）	フランシスコ（ジョアン・フランシスコ）	João Francisco
弗朗西斯科（堂·弗朗西斯科）	フランシスコ（ドン・フランシスコ）	Dom Francisco（泽城主）（大友宗麟）
弗洛伊斯（路易斯·弗洛伊斯）	フロイス（ルイス・フロイス）	Luis Frais
弗洛雷斯	フロレス	Luis Flores(路易斯·弗洛雷斯)
布里斯托尔	ブリストル	Bristol
布里托（安东尼奥·德·布里托）	ブリトー（アントニオ・デ・ブリトー）	Antonio de Brito
布鲁岛	ブル	Buru
勃艮第族	ブルグンド族	Burgunder
勃艮第	ブルゴーニュ	Bourgogne
布鲁日	ブルージュ	Bruges
文莱	ブルネイ	Brunei
布鲁诺	ブルーノ	Giordano Bruno（乔达诺·布鲁诺）

布劳沃(亨德里克·布劳沃)	ブルーワー(ヘンドリック・ブルーワー)	Hendrik Brouwer
圣胡利安港	プェルト・サン・フリアーン	Puerto San Julian(Port S. Julian)
别霍港	プェルト・ビエホ	Puerto Viejo
托勒密	プトレマイオス	Ptolemaios Klaudios(托勒密·克罗狄斯)
普纳	プナ	Puna
金边	プノンペン	Pnom-Penh
柏拉图	プラトーン	Platon
普林纽斯	プリニウス	Plinius
普雷斯科特	プレスコット	William Hickling Prescott
祭司王约翰	プレスビテル・ヨハンネス(プレスター・ジョン)	Presbyter Johannes(Prester John)
普罗旺斯	プロヴァンス	Provence
普罗塔西奥	プロタショ	Protasio(有马晴信)
海顿	ヘートン	Hayton
救世主	ヘリアント	Heliand, Heiland
航海家亨利(恩里克)	ヘンリ(エンリケ)航海者	Henry the Navigator(Dom Enrique el Navegador)
贝奥武夫	ベオウルフ	Beowulf
培根(弗朗西斯·培根)	ベーコン(フランシス・ベーコン)	Francis Bacon
培根(罗杰·培根)	ベーコン(ローヂァ・ベーコン)	Roger Bacon
贝纳尔卡萨	ベナルカザル	Benalcazar
委内瑞拉	ベネズェラ	Venezuela
贝海姆(马丁·贝海姆)	ベハイム(マルチン・ベハイム)	Martin Beheim
维拉(布拉斯科·努涅斯·维拉)	ベラ(ブラスコ・ヌンニェス・ベラ)	Blasco Nuñez Vela
韦拉克鲁斯	ベラ・クルス	Vera Cruz
贝拉瓜	ベラグワ	Veragua(巴拿马地峡)
贝拉斯克斯(迭戈·贝拉斯克斯)	ベラスケス(ディエゴ・ベラスケス)	Diego Velasquez
贝尔肖尔	ベルシヨール	Belchior
本托	ベント	Bento(京都的信徒)
勃固	ペグ	Pegu
佩索阿	ペッソア	Andrea Pessoa
佩德拉里亚斯·德·阿维拉	ペドラリアス・デ・アビラ	Pedrarias de Avila
秘鲁	ペルー	Peru
佩雷拉	ペレイラ、ピレイラ	Pereira、Pireira
佩雷拉(迭戈·佩雷拉)	ペレイラ(ディエゴ・ペレイラ)	Diego Pereira

佩雷拉（堂·若昂·佩雷拉）	ペレイラ（ドン·ジョアン·ペレイラ）	Dom João Pereira
佩罗·德·科维良	ペロ·デ·コヴィリャム	Pero de Covilham
霍奇米尔科	ホチミルコ	Xochimilco
洪都拉斯	ホンデュラス	Honduras
波哥大	ボゴタ	Bogota
博特略（洛伦索·博特略）	ボテリヨ（ローレンソ·ボテリヨ）	Lourenço Botelho
博哈多尔	ボハドル	Bojador
布哈拉	ボハラ（ボカラ）	Bochara, Bokhara
博瓦迪利亚（弗朗西斯科·德·博瓦迪亚）	ボバディリャ（フランシスコ·デ·ボバディリャ）	Francisco de Bobadilla
薄荷岛	ボホル	Bohol
孟买	ボムベイ	Bombay
玻利维亚	ボリビア	Bolivia
博尔吉亚（切萨雷·博尔吉亚）	ボルヂア（チェーザレ·ボルヂア）	Cesare Borgia
婆罗洲	ボルネオ	Borneo
博洛尼亚	ボロニャ	Bologna
波托西	ポトシ	Potosi
波波卡特佩特	ポポカテペトル	Popocatepetl
波罗（马可·波罗）	ポーロ（マルコ·ポーロ）	Marco Polo
澳门	マカオ	Macao
麦哲伦（斐尔南·德·麦哲伦）	マガリャンス（マジェラン） （フェルナン·デ·マガリャンス）	Fernão de Magalhães（Magallanes, Magellan）
马基亚维利	マキアヴェリ	Machiavelli
马绍尔群岛	マーシャル諸島	Marshall Is.
马什卡雷尼亚什（佩罗·马什卡雷尼亚什）	マスカレニャス（ペロ·マスカレニャス）	Pero Mascarenhas
马森夏	マセンシヤ	Maxenxia（小早川秀秋夫人）
马达加斯加	マダガスカル	Madagascar
马德拉斯	マドラス	Madras
马德雷德德乌斯	マードレ·デ·デウス	Madre de Deus
马尼拉	マニラ	Manila
曼努埃尔一世	マノエルー世	Manoel I
玛玛·奥克略·瓦科	ママ·オエロ·ワコ	Mama Oello Huaco
马哈茂德	マームード	Mahmud
玛雅	マヤ	Maya

马拉巴尔 ……………………… マラバル …………………………………… Malabar

马六甲 ………………………… マラッカ ………………………………… Malacca

玛利亚 ………………………… マリア …………………… Maria（野津领主夫人）（格拉西亚夫人侍女）

马里亚纳群岛 ………………… マリアナ諸島 ……………………… Mariana (Ladrona) Is.

马林迪 ………………………… マリンディ …………………………… Malindi, Melinde

马克萨斯群岛 ………………… マルキーズ諸島 …………………… Marquesas Is.

马切纳（胡安・佩雷斯・德・马切纳）…… マルケナ（フアン・ペレス・デ・マルケナ）Juan Perez de Marchena

马丁内斯 ……………………… マルチネス …………………… Pedro Martinez（佩德罗・马丁内斯）

马蒂诺 ………………………… マルチノ ………………………………… Martino（原）

马丁 …………………………… マルティン ……………………………… Martin

马丁斯 ………………………… マルティンス ………… Fernão Martins（费尔南・马丁斯）

马尔代夫 ……………………… マルディヴ（マルヂバ）………………… Maldive

曼科・卡帕克 ………………… マンコ・カパク …… Manco Capac（印加始祖）（瓦斯卡尔之弟）

曼西奥 ………………………… マンショ ………… Mancio（三箇城主之子）（伊东祐益）

蛮子 …………………………… マンジ …………………………………… Manzi

迈克尔（米格尔）……………… ミカエル（ミゲル）…… Michael (Miguel)（千千石清左卫门）

密西西比 ……………………… ミシシッピー …………………………… Mississippi

米兰 …………………………… ミラノ …………………………………… Milano

棉兰老岛 ……………………… ミンダナオ ……………………………… Mindanao

穆斯塔法 ……………………… ムスタファ ……………………………… Mustafa

穆萨马里 ……………… ムツセメルリ（"ムツセメルリ"文中作"ムッセメルリ"）Mussemelly

梅奥桑（贾斯蒂诺・梅奥桑）………… メオサン（ジュスチノ・メオサン）…… Justino Meosão（京都的信徒）

墨西哥 ………………………… メキシコ（メシコ）…………………… Mexico

麦地那 ………………………… メヂナ …………………………………… Medina

湄南河 ………………………… メーナム河 ……………………………… R. Menam

梅内塞斯（恩里克・德・梅内塞斯）…… メネゼス（エンリケ・デ・メネゼス）…… Enrique de Menezes

梅内塞斯（杜阿尔特・德・梅内塞斯）…… メネゼス（ドゥアルテ・デ・メネゼス）… Duarte de Menezes

梅兰希通 ……………………… メランヒトン …………………………… Melanchthon

梅尔夫 ………………………… メルヴ …………………………………… Merv

门达尼亚（阿尔瓦罗・德・门达尼亚）…… メンダニャ（アルバロ・デ・メンダニャ）Alvaro de Mendaña

门东萨 ………………………… メンドーサ ……………………………… Mendoça

门东萨（安东尼奥・德・门东萨）……… メンドーサ（アントニオ・デ・メンドーサ）Antonio de Mendoça

门东萨（曼努埃尔・德・门东萨）……… メンドサ（マヌエル・デ・メンドーサ）… Manuel de Mendoça

莫桑比克	モザンビク	Mozambique
莫塞尔湾	モッセル湾	Mossel B.
莫妮卡	モニカ	Monica（日本姑娘）
穆罕默德	モハメッド	Mohammed, Muhammad, Mahomet
莫拉莱斯（加斯帕·莫拉莱斯）	モラーレス（ガスペル・モラーレス）	Gasper Morales
毛里茨（奥兰治亲王）	モーリッツ（オレンヂ公）	Maurits, Graf van Nassau（拿骚伯爵）Prins van Oranje
莫利纳（阿隆索·德·莫利纳）	モリナ（アロンソ・デ・モリナ）	Alonso de Molina
摩鹿加	モルッカ	Moluccas
蒙特克里斯蒂	モンテ・クリスチ	Monte Cristi
蒙特祖马	モンテスーマ	Montezuma
蒙得维的亚	モンテビデオ	Montevideo
蒙巴萨	モンバサ	Mombasa
蒙罗维亚	モンロヴィア	Monrovia
弥次郎（安次郎）	ヤジロー（アンジロー）	Yajiro (Anjiro)
叶尔羌	ヤルカンド	Jarkand, Yarkand
尤凯	ユカイ	Yucay,
尤卡坦	ユカタン	Yucatan
拉普拉塔	ラプラタ	La Plata
拉亚佐	ラヤッツォ	Lajazzo
拉比达	ラ・ラビダ	La Rabida
里奥德奥罗	リオ・デ・オーロ	Rio de Oro.
里约热内卢	リオ・デ・ヂャネイロ	Rio de Janeiro
列奥纳多·达·芬奇	リオナルド・ダ・ヴィンチ	Lionardo (Leonardo) da Vinci
利夫德	リーフデ（船名）	Liefde（前名 Erasmus 伊拉斯漠斯）
利马	リマ	Lima
利马萨瓦（马萨瓦）	リマサガ（マサゴア）	Limasagua (Macagua)
吕贝克	リュベック	Lübeck
路易斯（堂·路易斯）	ルイス（ドン・ルイス）	Dom Luis（新助）
路易斯（巴尔托洛梅·路易斯）	ルイス（バルトロメー・ルイス）	Bartolome Ruis
卢克（埃尔南多·德·卢克）	ルケ（エルナンド・デ・ルケ）	Hernando de Luque
露西亚	ルシア	Lucia（三箇领主夫人）
吕宋（岛）	ルソン	Luzon
路德	ルター	Luther

鲁布鲁克	ルブルク	Rubruk
莱昂	レアン	Leão（清水）（野津领主）
莱昂（堂·莱昂）	レアン（ドン・レアン）	Dom Leão（日本人）
莱特	レイテ	Leyte
莱昂	レオン	Leon（尼加拉瓜的城市）
莱昂（谢萨·德·莱昂）	レオン（キエサ・デ・レオン）	Cieza de Leon
莱昂（胡安·庞塞·德·莱昂）	レオン（フアン・ポンセ・デ・レオン）	Juan Ponce de Leon
莱加斯皮（米格尔·洛佩斯·德·莱加斯皮）	レガスピ（ミゲル・ロペス・デ・レガスピ）	Miguel Lopez de Legaspi
雷蒂库斯	レティクス	Rheticus
雷特斯	レーテス	Jñigo Ortiz de Retes（伊尼戈·奥尔蒂斯·德·雷特斯）
莱佩（迭戈·德·莱佩）	レーペ（ディエゴ・デ・レーペ）	Diego de Lepe
洛艾萨（加西亚·霍夫雷·德·洛艾萨）	ロアイサ（ガルチア・ホフレ・デ・ロアイサ）	Garcia Jofre de Loaysa
罗德里格斯	ロドリゲス	Francisco Rodriguez（弗朗西斯科·罗德里格斯）
鲁滨逊漂流记（鲁滨逊·克鲁索）	ロビンソン・クルーソー	Robinson Crusoe
罗芒（佩罗·罗芒）	ロマン（ペロ・ロマン）	Pero Romão
洛约拉（伊格内修斯·洛约拉）	ロヨラ（イグナチウス・ロヨラ）	Ignatius Loyola
洛约拉（若热·洛约拉）	ロヨラ（ジョルジ・ロヨラ）	Jorge Loyola（日本修道士）
罗兰	ローラン	Roland
罗尔丹（弗朗西斯科·罗尔丹）	ロルダン（フランシスコ・ロルダン）	Francisco Roldan
洛伦索	ロレンソ	Lorenzo（弗朗西斯科·德·阿尔梅达之子）
洛伦索	ロレンソ	Lourenço（日本修道士）
瓦伊纳·卡帕克	ワイナ・カパク	Huayna Capac
瓦斯卡尔	ワスカル	Huasacr
华特林岛	ワトリング島	Watling I.
瓦马丘科	ワマチュコ	Huamachuco
范礼安（亚历山德罗·瓦利尼亚尼）	アレッサンドロ・ワリニャーニ	Alessandro Valignani
瓦尔德塞弥勒（马丁·瓦尔德塞弥勒）	ワルドゼーミューラー（マルチン・ワルドゼーミューラー）	Martin Waldseemüller
鲸湾	ワルフィシ湾	Walfisch, Walvis B.
威尼斯	ヴェニス	Venice

图书在版编目（CIP）数据

锁国：日本的悲剧 /（日）和辻哲郎著；郎洁译. —— 桂林：
漓江出版社, 2023.8
ISBN 978-7-5407-9465-1

Ⅰ. ①锁… Ⅱ. ①和… ②郎… Ⅲ. ①日本－历史 Ⅳ.
①K313

中国国家版本馆CIP数据核字(2023)第118083号

锁国：日本的悲剧
SUOGUO: RIBEN DE BEIJU

作　　者：　[日]和辻哲郎
译　　者：　郎　洁
审　　校：　李若愚

出 版 人：　刘迪才
品牌监制：　彭毅文
责任编辑：　彭毅文
助理编辑：　赫　杨
书籍设计：　余　音
责任监印：　陈娅妮

出　　版：　漓江出版社有限公司
社　　址：　广西桂林市南环路22号
邮　　编：　541002
微信公众号：lijiangpress

发　　行：　北京联合天畅文化传播有限公司
发行电话：　010-64258472

印　　制：　北京盛通印刷股份有限公司
开　　本：　880 mm×1230 mm　1/32
印　　张：　19.5
字　　数：　349千字
版　　次：　2024年5月第1版
印　　次：　2024年5月第1次印刷
书　　号：　ISBN 978-7-5407-9465-1
定　　价：　78.00元

胭砚计划：

巴西木：

《这帮人》，[巴西] 希科·布阿尔克·德·奥兰达著，陈丹青译，樊星校（即将出版）

《一个东方人的故事》，[巴西] 米尔顿·哈通著，马琳译（即将出版）

《抗拒》，[巴西] 胡利安·福克斯著，卢正琦译

《歪犁》，[巴西] 伊塔马尔·维埃拉·茹尼尔著，毛凤麟译，樊星校

《表皮之下》，[巴西] 杰弗森·特诺里奥著，王韵涵译

太阳石：

《鲁尔福：沉默的艺术》，[西] 努丽娅·阿马特著，李雪菲译（即将出版）

《达里奥：镜中的预言家》，[秘鲁] 胡里奥·奥尔特加著，张礼骏译（即将出版）

《科塔萨尔：我们共同的国度》，[乌拉圭] 克里斯蒂娜·佩里·罗西著，黄韵颐译

《巴罗哈：命运岔口的抉择》，[西] 爱德华多·门多萨著，卜珊译

《皮扎尼克：最后的天真》，[阿根廷] 塞萨尔·艾拉著，汪天艾、李佳钟译

《多情的不安》，[智利] 特蕾莎·威尔姆斯·蒙特著，李佳钟译

《在大理石的沉默中》，[智利] 特蕾莎·威尔姆斯·蒙特著，李佳钟译

《〈李白〉及其他诗歌》，[墨] 何塞·胡安·塔布拉达著，张礼骏译

《珠唾集》，[西] 拉蒙·戈麦斯·德拉·塞尔纳著，范晔译

《阿尔塔索尔》，[智利] 比森特·维多夫罗著，李佳钟译

《自我的幻觉术》，汪天艾著

《群山自黄金》，[阿根廷] 莱奥波尔多·卢贡内斯著，张礼骏译

《诗人的迟缓》，范晔著

东洋志：

《锁国：日本的悲剧》，[日] 和辻哲郎著，郎洁译

《战斗公主 劳动少女》，[日] 河野真太郎著，赫杨译

《给年轻读者的日本亚文化论》，[日] 宇野常宽著，刘凯译

《青春燃烧：日本动漫与战后左翼运动》，徐靖著

《同盟的真相：美国如何秘密统治日本》，[日] 矢部宏治著，沙青青译

《昭和风，平成雨：当代日本的过去与现在》，沙青青著

《平成史讲义》，[日] 吉见俊哉编著，奚伶译

《平成史》，[日] 保阪正康著，黄立俊译

《一茶，猫与四季》，[日] 小林一茶著，吴菲译

《暴走军国：近代日本的战争记忆》，沙青青著

《古寺巡礼》,[日]和辻哲郎著,谭仁岸译
《造物》,[日]平凡社编,何晓毅译

其他:

《少年二战史》,陆大鹏著(即将出版)
《少年世界史·近代》,陆大鹏著
《少年世界史·古代》,陆大鹏著
《男孩的心与身 ——13岁之前你要知道的事情》,[日]山形照惠著,张传宇译
《噢,孩子们 —— 千禧一代家庭史》,王洪喆主编
《大欢喜:论语章句评唱》,李永晶著
《回放》,叶三著
《雪岭逐鹿:爱尔兰传奇》,邱方哲著
《故事新编》,刘以鬯著
《亲爱的老爱尔兰》,邱方哲著
《说吧,医生 1》,吕洛衿著
《说吧,医生 2》,吕洛衿著
《天命与剑:帝制时代的合法性焦虑》,张明扬著
《现代神话修辞术》,孔德罡著
《看得见的与看不见的》,[法]弗雷德里克·巴斯夏著,于海燕译